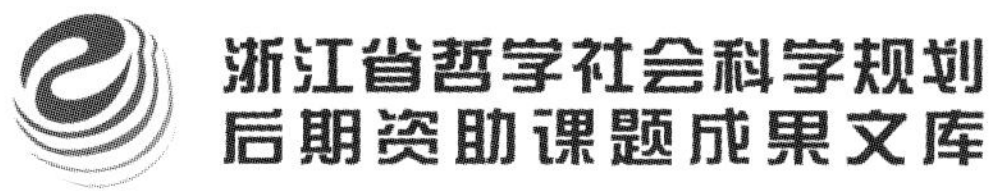

近代华茶对外贸易的衰落：基于中间商制度的研究

JinDai Huacha Duiwai Maoyi De Shuailuo:
Jiyu Zhongjianshang Zhidu De Yanjiu

张跃 著

中国社会科学出版社

图书在版编目(CIP)数据

近代华茶对外贸易的衰落：基于中间商制度的研究／张跃著．—北京：中国社会科学出版社，2018.4

（浙江省哲学社会科学规划后期资助课题成果文库）

ISBN 978-7-5203-2194-5

Ⅰ.①近…　Ⅱ.①张…　Ⅲ.①茶叶-对外贸易-贸易史-研究-中国-近代　Ⅳ.①F752.95

中国版本图书馆CIP数据核字(2018)第047922号

出 版 人　赵剑英
责任编辑　宫京蕾
责任校对　冯英爽
责任印制　李寡寡

出　　版　中国社会科学出版社
社　　址　北京鼓楼西大街甲158号
邮　　编　100720
网　　址　http://www.csspw.cn
发 行 部　010-84083685
门 市 部　010-84029450
经　　销　新华书店及其他书店

印刷装订　北京君升印刷有限公司
版　　次　2018年4月第1版
印　　次　2018年4月第1次印刷

开　　本　710×1000　1/16
印　　张　18.25
插　　页　2
字　　数　315千字
定　　价　80.00元

凡购买中国社会科学出版社图书，如有质量问题请与本社营销中心联系调换
电话：010-84083683

序

杜恂诚

张跃的论著《近代华茶对外贸易的衰落——基于中间商制度的研究》即将出版，我感到由衷的高兴。近代中国茶叶对外贸易是学界过去研究得比较多的一个题目，如何能在众多已有研究的基础上做出一些新意来，是摆在作者面前最直接的问题。作者在发掘一批新史料的基础上，侧重于中间商制度的研究，得出了新的结论，使旧题目重新焕发出新的学术能量和理论能量。这再次证明了任何学术题目的研究都是一个不断演化的过程，任何题目都是做不完的，不会因过去学界取得的成绩而宣告终结。只要有新的思路和新的方法，就可以站在前人的肩膀上继续探求。

在本书中，作者对在近代华茶对外贸易中起决定作用的中间商——洋行、买办和茶栈——主导构建的中间商制度予以了考察。本书研究表明，这种制度保障了洋行、买办和茶栈对华茶贸易的垄断和利益的实现，却阻碍了近代中国茶业的发展。因为在此制度环境下，其中的大部分机会仅对具有利益再分配性质的活动有利，而对华茶的生产性活动不利，它们导致贸易垄断，而不是扩大机会，最终导致了华茶对外贸易中的利益分配失衡。同时，中间商制度从根本上压抑了近代中国茶业的发展，即抑制了这个行业发展所需的制度创新、技术进步、社会投资和企业家的进取精神。基本可以认为，中间商制度是近代华茶对外贸易衰落的主要原因之一，结论为实证分析所支持。

张跃于 2010 年考取上海财经大学经济学院经济史专业的博士研究生，与我在一起有四年半的时间。正式学制是四年，但能够按期毕业的学生很少。上海财经大学经济学院经济史专业的博士研究生以及硕博连读生，需要像其他经济学专业的学生一样，完成高级微观、高级宏观和高级计量的课程，考试很严格，如果考试通不过，就会被淘汰。这是颇费时间和精力的。而经济史专业的基础训练同样需要大量时间和精力的投入，因为它是经济学与历史学、社会学等学科的交叉，具有学科知识要求高、信息含量大的特点。本书作者在读期间，刻苦、努力，无论在收集史料方面，还是在做理论学习和模型建构方面，他总是积极、谦虚地向老师和同学们请教，努力提升自己的学识和能力，在其经济史研究中基本做到了史料、理论和工具的较好结合。成家和工作之后，张跃仍能够全身心地投入经济史的研究和写作之中。当然，这与他太太对他的全力支持是分不开的。

张跃是一个勤奋、有较好悟性和百折不挠的人，他在研究中遇到过困难，但在克服性子急的心态后，终于不避艰险，取得了进展。看到辛勤耕耘的成果，才知道坐“冷板凳”的价值所在。本书是作者的第一本书，本书的出版意味着新的起点。学术是马拉松长跑，贵在持之以恒，贵在宠辱不惊，贵在成为学者一生的生活方式。我乐见他的后续发展。

2016 年 5 月于上海浦东寓所

目　　录

第一章

导　　论

对外贸易在近代中国社会经济中的重要性是毋庸置疑的。从深层次上讲，对外贸易把传统经济纳入世界经济范围内，开启了向现代经济转型之路。在近代中国出口商品结构中，茶叶是最主要的商品之一。然而，19世纪70年代后，曾经享誉世界的中国茶叶在国际市场上逐渐丧失了竞争力，被后来者印度、锡兰和日本等国家的茶叶所打败。关于近代中国茶叶对外贸易衰落原因的探讨，一直是近代中国经济史研究中的热点。已有研究多从国际市场竞争、生产方式差异等角度考察近代华茶衰落的原因，鲜有从市场制度环境层面考察，而这一点又是至关重要的。近代华茶衰落的直接表现是价格相对高昂、质量水平不高，价格和质量在国际市场上均处于不利地位。要探讨华茶价格何以高昂、质量何以低劣，必须加强市场制度环境分析。在近代中国茶叶出口市场结构中，外国洋行、买办和茶栈等中间商扮演着重要角色。他们是贸易规则的制定者、是贸易的直接参与者。他们制定的贸易规则决定着华茶贸易中的利益分配关系，无时无刻不在深刻影响着华茶贸易参与者的行为。然而，学界对中间商主导构建华茶对外贸易制度的过程、内涵及深刻影响缺乏深入的考察。

第一节　选题缘由

一　近代中国“中间商制度”的研究不足

鸦片战争前，中国传统商业虽然有了很大发展，但是未能改变作为自然经济有益补充并进一步稳固自然经济的特点。这在某种程度上是由于商业扩大受到交通等运输成本的制约。昂贵的交易费用使广大地域之间的社会分工难以产生，商业发展受到根本性的阻碍。鸦片战争后，外国列强要在中国打开贸易商路，但外国的商业组织——洋行——并不能完成这一过程。外国洋行之所以不能够完成这一任务，根本原因在于中国特有的社会经济结构顽强地阻碍着中外贸易的扩张。外国商人面对广阔的中国市场，对中国市场状况和结构知之甚少，他们不知道谁才是可靠的交易对象，也不知道如何有效鉴别交易对象的信用和产品质量，以前他们采用市场自身信号和制度的方法，在中国市场上运用却是失效的。同时，近代中国处在被列强压迫的地位，在民族主义情绪的影响下，中国人民对外商充满了敌对的情绪。在商品交换中，外商的平等交换权利不受民间的道德保护，人们甚至认为对外商实施违反正常道德的行为是真正的道德。因此，在中外通商过程中，外国商人无法像中国商人那样利用自身固有的商业网络机制解决交易中的信息不对称和风险控制等问题。从经济学的角度解释：在中国传统社会结构面前，外商所面临的由不完全信息产生的内生交易费用，在中外商人之间的动态博弈过程中，信誉机制不再发生作用。[①]

交易费用，尤其是内生交易费用的存在，虽然阻碍了外商与中国商人的直接交易，但并没有阻碍他们对利润的追求，他们通过与买办、行栈建立稳固的业务关系等办法来沟通中外贸易。[②] 随着中外贸易规模的扩大和领域的扩展，产生了大量参与进出口贸易的买办与行栈等中间商组织。于是，作为贸易中间商的洋行、买办与行栈成为中外市场沟通的桥梁，中间商制度成为中外贸易制度结构中最主要的内容。中间商制度在近代中国对外贸易领域中，发挥着广泛而基本的作用。然而，学界对此研究存在明显不足，尤其是有关中间商制度内涵的研究，几乎没有深入涉及，多数论著仅一笔带过。学界在研究近代中国对外贸易时，大多数学者认为外国洋行主导了近代中外贸易规则、制度的制定和构建，并将这些贸易规则和制度视为分析具体问题的前提。这种认知并不为普遍存在的具有如下内容的史料所支撑，即外商普遍依赖具有本土优势的买办、行栈等中间商来实现贸

---

① 杜恂诚主编：《中国近代经济史概论》，上海财经大学出版社 2011 年版，第 27 页。

② 关于外生和内生交易费用的内涵，杜恂诚教授给出了精辟的概括，所谓的外生交易费用是交易前可预测到的费用，是一种客观存在的与经济技术水平相关的费用，如交通运输费、货物储存和税费等；而内生交易费用产生于产权不明晰，合约不完全和合约执行中参与者的机会主义行为，如欺骗、不可信的承诺，道德风险和逆向选择，对这种机会主义，在重复博弈中，可通过信誉机制来消除。见杜恂诚主编《中国近代经济史概论》，上海财经大学出版社 2011 年版，第 21—22 页。

易，而买办和行栈在此过程中参与贸易规则的构建，并依据这些贸易规则实现“好处”的史实。从逻辑上讲，拥有本土市场优势的买办、行栈等中间商不可能不利用自己的优势而在市场交易中发挥作用，其中包括在贸易制度构建中所起的作用。

打开尘封的史料，不难发现，在近代中外贸易过程中，中国商人并不总是被动处于交易规则支配之下。相反，中国商人，尤其是买办与行栈等中间商拥有的市场和商业网络优势，注定了他们必然在贸易制度构建过程中发挥独特的作用，并使之成为中外贸易制度构建中的主要参与者之一。通过对相关史料的解读，笔者认为近代中国对外贸易市场制度是洋行、买办与行栈等中间商共同构建的，然而，迄今为止学界对他们共同构建的贸易制度的考察，可谓是寥若晨星。在研究近代中国中间商时，学界多集中于中间商群体的介绍与描述。对中间商的市场地位及其在贸易制度构建过程中所扮演的角色、参与构建贸易制度时中外商人的互相博弈过程及博弈背后的市场逻辑，以及他们主导构建的贸易制度对产业发展产生怎样的影响的考察，迄今为止仍是付诸阙如。对中间商及其制度的构建过程、制度内涵、市场逻辑、商业模式及其演变过程的考察，可以弥补这些问题研究的不足。只有明晰这些领域的内涵，才有可能获得对近代中国对外贸易相对完整的认识，也才有可能真正理解近代中国对外贸易及其制度变革的必然、趋向和意义。为很好地解决这些问题，笔者将研究落脚到对近代中国社会经济有着重要影响的华茶对外贸易上。

二　中间商制度在对外贸易中的重要性

五口通商时期，伴随着中外贸易的展开，大量辅助进出口贸易的中国商业组织——买办、行栈和其他商号——开始出现。这些商业组织相对于传统商业组织和外资商业组织，被称为新式商业组织。新式商业组织的出现，是伴随着对外贸易的扩大而逐渐形成的。第二次鸦片战争之后，外国列强在华又取得了一系列特权，在此基础上，他们对中国的贸易额迅速增长，这为新式商业提供了发展的土壤。无论在组织结构还是市场功能等方面，新式商业组织都表现得日益成熟。在新式商业发展过程中，外国商人通过雇佣买办、假手行栈购销进出口商品等办法降低了与内地商人直接交易时可能产生的高昂的内生交易成本，使分工的好处大于分工的成本。外商雇佣买办、假手行栈使原本直接与内地商人的交易转化为外商委托买办和行栈、继而买办和行栈与内地商人的联系。在中外贸易的过程中，服务于中外贸易的中间商制度也得以逐步建立。

中间商在近代中国对外贸易中发挥着重要功能。为说明这一点，笔者以近代华茶对外贸易为例。在1868年的海关出口商品统计中，茶叶和生丝两项出口总值共占出口总值的94%，其中仅茶叶一项就约占了出口总值的60%。① 如此大规模的对外贸易，无不经过洋行、买办和茶栈等中间商之手，它们的市场功能体现在以下几点：（1）代理买卖功能：外国茶商委托在华洋行，而洋行委托买办在中国采购茶叶；茶栈代理中国茶商向洋行、买办出售茶叶；（2）定价功能：茶栈、洋行在不同时期分别具有市场定价权；（3）经纪人功能：买办与茶栈具有撮合交易的媒介功能；（4）信用担保功能：在洋行、买办与茶栈三者之间具有互相担保之功能；（5）资金借贷功能：形成了洋行、买办、茶栈、茶号、茶农等资金借贷关系；（6）寄寓、储藏功能：茶栈为内地茶商提供的寄存、住宿等业务；（7）其他功能：茶栈为内地茶商提供报关、运输、传递信息、分类箱茶等服务。

中间商及其制度在近代中外贸易中的重要影响具体体现在以下几个方面。首先，口岸城市中的洋行与行栈等成为市场交易的中心。它们所具有的市场功能，使其成为所在行业或市场的交易中心。例如，在近代相当长的一段时期，买茶洋行控制出口权，一切贸易的开展基本上绕不开它；茶栈的同业组织——茶业公会——通过商业网络和公会章程等控制了出口茶叶的货源，将每一笔出口茶叶的交易控制在自己手里。在上海茶叶外销市场，“所有茶商（茶栈）被统一到茶业公会中，这个组织控制着市场每一笔交易”②。其次，口岸城市中的洋行、买办和行栈等中间商成为交易环节的纽带。考察近代中外贸易流程，不难发现洋行、买办和行栈等中间商在商品购销链条中拥有不可跨越的地位：由内地到口岸或者口岸到内地的诸多交易环节中都离不开他们的参与，它们起着沟通中外贸易的桥梁作用。再次，洋行、买办和行栈等起着信用保障与资金融通的纽带作用。中

① ［美］郑友揆：《中国的对外贸易和工业发展（1840—1948）》，程麟荪译，上海社会科学院出版社1984年版，第23页。

② Boria. P. Torgasheff, China as a tea producer, The Commercial Press. Limited. ShangHai, China, 1926, p. 200。

外贸易中所需的信用和资金融通等服务，在近代中国相当一段时期，社会和政府提供信用担保、资金供给的能力严重不足。在中外贸易过程中，洋行、买办和行栈等中间商信用可靠、资金充裕，它们提供了这些交易服务。这些服务有效地加强了中外贸易购销中各个环节的相互关系，并以这些关系制约着各层级商人的买卖关系。

中间商市场职能的行使，需要相应的制度予以保障。在长期交易过程中，洋行、买办与行栈凭借其拥有的市场功能和优势，在各方不断博弈过程中，使一些交易规则成为商业习惯，并使之规则化、制度化。近代中外贸易中的中间商制度的建立，一方面，有效降低了由于外商与中国内地商人之间信息不对称、政府对私人财产随意征用和对企业剩余的强行剥夺等因素引致的内生交易费用，同时，通过运输等手段躲避各种外生交易费用——各种税收；另一方面，为中外商人贸易的开展提供了交易规则，并且一些交易规则以制度化的形式被确立下来。外商通过逐步建立的买办制度和行栈制度有效降低了直接销售进口商品或购买出口商品时可能产生的内生交易费用，在贸易开展的初始阶段的确有利于中外贸易的扩大。然而，伴随着制度边际收益递减和边际成本上升，这些制度越来越阻碍贸易的进一步扩张。这主要因为在近代中国相当一段时期内，在对外贸易领域，国家被排除出制定约束各方交易规则的权威之外，失去了对市场主体交易的必要监管，洋行、买办与行栈等中间商凭借市场强势地位，在交易环节中衍生出许多“超经济”范畴的“收益”。这对洋行、买办和行栈来说是“好处”，对从事商品交易的中国商人而言，则是交易费用成本变得相当高昂。

考察中间商主导构建的对外贸易制度内涵，不难发现，至少在一些贸易领域，尤其在中国农产品出口中，制度并不是为了社会效率，而仅是为了有利于他们利益分配而创造出来的。以华茶出口为例，洋行、买办与行栈等中间商凭借市场强势地位把持进出口权、商品定价权，控制金融、操控货源。它们垄断贸易，压抑外部竞争；限制市场机会，而不是扩大机会。在这样的制度保障下，洋行、买办与行栈等中间商在追求利益分配方面越来越富有效率——只不过，这种效率使社会缺乏生产性、整个制度结构更加不适应生产性活动。之所以产生这样的制度结构，是因为“制度未必或者说通常不会为了实现社会效率而被创造出来，相反，它们（起码是那些正式规则）之被创立，是为了服务于那些制定新规则的谈判力的人的利益的”①。洋行、买办与行栈等中间商主导构建的近代中国对外贸易制度就体现出这样的本质内涵，而这种制度进一步保障了它们在市场上的优势地位和强有力的谈判能力。出于维护既有利益之目的，拥有强大市场力量及借助于政治、经济势力，洋行、买办与行栈等中间商极力反对有损于他们而不利于行业发展的制度变革。道格拉斯·诺思指出，“制度在社会中具有更为基础性的作用，它们是决定长期经济绩效的根本因素”②。如果我们对近代中外贸易中普遍存在的中间商制度及其影响不加重视的话，就不能深刻理解作为中国传统优势的丝茶行业何以衰落，也很难全面理解中国农业现代化不足与工业发展不协调的根本原因所在。

三 华茶贸易衰落研究具有重要意义

华茶对外贸易在近代中国社会经济生活中有着重要影响。然而，由于种种因素所致，曾经享誉世界的中国茶叶在国际市场上最终衰落。华茶对外贸易的衰落，给近代中国社会带来巨大的影响，一些重要城市逐渐衰落下去，中国借助华茶对外贸易维护国际收支平衡的能力不再，政府财政收入也少去一个稳定的来源。更重要的影响在于，当新的就业机会远没有被创造出来时，很多曾经借助华茶对外贸易生存的人们丧失了生存保障。鉴于华茶对外贸易衰落对近代中国产生的巨大影响，本书以近代华茶对外贸易过程和衰落原因为把手，重点考察华茶何以衰落，又是通过怎样的途径影响近代中国茶业的发展，给近代中国社会经济带来哪些深刻的影响。对这些问题的研究与反思，有利于我们从更深层次的角度去理解近代中国社会经济转型困难的原因所在，能为国家不断推进国际经济交往，推进“一带一路”国家发展战略提供历史经验，对当前中国的改革和制度建设具有借鉴意义。

第二节 文献述评

中间商制度是近代中外贸易制度的主要内容。然而，学界对此研究多局限于描述，理论分析、模型构建不足。鉴于华茶对外贸易在近代中国社

---

① ［美］道格拉斯·诺斯：《制度、制度变迁与经济绩效》，杭行译，格致出版社、上海三联书店、上海人民出版社 2008 年版，第 22 页。

② 同上书，第 147 页。

会经济中的重要性，学界对茶叶贸易的研究关注不断，各种著述层见叠出，然而，已有研究多呈现述多论少，而论又多集中于宏观统计、描述，对市场微观个体、茶叶贸易制度内涵、市场运行机制、运行机制内在逻辑、贸易制度对茶业发展的影响鲜有考察，而这却又是至关重要的。若不对此做一番深入考察，有碍于我们对近代中国茶叶贸易中存在的各种市场表现作出有力回答：为什么在相当长的时期内，国家对华茶衰落的挽救表现得总是那么无力？为什么茶叶贸易被洋行、买办与茶栈等市场中间商所操纵？又是什么因素决定了三者对华茶贸易的操纵？为什么茶叶贸易中掺假作伪现象长期存在？为什么华茶难以自救？等等。在研究这些问题之前，有必要对华茶对外贸易和中间商及其制度研究的现状，做一番述评。

一　近代中间商及其制度的国内外研究现状

学界关于近代中国对外贸易的研究，无不涉及洋行、买办。中国学者研究洋行多集中于其在华商业或政治活动、业务范围、投资领域等问题上。重点分析洋行经济或政治势力的扩张，对其在贸易中的购销、担保、中介等市场功能仅作简单介绍。[①] 外国学者多从洋行是沟通中外贸易媒介的角度，对洋行在中外贸易中如何发展、如何适应中国社会、对中国社会有着怎样的影响给予了考察。例如，美国学者勒费窝的意图，是把怡和洋行作为近代中外贸易中起过交易媒介作用的具有较强适应能力的一个谋利机构，以此来突出外国洋行在华活动的范例来加以研究，并且就这个机构在 19 世纪对中国社会产生过的影响和做出的反应做一番说明。[②] 总的来说，由于受制于材料不足，对洋行研究的论文和专著不多。然而，洋行在近代中国贸易中的重要性，远不止已有研究所展现出的那些内容，如洋行与外国公司之间的委托—代理关系，洋行在近代中国市场制度构建中的角色等问题，都值得我们进一步研究。

关于买办的研究成果，要比洋行深入与丰富得多。从 20 世纪 20 年代

① 聂宝璋：《19 世纪 60 年代外国在华洋行势力的扩张》，《历史研究》1984 年第 6 期；《1870—1895 年在华洋行势力的扩张》，《历史研究》1987 年第 1 期；上海社会科学院经济研究所：《上海对外贸易》，上海社会科学院出版社 1989 年版；张忠礼、陈曾年、姚欣荣：《太古洋行在旧中国》，上海人民出版社 1991 年版。

② ［美］勒费窝：《怡和洋行——1842 至 1895 年在华活动概述》，陈曾年译，上海社会科学院出版社 1986 年版，第 4 页。

起，时人已对买办及其制度有过研究，“凡各级各种之商业，苟其资本全属于外人，或有一部分属于外人，则例必以华人为买办，此盖几乎如天经地义之不可移易矣”。[①] 研究问题主要集中于买办及其制度的功能与利弊上，“买办就是为贩卖之周旋，于卖买信用的时候，对于买主的支付能力，而给予保证，和探听商品的买主，笼络一切营业上纷议的任务”[②]。综观民国时期关于买办的研究，共同特点是侧重于经济分析，没有超越经济生活本身。当代学者对买办及其制度的研究是广泛而深入的，尤以美国学者郝延平的《十九世纪的中国买办：东西间桥梁》一书最具代表性。该书对买办在中国社会变革、经济发展和文化思想转变等方面的作用给予了考察，并对买办在这些方面做出的积极“贡献”给予了肯定。[③] 在此书中，郝延平从市场主体的角度分析了买办机构的设置和职能，他认为买办是近代中外经济交流中不可缺少的中介者。“中介论”为西方学者普遍接受。中国学者对买办的考察，由于意识形态的影响，更多从“阶级论”的观点，对买办进行研究。[④]

学界对洋行、买办等贸易中间商及其制度，尤其是买办及其制度做了大量深入的研究，然而却忽略了近代对外贸易中另一个重要中间商——行栈——的研究。除了为数不多的几篇关于城市行栈的专题论述外，[⑤] 很少有关于近代行栈的整体性论述。近来，才有山东社科院庄维民教授的大作《中间商与近代交易制度的变迁：近代行栈与行栈制度研究》对行栈做了整体性研究。在该书中，作者通过丰富史料对近代中国行栈的产生、延续、市场功能

① 包培之：《论洋行买办制之利害》，《东方杂志》1919 年第 16 卷第 11 期。

② ［日］田中忠夫：《帝国主义与中国买办制度》，柯林译，《世界月刊》，1930 年第 5 卷第 1—2 期。

③ ［美］郝延平：《十九世纪的中国买办：东西间桥梁》，李荣昌译，上海社会科学院出版社 1988 年版。

④ 汪敬虞：《唐廷枢研究》，中国社会科学出版社 1983 年版；严中平：《中国近代经济史 1840—1894》（上），人民出版社 1989 年版；许涤新：《官僚资本论》，上海人民出版社 1958 年版；聂宝璋：《中国买办资产阶级的发生》，中国社会科学出版社 1979 年版；黄逸锋：《中国的买办阶级》，上海人民出版社 1982 年版；等等。

⑤ 曾兆祥：《近代武汉的贸易行栈》，《中南财经大学学报》1986 年第 1 期；刘续亨：《天津货栈业发展沿革概述》，《天津文史资料选辑》第 20 辑，1982 年；庄维民：《近代山东行栈资本的发展及其影响》，《近代史研究》2000 年第 5 期；［日］川原胜彦：《辛亥前上海行栈对三井洋行的影响》，《史林》2000 年第 68 期，增刊。

及其制度变迁给予了考察，一定程度上，很好地弥补了对近代中外贸易中的中间商研究的空白。该书至少有两点创新之处：一是选取了久为学界忽视的行栈及其制度为研究对象；二是对行栈等中间商对交易成本影响的考察。

二 近代华茶衰落的国内外研究现状

打开近代中国经济史和对外贸易史的各种著述，几乎无不涉及茶叶对外贸易，这缘于茶叶贸易在近代中国社会、经济和对外贸易中的重要地位。对近代中国茶叶贸易的关注，始于19世纪四五十年代西方人士的访查，访查的目的主要是试图从中国发现适合在印度种植的茶叶树种。专门介绍中国茶叶产制情况的专著有Fortune Robert的*A Journey to the Tea Countries of China*：*Including Sung—Lo and the Bohea Hills*（London，1852）和*Two Visits to the Tea Countries of China*（London，1853）；S. Ball的*An Account of Cultivation and Manufacture of Tea in China*，（London，1848）等书。至19世纪八九十年代，随着华茶对外贸易衰落，考察华茶衰落的原因、如何挽救华茶成为当时社会研究华茶贸易的主题。这一时期有影响力的著述，以晚清海关税务总司编制的*Tea. 1888*为代表。除了晚清政府总结该调查之外，社会人士、地方官员讨论华茶衰落的原因及如何挽救华茶衰落的措施成为这一时期研究茶叶贸易的主要特点，但讨论的内容相当浅显。

到了20世纪二三十年代，华茶对外贸易更加衰落，如何挽救茶叶对外贸易和发展茶业经济成为中国社会、政府关注的焦点之一，各种著述可谓众说纷纭。其中，政府及其相关部门进行的大量调查、统计成为这一时期研究茶叶贸易的主要特点。① 这一时期有关茶叶贸易和茶业发展的论说，集中在如何挽救茶叶对外贸易和茶业改进问题，涉及茶叶生产、制造、运销、金融、组织等问题，较晚清、民国初期茶叶贸易研究有了更深

① 具有代表性的有：杨端六、侯厚培：《六十五年来中国国际贸易统计》，中央研究院科学研究所1931年版；实业部国际贸易局：《最近三十四年来中国通商口岸对外贸易》，商务印书馆1935年版；蔡维屏：《茶叶》，财政部贸易委员会外销物资增产推广委员会编印1943年版；实业部商业司通商科：《国外商情调查报告汇编第1期·茶叶》，实业部总务司编辑科1931年版；金陵大学农学院农业经济系编纂：《江西宁州红茶之生产制造及运销》，金陵大学农业经济系1936年版；吴觉农、胡浩川：《中国茶业复兴计划》，上海商务印书馆1935年版；吴觉农、范和钧：《中国茶业问题》，上海商务印书馆1937年版；赵烈：《中国茶业问题》，上海大东书局1931年版。

刻认识。外文方面，代表性的论著有 T. H. Chu 的 *Tea Trade in Central China*，该书论述了 19 世纪末期和 20 世纪初期两湖茶业兴衰情况，考察了外国资本的砖茶工业，并分析了茶叶外销在国内流程、茶叶产制、运销等相关费用及茶业组织关系。[①] Boria P. Torgasheff 的 China as a tea producer，该文主要分析了中国茶叶的产制、销售情况，叙述中国茶的历史较多，对华茶衰落的原因给予了简要分析，认为华茶贸易衰落的根本原因在于产制方法落后。[②] 这一时期，关于茶叶的英文著述，以 Ukers William H 的 *All about Tea* 最为出名[③]，该书对世界各地茶叶历史、产制、运销、文化等均有涉及，但仅限于介绍为主。

当代对近代中国茶叶贸易、茶业发展的研究，成果颇多。研究的问题较多，领域较宽泛，角度亦各异。不管研究领域、问题、角度如何，近代华茶对外贸易盛衰过程及衰落原因，始终是当代学术研究者无法回避的根本性问题。学界关于华茶对外贸易衰落的原因，概括起来，主要有以下几种观点：

（1）外国资本"控制论"和"竞争论"。汪敬虞认为洋行控制中国茶叶市场、决定茶叶价格，编织以洋行为中心的商业网络导致中国茶农身受严重剥削，"这是中国茶叶衰落，茶叶在国际市场上败退的根本原因"[④]。林齐模认为英国资本对国际茶叶市场的操纵、中印茶叶生产方式的差异和国际茶叶市场结构的变化三个原因导致了华茶出口的最终衰落。[⑤]（2）中国茶叶生产方式落后论。研究华茶贸易衰落的学者，多倾向这种观点。仲伟民认为分散的小农生产方式，导致华茶在竞争中处于绝对劣势。[⑥] 陶德臣对中印茶业发展进行了比较，认为中国小农生产方式、种植技术、贸易体制的落后是华茶衰落的主要原因。[⑦]（3）近代中国政府征收沉重税厘论。陈慈玉认为中

---

① T. H. Chu, *Tea Trade In Central China*, China Institute of Pacific Relation, By Kelly and Walsh Limited. 1936。

② Boria P. Torgasheff, *China as a tea producer*, The Commercial Press. Limited. ShangHai, China, 1926。

③ Ukers William H, *All about Tea*, The Tea and Coffee trade Journal Company, New York, 1935.

④ 汪敬虞：《中国近代茶叶的对外贸易和茶业的现代化问题》，《近代史研究》1987 年第 6 期。

⑤ 林齐模：《近代中国茶叶国际贸易的衰减——以对英国出口为中心》，《历史研究》2003 年第 6 期。

⑥ 仲伟民：《近代中国茶叶国际贸易由盛转衰解疑》，《学术月刊》2007 年第 4 期。

⑦ 陶德臣：《19 世纪 30 年代至 20 世纪 30 年代中印茶业比较》，《中国农史》1999 年第 1 期。

国政府只关注于茶叶捐税，并不保护商品化了的茶业，更不积极栽培与改进。中国政府之力不足以致力于与外国资本在国际市场上的竞争。[①] 贺琤认为在茶业走向衰退时，由于受官僚体制、资金短缺、厘金制度、传统民本意识形态的制约，晚清政府无力执行茶业革新的领导和管理职责才是近代华茶出口衰落的主要原因。[②]（4）中国制茶技术落后论。史念书通过对清末民初中国各地对茶业挽救措施进行了考察，认为导致近代华茶衰落的关键在于科学技术的落后。[③]（5）中国传统贸易制度失衡论。姜修宪以近代福州港华茶出口为例，从制度变迁的角度，探讨了近代华茶对外贸易衰落的根本原因。他认为近代中国政府的沉重税收制度和传统的中间商制度对晚清华茶出口的阻碍是导致华茶衰落的根本缘由，其他因素只作为外部原因起作用。[④] 罗威廉认为传统中国的商业网络面对外国竞争，无力重构一个完整的生产体系，最终导致华茶的衰落。[⑤] 除了以上几种观点外，还有其他观点，但结论基本大同小异，对此不再赘述。

当代国外对近代华茶贸易的论著以 Robert P. Gardella 的 *Harvesting Mountains*：*Fujian and the China Tea Trade*，1757—1937 和 Thomas E. Lyons 的 *China Maritime Customs and China's Trade Statistics*（1859—1948）为代表，[⑥] Robert Gardella 的著作对第二次世界大战之前的福建茶叶历史和贸易过程作了论述，并对华茶贸易对中国社会经济产生的影响做了较多考察。Thomas E. Lyons 的著作旨在提供一种如何合理使用海关统计数据的指南，以及如何利用这些海关数据来研究区域经济的发展等问题。此外，澳大利亚学者 Nick · Hall 所著的《茶》一书，较全面地考察了近现代世界主要产茶国茶叶的生产、制造、销售和情况。

---

① 陈慈玉：《近代中国茶业之发展》，中国人民大学出版社 2013 年版，第 317 页。

② 贺琤：《关于 1886—1896 年中国红茶出口的考察》，《福建论坛》（人文社会科学版）2003 年第 1 期。

③ 史念书：《清末民初我国各地茶业振兴纪实》，《农业考古》1991 年第 2 期。

④ 姜修宪：《制度变迁与中国近代茶叶对外贸易——基于福州港的个案考察》，《中国社会经济史研究》2008 年第 2 期。

⑤ ［美］罗威廉：《汉口：一个中国城市的商业和社会（1796—1889）》，江溶、鲁西奇译，中国人民大学出版社 2005 年版，第 192 页。

⑥ Robert Gardella，*Harvesting Mountains*：*Fujian and the China Tea Trade*，1757—1937，University of California Press，1994；Thomas E. Lyons，*China Maritime Customs and China's Trade Statistics*（1859—1948），*Willow Creek of Trumansburg*，2003.

三 近代华茶衰落研究评析

综观当代学界对华茶贸易衰落原因的考察，不难发现研究尚存不足之处，有些观点值得进一步商榷、深挖和拓展。值得进一步商榷和拓展的地方，笔者认为有以下三点。

第一，以华茶在国际市场上的表现作为华茶衰落的原因。例如，华茶质量低下，是茶叶贸易中的市场表象，而不能作为华茶衰落的原因，因为存在这样的逻辑思维：是什么因素制约华茶质量的提高？在茶叶贸易开启之时，日本绿茶质量要比华茶为劣，为何日本绿茶出口没有衰落，相反却走向了成功？

第二，理论和逻辑分析不足。综观有关近代华茶贸易已有研究，学界多注重史料搜集，而且多从史料体现的现象而下结论，但对史料的理论分析不足。无疑，史料是我们从事经济史研究的根本前提，对其搜集整理是我们开展研究的基础。然而，仅注重史料搜集整理是不够的，我们还必须将史料与理论结合起来，尤其是在史料解读基础之上，将史料反映的现象上升到理论分析。不进行理论性思考，往往会影响我们对事物性质，乃至结论的判断。例如，一些学者认为中国茶叶的小农生产必然失败于资本主义大农场，因为前者不能取得后者那样的“规模收益”。然而，用规模收益的概念对小农生产和大农场生产作优劣区分并不合适，因为求助于规模收益的概念一般是无用的，也是无意义的。茶叶的种植和采摘属于农业范畴，资本主义农业取胜传统小农生产，主要是采用新农业要素。改造传统农业需要引入一种以上的新农业要素，当引入两种或两种新农业要素时，农业生产函数的结果，并不表现出线性的关系，所以在改造农业的过程中，要实现产出和效率的最优化，关键的问题不是生产规模问题，而是对农业投入的要素及其带来的收益均衡问题。从近现代世界茶业发展历史过程及发展趋势来看（茶叶生产趋向于小规模耕作），也不支撑小农生产必然失败于大农场生产的观点。

学者姜修宪在《制度变迁与中国近代茶叶对外贸易——基于福州港的个案考察》一文中指出：华茶质量的下降和洋商对华茶出口的操纵这两种传统解释无法很好地说明华茶出口为何衰落。该文论证了茶叶质量的下降与出口量衰退并没有绝对的关系，并指出茶叶质量的根源在于税收制度和中间商收购制度。同时，该文进一步考察了中外商人在茶叶交易过程中的博弈过程，认为在这个博弈过程中，中国茶商掌握着贸易的主动权，而非部分学者认为的洋商掌握主动权。该文最后得出如下结论：传统茶业公会及其制定的制度约束才是决定华茶贸易增长与否的关键所在。姜文从制度的角度考察了华茶对外贸易衰落的原因，可谓为研究近代华茶贸易过程提供了一个新视角。然而，从姜文对相关内容的考察来看，抛开其对制度内容考察完备与否不谈，单就从理论与逻辑分析而言，笔者认为有几点值得进一步探讨与研究。例如，茶叶质量的下降是中间商制度和沉重税厘制度导致的结果，那么，在这样的制度约束下，中国茶商是如何掺假，并最终导致华茶品质低劣的？我们又该怎样刻画掺假和降低华茶品质，对华商而言是其理性选择？既然谈到制度变迁，我们该如何判断制度发生变迁的？出现某一新的具体的制度安排是否就可以认为整个制度发生了变迁？制度变迁所需的成本及其带来的收益如何？等等。要进一步解答这些问题，除了要对大量史料进行解读外，更需要我们用相关理论去分析。

第三，学界对近代华茶衰落的研究，存在定性研究比较多，定量研究比较少的现象。所谓的定量研究比较少，包含两层含义：其一是对茶叶贸易数据的收集、整理、统计、研究工作尽管做得很多，但是一些数据多为不连续数据，连续数据稀少；其二是运用计量方法做实证分析比较少。简单地罗列一些数据，或对新整理的统计数据进行定性描述，恐将仍会存在见仁见智的分歧。

综观对近代中外贸易中间商——洋行、买办与行栈及其制度的研究，不难发现，无论是洋行的代理制度还是买办制度和行栈制度，都是近代中外经济和贸易制度内涵的重要组成部分，这些制度并不是孤立存在，而是相互融合、相互交织在一起的。然而，学界对洋行、买办和行栈等中间商市场地位、职能以及在构建对外贸易制度过程中所扮演的角色等问题的考察仍然不足。从已有研究来看，大多数文章仅在论述相关问题时，给予简单介绍、描述，鲜有从经济学、市场逻辑分析的角度做深刻分析。同时，理论与实证亦显不足。以庄维民教授的《中间商与近代交易制度的变迁：近代行栈与行栈制度研究》一书为例，笔者认为该书一些观点值得进一步商榷。例如，该书作者认为：以行栈为代表的中国中间商，不仅不会增加交易费用，相反，它们恰是为降低交易成本而产生。作者为论证其观点，列举了丰富的实例。然而，仅列举史料实例是远远不够的，因为中间商对交易费用的影响，不仅体现在“显性”费用之上，还具有“隐性”费用。

所谓的"隐性"费用，是指中间商利用有利的市场地位通过对交易的操纵获取的"好处"。对从事真正买卖者而言，中间商所获取的这些"好处"即构成他们的"隐性"费用。要研究这些"隐性"费用，有必要对近代行栈在市场表现的行为动机、制度形成的市场内在逻辑、缺失社会或政府监管下的中间商制度效率与公平给予深入分析与刻画。另外一点，该书也没有将中间商制度与贸易结合起来进行研究，以考察中间商及其制度对贸易的正向影响抑或负向影响。不解决这些中间商制度存在的根本问题，很难对近代中间商制度的市场功能、效率、公平和对贸易促进与否等问题给予合理的价值判断。

第三节 概念界定和选题意义

一 中间商及其制度的概念界定

中间商在经济中扮演着重要的角色，这一问题被国内外学者普遍关注，大量的商业和经济文献均对中间商有所描述，并有一批学者对中间商为何存在于市场给予了解释。有学者认为中间商的出现是社会经济发展内生分工的结果。例如，Kohn 认为中间商的兴起是交易费用下降所引起的专业程度提高所带来的"副产品"。① Johi 和 Leach 认为在同质性产品情况下，当供应商可以选择做生产者还是中间商时，如果做中间商收益大于做生产者收益时，中间商就会从供应商中内生出现。② 国内学者庞春认为，交易效率的充分改进（或单位交易费用的充分下降）促进了交易服务活动从生产活动中的分离，从而导致交易服务中间商的出现。这种分离意味着交易服务的供应与商品生产之间的分工，也就意味着交易服务部门与生产部门之间的分工。③ 有学者基于市场有降低信息搜寻成本与提高议价能力的需求，对中间商功能进行研究时，将中间商视为外生给定的。在这些

---

① M. Kohn, "Business Organization in Pre-Industrial Europe. Working Paper", *Department of Economics*, Dartmouth College, 2003.

② A. Johri, J. Leach, "Middlemen and the Allocation of Heterogeneous Goods", *International Economics Review*, 2002, 43 (2), pp. 347-361。

③ 庞春：《为什么交易服务中间商存在？内生分工的一般均衡分析》，《经济学（季刊）》2009 年第 2 期。

分析框架中，他们假定生产者（包括中间商）与消费者之间的天然分割。① 关于中间商为何存在于市场，还有别的学者从其他角度予以了考察，但本书不着眼于对这个问题的探讨上，而是重点关注中间商在一些行业发展中起着怎样的作用。因此，有必要对什么是中间商进行考察。

学界通常认为中间商是经济交换的“枢纽”，他们通过提供交易服务把生产者和消费者联系起来，并使他们处理的交易品的价值增加。从这个角度而言，中间商是特殊的生产者——交易服务是他们的特殊产品，这些反映了专业中间商的本质特征。关于中间商类型的划分，有很多划分方式。法国历史学家布罗代尔·费尔南（Fernand Braudel）、美国企业史学家艾尔弗雷德·D. 钱德勒（Alfred Pupont Chandler）等学者明确或隐含地对中间商类型进行了划分，将中间商大致分为两类：一类中间商被称为佣金中间商（或代理中间商、经纪人、中介等），他们主要靠协调、撮合交易赚取佣金；另一类中间商指加价销售中间商（如批发—零售中间商）。② 但是正如国内学者庞春总结的那样，他们没有解释中间商提供的交易服务的性质，没有解释中间商的经济学性质。基于这些不足，庞春使用经济学家杨小凯提出的超边际一般均衡分析方法，分别对佣金中间商和加价中间商为何存在于市场进行了模型刻画，证明专业中间商是交易效率充分改进所导致的分工的结果。同时，还讨论了中间商在交易中的身份及权利。在佣金中间商交易模式中，由于中间商没有取得商品的所有权，中间商不具有独立作出决策的权利，它们只是遵照买卖双方的指令与安排提供交易服务的，佣金费用反映了他们提供的交易服务的价格。在加价中间商交易模式中，由于中间商获得商品的所有权，因此能独立作出交易决策。③

如果市场是经济学家理想中的完美市场，有关中间商类型的“两分法”，无疑是合理的。但是，由于社会历史禀赋和各种因素的制约，大部

---

① G. Biglaiser, Middlemen as Expert, Rand Journal of Economics, 1993, 24 (2), pp. 212-223. Bhattacharya. U. and Yavas, In search of the Right Middlemen, Economic Letter, 1993, 42 (4), pp. 341-347. And so on.

② Braudel F., Civilization and Capitalism 15th—18th Century, Vol. 2, The wheels of Commerce. London: Phoenix Press, 2002. Chandler, Alfred. Dupont, The Visible Hand: The Managerial Revolution in American Business. Cambridge, Mass Belknap Press, 1977.

③ 庞春：《分工、交易费用与中间商的起源：超边际一般均衡方法的应用研究介绍》，《现代经济》2008年第5期。

分市场还不够成熟，交易中的参与者在市场中的地位是不对称的，即某些参与者在市场中拥有某些优势（如拥有定价权、出口权、资金和信息优势等），某些参与者处于弱势地位（如只能被动接受价格、资金和信息有限等）。拥有优势的市场参与者，尤其是中间商常利用他们的优势，尤其是利用客户（生产者）对市场信息了解的有限性，采取机会主义行为而谋取私利。如果这种行为得不到有效制约或管制，将会给经济发展带来阻碍。市场参与者，尤其是中间商利用其市场优势，进行机会主义和掠夺，并给经济带来强大的负向激励的现象普遍存在。近代中国对外贸易史，为我们考察、剖析市场参与者，尤其是中间商在经济中的作用，提供了非常好的历史样本。

在近代中国对外贸易市场中，存在众多中间商，但最为重要的是洋行、买办和行栈。洋行是代理海外商人销售工业品和采买中国农副产品赚取佣金的中介机构。在近代中国对外贸易中，洋行具有商品定价权，尤其是为海外商人采买中国农副产品时。洋行需要先采买样品，开具价格，寄交海外委托之商人，海外商人按照市场行情通知在华洋行，委托其采买，洋行从中可得到一定比例的佣金。关于买办的身份，尽管一直存在争议，但其具有洋行代理人又具有独立商人的双重身份是被学界普遍认同的。日本学者内田直作对买办的身份给出了较为合理的概括，“他们自己拥有资本，但为了保持使他们安全的、作为外国人之仆的地位，他们从外国商人那里接受名义的薪金。然而他们事实上是自由贸易的商人，是商人之中的商人。所有商行之转运皆经过他们，如没有他的定价，一切买卖皆不成”[①]。行栈不仅是代理内地商人与洋行交易，从中收取佣金的交易媒介，同时，也是自买自卖的交易主体和沟通银钱业与内地商人的金融媒介。

在近代中外贸易过程中，也有部分洋行收买中国农副产品，贩运到海外市场销售，但这并不是他们主要的角色，随着贸易的推进，他们越来越多地扮演着佣金中间商的角色。而买办和行栈同时兼具佣金中间商和加价中间商的角色，他们一面买进货物，加价售卖给洋行，成为加价中间商，一面为内地商人和洋行的交易进行撮合，成为佣金中间商。需要说明的是，在本书的研究中，洋行、买办与行栈自买自买的行为，被视为与内地客商一样的角色——买进原料，加工产制，转手售卖的加价中间商；而书

① 陈慈玉：《近代中国茶业之发展》，中国人民大学出版社 2013 年版，第 72 页。

中所言的中间商是指洋行、买办和行栈在贸易中扮演的代理买卖、撮合交易的佣金中间商。虽然赚取佣金是洋行、买办和行栈获利的重要来源之一，但就他们在市场中扮演的角色而言，他们又不是理论化的佣金中间商。因为在近代中外贸易中，无论他们是否取得商品的所有权，在相当程度上，具有独立作出决策的权力，这主要是由他们具有的市场强权地位和优势决定的。因此，理论化的佣金中间商含义，并不足以涵盖近代中外贸易中的中间商内涵。为此，笔者有必要对本书研究的中间商予以概念性的界定。

本书旨在勾勒近代中国对外贸易秩序的主线，借以考察近代华茶贸易制度的构建过程、内涵及其特征，华茶交易的内在逻辑和利益分配关系，以及华茶贸易制度对茶业发展带来的深刻影响。依此目的，本书以洋行、买办和茶栈及其主导构建的贸易制度为研究对象。研究表明，在近代中国相当长的一段时期，尤其是晚清和北洋政府时期，由于政府无力为市场提供必要的市场秩序，贸易所需的秩序和制度由具有市场强权地位和优势的洋行、买办和茶栈等市场中间商主导构建。在这个贸易制度中，洋行、买办和茶栈等中间商牢固地掌控华茶对外贸易中的一切交易，也正基于此，他们最大限度地攫取茶叶贸易中的利润。总而言之，洋行、买办和茶栈等中间商在近代华茶贸易中所具有的市场内涵——主导构建贸易制度、掌控一切贸易和贪占大部分贸易利润，非理论化的中间商所具有的特征与内涵。基于对这些内涵的认识，本书研究的中间商是指服务于中外贸易的凭借自身市场优势主导贸易制度构建的，并以此操控贸易攫取最大利润的洋行、买办和行栈等市场参与者，他们既是市场规则的制定者，又是市场的参与者（不仅为贸易提供交易服务，更以交易中间商的身份参与交易）。本书研究的中间商最大的特点在于他们是制度的制定者和贸易的垄断者，且兼具佣金中间商和交易中间商的双重身份，另外，随着经济环境的变化，他们的身份常常在这两种身份之间互相转换。

对制度探讨的论著可谓汗牛充栋，但这方面丰富多彩的研究无不建立在科斯（1937，1960，1988）、诺思（1990）、威廉姆森（1985，1996）等新制度经济学先驱的思想上。诺思认为制度是一种人类在其中发生相互交往的框架，由正式的成文规则以及那些作为正式规则之基础与补充的典型的非成文行为准则所组成，它们制约着社会各个成员之间的交易。诺思还对制度和组织的概念进行了区分。他认为组织是在制度框架下，由若干社会成员组成的团队，它们执行和贯彻制度规则和标准，就达至其目标而言，组织成为制度变迁的主角。[①] 同时，诺思还认为制度和组织存在的目的总是试图降低交易成本，但总是实现不了最优化，尤其当经济变迁和技术革新亟须制度创新时表现为甚。为此，他提出了两个制度变迁长期滞后的原因：强权的特殊利益集团在旧制度下获得利益；多重均衡和历史的随机扰动。[②] 其他学者对制度的理解，除了表意上细微的差异，几乎采用了相同的形式。本书基本采用诺斯有关制度的解释，具体到本书研究的具体案例而言，这里所谓中间商制度是指洋行、买办和行栈及其同业组织主导制定的贸易、借贷和"征税"（凭借市场强权攫取的超额的好处）等规则，以及基于这些规则基础上人们形成的信念。[③]

二　选题的理论意义

怎样看待中间商存在于市场的合理性，以及与中间商制度相关的成本与效率问题，一直是困扰经济史和经济学的一个疑难问题。中外学者从市场的角度对此给予了考察。中间商及其制度是市场制度的重要组成部分，中间商制度在交易中的重要性，首先被西方现代经济学家所关注。西方经济学家对中间商及其制度的关注，始于 20 世纪 60 年代，但是，直至 20 世纪 80 年代中期之前，研究并不深入，这一时期基本可视为中间商研究的初期阶段，该阶段关于中间商的研究主要集中于买者与卖者直接交易和二者借助中间商间接交易之间的差异。学者将考察的重点放在中间商通过存货管理来熨平市场供求的波动，以实现均衡价格，同时出清市场，并依赖存货创造了市场的流动性（Stoll，1985；Demsetz，1968；Glosten 和 Milgrom，1985 等）。总体而言，这一时期有关中间商及其制度的研究并不被主流经济学家所重视。[④] 之所以如此，主要因为这一时期关于中间商的研究缺乏主流经济学模型化范式的研究。

---

① ［美］道格拉斯·C. 诺思：《制度、制度变迁与经济绩效》，杭行译，格致出版社、上海三联书店、上海人民出版社 2008 年版，第 5—6 页。

② ［美］阿维纳什·迪克西特：《法律缺失与经济学：可供选择的经济治理方式》，郑江淮、李艳东、张杭辉、江静译，中国人民大学出版社 2007 年版，第 6 页。

③ 信念，这里指市场参与者对其他参与者在非均衡情景下战略选择的预期。

④ Abdullah. Yavas，Marketmakers Versus mathmakers. J. Journal of Financial Intermediation，2005（2），pp. 33-58.

20世纪80年代后期，A. Rubinstein 和 A. Wolinsky 假定中间商外生存在于市场中，以此假设为基础，二者共同构建了 R&W 模型对交易中存在的摩擦和中间商功能给予刻画。① 该模型初步奠定了中间商制度的理论基础。Biglaiser 认为中间商的存在是市场内生的，并以此为假设前提，论证了这样一种认识：向一个存在逆向选择机制的市场引入一个垄断的中间层，可增进交易的效率。② 在 Yiting Li 构建的中间商模型里，中间商被视为一个拥有出色专业技能的商品鉴定者，他们凭借专业技能和知识能辨别商品质量的高低与否，来增加交易者之间的信任，以及他们交易信息的充分性，通过增加信任和信息能够抑制交易中的逆向选择行为，从而避免道德败坏，解决交易中的“柠檬市场问题”③。丹尼尔·F. 斯普尔伯把金融领域中的中间化交易制度扩展到一般化的市场，他认为厂商是市场的制造者，并将其发展为“厂商的中间层理论”④。虽然丹尼尔·F. 斯普尔伯的中间商理论大大拓宽了中间商及其制度研究的广度与深度，但是，他把中间商理论应用到生产企业方面，认为生产企业也是中间层。需要说明一点，将生产企业视为中间层并不是笔者在本书中所研究的专为买卖双方提供交易匹配服务的市场经济主体。

综观西方学者对中间商及其制度作用的考察，多是从市场角度给予肯定。中间商的市场作用主要表现在：制定市场价格并促成市场均衡的形成、促进市场交易并降低交易成本、减少市场交易风险、降低市场搜寻成本、抑制逆向选择并减少道德风险五个方面。为此，相当一部分西方经济学家主张管制当局应该放松对中间商的管制，丹尼尔·F. 斯普尔伯就主张管制当局应放松一些对价格进行控制和伤害私人中间层发挥其市场功能的政策限制。他建议政策制定者应尽量放弃一些想当然的认识：如果中间

---

① Rubinstein A., Wolinsky A. Middlemen, The Quarterly Journal of Economics, 1987, 102 (3), pp. 581-593.

② G. Biglaiser, Middlemen as Experts, Rand Journal of Economics, 1993. 24 (2), pp. 212-223.

③ Y. Li, Middlemen and Private Information, Journal of Monetary Economics, 1998 (42), pp. 131-159.

④ [美] 丹尼尔·F·斯普尔伯：《市场的微观结构：中间层组织与厂商理论》，张军译，中国人民学大学出版社2002年版，译者序 VI。

商制造市场和对交易商品进行定价的话，就会出现不充分的市场竞争。①梳理西方学者对中间商及其制度的研究论文，不难发现，他们多以成熟的市场经济为研究对象，却不太关注不同国家、地区的社会制度、市场发育程度等差异，仅从市场逻辑进行抽象推理，得出普世的结论。这样的研究模式得出的结论并不适合运用到落后国家市场中去，因为落后国家市场制度不尽完善，市场发育程度较低，社会和政府对市场必要的监管有时严重缺位。如果过分放松必要的管制，由于信息不对称严重，中间商必然会凭借市场网络、信息、资金等优势，构建起垄断交易的局面。为维护自己的垄断利益，中间商在交易中的功能变得不再有效率，市场也会因此失去公平。这种情况往往会造成整个交易链条利益分配的失衡，从而导致交易制度的失衡。

中间商制度在近代中国普遍存在。对近代中国市场结构中普遍存在的中间商制度，有学者基于科斯的“由于市场费用的存在，所以才会产生企业”思想，认为由于近代市场空间与制度上的分割性，由于中间商的存在，能够减少交易者（如外埠商人）了解价格信息，寻找客户与货源需要为之付出的交易成本。② 这种认识具有一定的道理，然而，这种认识却没有考虑近代中国社会具有的特殊环境，即近代中国政府，尤其是晚清及北洋政府时期，政府干预经济的能力相当羸弱，政府和社会不能提供有效而必要的监管制度。然而，政府和社会对市场进行必要的管制和规范，在现代经济中又是非常重要的。尽管丹尼尔·F. 斯普尔伯等西方学者主张放松对中间层的管制，但他们也承认一定的管制是必要的。当中间商及其构建的交易制度得不到有效而必要的管制时，市场中间层或中间商会凭借其自身市场的优势，构建起怎样的市场制度？有一种可能，历史也不断提供这样的例子，即它们凭借自身市场优势，主导构建起一个只有利于自己却不一定有利于行业发展的市场制度，正如诺思指出的那样，“制度未必是为了实现社会效率而被创造出来，相反，它们之所以被创立，是为了服

① ［美］丹尼尔·F·斯普尔伯：《市场的微观结构：中间层组织与厂商理论》，张军译，中国人民学大学出版社 2002 年版，第 449 页。

② 庄维民：《中间商与中国近代交易制度的变迁：近代行栈与行栈制度研究》，中华书局 2012 年版，第 10 页。

务规则制定者的利益的"[①]。

制度变迁是有路径依赖的。一旦制度只是为规则制定者利益服务，却不是为实现社会效率而被创造出来，而且规则制定者力量不容易被推翻时，制度会在原有的路径上延续下去。由于存在市场完全与否、信息回馈连续与否以及交易费用是否显著的差异，制度有可能向良性路径和恶性路径两个方向变迁。良性路径依赖是指偶然事件引起初始某项制度安排的变迁，并形成某一特定的路径，在初始制度结构具有报酬递增的情况下，促进了经济的发展或效率的提高，其他相关制度安排具有同向合力，导致制度结构的优化，带来良好的经济绩效。恶性路径依赖是指制度变迁沿着既定的路径，在初始制度的效率低下，或者初始制度开始是有效的，但随着新情况出现，初始制度效率变得低下，并且得不到调整，这样会被锁定在某种无效或低效的状态下，一旦进入锁定状态，想要脱离初始的制度结构异常困难，往往需要借助于外部效应。依据习惯和方便起见，笔者仍将良性制度变迁简称为制度变迁，恶性制度变迁简称为制度锁定。

在中国近代的一段时期，尤其晚清和北洋政府时期，国家被排除在制定规范各方之制度的权威之外，作为能够影响市场运行的在华洋行、买办与行栈，凭借他们有利的中间商地位构建了贸易制度。为说明以洋行、买办与行栈等为主体的中间商制度给产业发展带来的影响，笔者将问题研究落脚在对近代中国社会经济有巨大影响的茶叶对外贸易领域，以此作为问题研究的把手，对近代中国中间商制度的形成过程、内涵、市场逻辑及其对茶业发展、贸易进程的影响给予考察。本书结合近代华茶贸易研究发现，洋行、买办与茶栈在华茶对外贸易中获取了丰厚的垄断（洋行垄断出口权、定价权，买办与茶栈垄断货源）之利。他们从垄断茶叶贸易中获得的"好处"远大于从变革茶业制度中获取的可能收益，为此，他们极力维护他们主导构建的华茶对外贸易制度，反对有损于他们利益的变革。由此，将近代华茶贸易制度纳入"恶性制度"路径上来。这种贸易制度仅对他们的利益分配有利，而对近代中国茶业发展、贸易不利。这种制度一方面推高了华茶成本，另一方面将华茶质量限定在低劣水平，造成华茶在国际市场上因为"价高质差"而无竞争力，并使变革华茶贸易制度异常

---

① ［美］道格拉斯·C. 诺思：《制度、制度变迁与经济绩效》，杭行译，格致出版社、上海三联书店、上海人民出版社 2008 年版，第 6 页。

困难。

西方学者普遍认为中间商在某单一市场上的功能是具有积极意义的，主要表现在出清市场、制造市场、消除不确定性、提供信息、提高交易效率、辨别商品质量、影响投资激励七个方面的作用。① 但是，历史给我们提供了这样一个案例，在近代华茶贸易市场中，作为中介地位的洋行、买办与茶栈，尤其是茶栈在茶叶贸易市场中，不仅是产品交易的中间商，而且在茶业金融、运销中也居于中间商地位。在这样的情况下，贸易主导者最大利益的实现，不再仅仅依赖于某一个市场，而是依赖于多个市场。这样，贸易主导者为寻求利益最大化，往往会牺牲某一个市场的效率与公平。笔者研究发现，在近代华茶对外贸易中，贸易主导者是以牺牲茶叶交易中的效率与公平为代价，来实现其最大“好处”的。通过对华茶贸易的中间商制度研究发现，在缺失社会或政府必要管制时，中间商制度并不总是西方学者普遍认为的那样能够降低交易成本、抑制逆向选择并减少道德风险、减少交易风险、降低搜寻成本、有效鉴别质量等市场功能。相反，他们凭借强有力的市场地位，获取超经济的“好处”，而这些“好处”的获取，则是他们通过增加售卖者的交易成本、自身做出的逆向选择来实现的。通过该案例研究发现，研究中间商在市场上的一些消极作用，更能较为全面地考察市场中间商的功能和作用，从这个意义上讲，本书研究丰富了中间商制度研究的内容与思路，乃至结论。

三 选题的现实意义

首先，丰富近代中国对外贸易研究。以往对近代中国对外贸易史的研究，多侧重于贸易兴衰过程及其对社会经济影响的考察，对市场主体、交易流程仅作描述与介绍，而对市场制度如何构建，有着怎样的制度内涵，制度又是通过怎样的途径影响贸易及相关产业发展的，鲜有关注与分析。近代华茶贸易史表明，中间商制度在近代中国对外贸易进程中始终是显著的特点，对近代中国社会经济产生了重要影响。从中间商主导近代中国茶叶贸易制度构建的角度，本书对近代中国茶叶贸易的兴衰及其制度对中国茶业发展产生的影响进行分析，这为研究近代中国对外贸易、市场制度提

① 眭纪刚：《市场的微观结构和交易机制：关于中间商理论的研究评述》，《财经科学》2008 年第 10 期。

供了一个新视角。

其次，对研究当代经济中的中间商市场行为，有一定的借鉴意义。由于一些市场结构、产品特性、运输条件等因素，商品销售离不开中间商。但是，常常由于监管的缺失或不足，造成中间商利用自身掌握的信息、市场等优势，进行垄断交易、掺假作伪、炒作等，一定程度上扰乱了市场秩序，使相关产业链条中的利益分配格局扭曲，造成相关产业在恶性循环的路径上低效率运行。例如，近年来在牛奶、茶叶、化妆品、煤炭等行业中，就广泛存在中间商扰乱市场秩序的行为。研究近代中国中间商制度与贸易之间的关系，有助于我们对中间商存在市场的合理性，尤其是其对相关行业发展带来负向作用的认知，对我们如何规范中介市场、加强相关行业的监管、培育良性市场制度等都有一定的借鉴作用，对今天经济的再改革和制度建设有一定的启发意义。

第四节　研究方法、框架、创新和不足

一　研究方法

中间商理论的建立，使人们对中间商市场存在的合理性有了更进一步的认知。这些论证一方面为市场制度理论研究开启了新领域，另一方面却也因为过于抽象的前提假设得出的结论，很难对一些中间商的市场表现作出有力的解释。之所以会出现这样的困难，是因为中间商理论假设中介市场总是完全竞争的。当市场中间商之间不是完全竞争的关系，而是联合一致成为市场垄断性力量时，中间商市场功能还总是那样有效率吗？已有案例表明，当中间商垄断交易时会创造一些市场激励，这些激励足以促使理性的个人实现群体的次优结果。[①] 垄断力量过于强大，会导致市场失灵，在此境况下，个人对自己利益的追求就会导致低效率的纳什均衡——一种社会两难的困境。对这些经济现象进行分析，并非一定要运用定量分析、模型构建、数理推理等手段或方法，在某种意义上讲本书的研究并非完全采用这些手段和方法。而是通过史料与理论相结合，也适当运用构建模

① ［美］盖瑞·J. 米勒：《管理困境：科层的政治经济学》，王勇等译，上海三联书店、上海人民出版社2002年版，第40页。

型、实证分析等方法，去分析中间商制度构建过程、博弈均衡内在逻辑以及检验中间商制度相关行业发展的影响。

具体而言，一方面由于中间商理论的强假设性局限，另一方面由于近代中国经济史研究存在或数据有限，或数据缺失，或数据可靠性不足或制度难以刻画的问题，所以本书尽可能在符合史料的基础上，对洋行、买办与茶栈三者构建“利益共同体”的内在逻辑予以建模刻画。这只是笔者分析近代中国对外贸易中的中间商制度的方法之一。关于近代中国茶叶贸易制度和华茶贸易衰落的关系，笔者更多采用理论与史料结合的分析方法。同时，运用经济学模型对近代华茶质量低下、价格高昂的原因进行了模型刻画。除此之外，笔者在相对系统搜集相关数据的基础上，对可能引起华茶贸易衰落的各种主要因素进行了定量分析，以揭示中间商制度与近代华茶对外贸易衰落的内在联系。

二 研究框架

为达到研究目的，同时结合说明问题需要的内在逻辑关系，包括导论在内，全书共分为六章，基本内容和具体安排如下。

第一章，导论。首先，从近代中间商制度研究不足和中间商在近代中国社会经济中的重要性入手阐述中间商制度在贸易中的重要性，并对本书论题被选择的理由进行了说明。其一，中间商制度在近代中外贸易中持续、全面的存在，并作为中外贸易制度的主要内容而深刻影响近代中国社会和经济；其二，国内外相关专题研究，多侧重于洋行、买办和行栈在贸易中的业务、活动领域介绍，对三者共同主导构建的贸易制度及其对经济、贸易产生的影响考察薄弱。其三，对本书论题所具有的理论意义和现实价值进行说明。结合近代中国茶叶对外贸易历史进程，对中间商理论给予丰富。一方面论证在中间商垄断贸易的情况下，中间商市场功能并不总是一些经济学家认为的那样有效率，如果中间商市场力量过于强大，出于维护既有利益，他们会将贸易制度纳入仅对自己收益有利，而对行业发展不利的制度固化的路径上来，基于维护既有利益，他们反对有利于行业发展的制度变革；另一方面，对中间商市场力量过于强大而造成的市场制度固化，从而对相关行业发展带来的不利影响进行分析，有助于提高社会和政府加强市场必要监管的认识，避免市场垄断力量太强造成的行业失衡。最后，笔者对本书的研究方法、研究框架和创新点进行了简要说明。

第二章，华茶的国际竞争。本章对中外茶叶贸易和华茶在国际市场上面临外国竞争的过程进行简要描述，并对各国茶叶在国际市场上的各种表现给予分析。接着，笔者对华茶贸易的主要对手——日本茶与印度茶何以成功做出了考察，笔者发现华茶衰落的主要原因之一就是没有构建起像日本、印度等国家那样的适应现代国际市场竞争需要的茶叶产制、运销组织结构。为了考察究竟是何种因素导致了华茶对外贸易的衰落，本章节对已有研究进行了评述和论证，发现小农生产方式、外茶竞争、政府征收的茶叶税厘等因素，并不一定对华茶衰落起到主要作用（在第三章中，以上因素对华茶贸易的增长率变化，在计量结果中表现得并不显著。而洋行、买办和茶栈等主导的贸易制度对华茶衰落具有显著性影响）。中国社会之所以没有形成上述的组织结构，其中主要的原因之一，即为洋行、买办与茶栈等中间商共同主导构建的贸易制度，在一定程度上妨碍了华茶贸易制度的变迁。

第三章，中间商和近代华茶贸易制度。本章对华茶贸易市场的结构、交易主体给予考察，对洋行、买办与茶栈之间的关系加以分析，认为三者在业务往来、购销货源、茶业金融等方面，即有“合作”，又有“矛盾”，在这种关系中，他们共同主导构建了近代华茶贸易制度，制度内涵是他们博弈的结果。在这种制度中，洋行、买办与茶栈居于市场支配的地位，一方面他们是市场运行规则的制定者，另一方面他们更是市场的参与者。在这种既是裁判员又是运动员的双重身份条件下，他们之间通过“合作”构建了稳固的利益共存关系，在“妥协”中寻求“共识”，在“合作”中共获“好处”。这样，他们构建了另外几大产茶国都没有的组织、制度框架，这些是实现他们各自利益的一种根本保障。他们通过这种保障实现各自利益的同时，却是以牺牲近代中国茶业发展为代价的，从而导致华茶在国际市场上缺乏竞争力。这种制度导致华茶质量低下，价格被广泛的投机所推高，市场被分割、细化，制约了华茶市场的扩张。为说明各种因素对华茶贸易的衰落产生了怎样的影响，笔者进行了实证检验。研究发现：在众多影响华茶出口衰落的因素中，洋行、买办与茶栈共同主导构建的茶叶贸易制度对华茶贸易的衰落具有显著性，其他因素如中国茶税的沉重、外茶的冲击等因素，在计量检验上并不显著。

第四章，中间商制度和茶业金融。洋行、买办与茶栈何以能够主导近代中国茶叶贸易制度的构建，除了洋行把持茶叶贸易终端出口权、价格定价权之外，洋行、买办和茶栈凭借放贷资金进而垄断货源，是他们主导贸易制度构建、操纵茶叶贸易的另一个主要把手。本章分析了茶业金融的借贷主体和往来关系，并对他们如何规避贷款风险进行的制度安排做出了考察，同时，对他们茶业放贷利率的高低情况给予了分析。研究表明拥有资金决定权的外国洋行、买办与茶栈，配合他们不可动摇的市场地位，将整个中国茶业完全掌控在其手中。在他们同时掌握茶业金融市场、产品运销市场的情况下，他们必然寻求实现其最大利益的组合策略，这必然要牺牲某些市场的效率与公平。在近代华茶贸易中，茶叶运销市场成为被牺牲的对象。中国茶业的衰败，从根本上讲并不是外部竞争，而是自身各种制度造成的必然结果，其中华茶对外贸易制度是主要因素之一。

第五章，中间商制度和华茶品质的降低。近代华茶在国际市场上竞争处于劣势，最主要的表现之一，即华茶质量低下。而导致华茶质量低下最主要的原因在于掺假作伪现象严重。何以至此？研究表明，由于近代中国社会和政府无法对茶叶产、运、销等环节进行有效的监管，华茶对外贸易中的中间商制度加剧了华茶的掺假作伪。在这个制度结构内，由于中国茶商、茶农对国际市场信息缺乏，处于市场中介地位的洋行、买办与茶栈凭借信息优势，选择了仅对自身有利的定价机制，即任意操纵价格，使茶叶价格严重偏离市场形成的价格，造成茶叶价格不能反映市场供求关系，对弱势的茶农和茶商而言，售卖茶叶仅有数量的意义。茶叶交易价格的扭曲，致使掺假作伪等逆向选择成为茶商最有利的市场选项，这样的市场行为由于市场管制缺失，买办与茶栈等中间商的鼓励而在近代中国茶叶对外贸易中持续而普遍存在。研究表明，对近代中国茶叶对外贸易中的各方参与者而言，维持茶叶质量相对低下，数量追求大而多是最好的选项。近代中国茶叶质量就在这种机制下，长期维持在质量低下的困境中。在本章，笔者通过构建模型对近代中国茶叶何以掺假、如何掺假给予了刻画，并对掺假作伪给华茶贸易带来的不良影响，近代中国社会、政府对掺假作伪无力监管进行了分析。

第六章，政府和中间商制度及华茶对外贸易。国家或政府在现代经济发展中扮演着重要的角色。本章从茶业发展对近代中国政府、社会的重要性进行分析，笔者认为茶业发展，尤其是茶叶贸易给近代中国政府带来了巨大的收益，这决定了近代中国政府不可能对茶业发展是漠视的，相反是重视的。但是，由于近代中国政府在一段时期，尤其是晚清和北洋政府时期，被排除出制定规范交易各方的规则的权威之外，政府受制于财政短绌的约束以及现代意识不足，导致政府在茶业发展与贸易中无力重新构建有利于改进整个社会福利的制度结构。到了南京国民政府时期，政府开始参与茶业发展的制度重构中，应该承认政府政策在茶业发展与茶叶贸易中起到一定的积极作用。但是，南京政府将茶叶贸易纳入发展国家资本主义的道路，导致了政府职能的错位。政府官僚利用权力得不到约束的机会进行寻租，从而实现了对茶业利益的独占，而私人经济受到完全抑制，导致整个茶业利益分配再次失衡。利益分配的再次失衡，给整个中国茶业发展带来了极大恶果。利益分配的极端不公，再次将中国茶业发展纳入一个只有利于制度构建者而不利于茶业发展的负向激励制度路径上，近代中国社会再次错过挽救衰落茶业的机会。

第七章，全书总结。本章在前面章节研究的基础上，对近代华茶贸易衰落的深层次原因做了总结，基本结论可概括为：洋行、买办和茶栈主导构建的贸易金融制度是近代华茶贸易衰落的主要原因之一，这种制度扭曲了市场价格机制，使茶商、茶农等从业者没有动力去改进茶叶质量，相反使他们低劣产制、掺假作伪等不良行为盛行，导致华茶质量低劣，最终导致华茶在国际市场上衰败。从长期来看，洋行、买办和茶栈主导的贸易制度抑制了近代中国茶业的贸易制度创新、技术进步、资本投资和企业家的进取精神。通过本书研究，可以有如下启示，即产业发展需要良好的市场秩序予以保障、需要有效的经济措施予以治理，在产业发展过程中，尤其需要处理好政府、市场和社会的边界。本章还对本书尚待深入研究的问题，即中间商制度的内生性、政府与传统产业转型关系等问题做了简要的前瞻性分析。

三　几点创新

本书以近代茶叶对外贸易史料和相关数据为基础，采用现代经济学理论和分析方法，具体分析了中间商制度与近代中国茶叶对外贸易衰落的内在关系，在以下几点有所创新。

其一，视角和理论创新。本书以中间商制度为研究对象，结合近代中国茶叶对外贸易历史进程，提出了洋行、买办与茶栈等共同主导构建的以中间商制度为主要内容的华茶对外贸易制度的观点。在华茶对外贸易的过程中，洋行、买办和茶栈在“共识”与“妥协”中形成了稳固的“利益共同体”，他们构建的贸易制度是近代华茶对外贸易衰落的主要原因之一。本书首次对近代华茶贸易制度构建的过程、内涵给予了详细考察，运用制度经济学分析方法，对洋行、买办与茶栈之间的博弈过程，用博弈论模型给予刻画。

其二，方法论上的创新。在整理茶叶对外贸易相关数据的基础上，运用计量模型，对可能引起华茶对外贸易衰落的各种因素进行了定量研究。实证结果表明，洋行、买办和茶栈等市场中间商共同主导构建的对外贸易制度是华茶衰落的主要原因之一。从计量检验结果而言，外国茶叶的竞争、中国政府征收的税厘、汇率变动等其他因素对华茶贸易的衰落表现得并不显著。对近代华茶掺假作伪行为何以持续而普遍的存在，基于史料，笔者提出了一些尽可能符合历史事实的理论模型假设，并构建了一个理论模型，对华茶掺假作伪背后的经济逻辑进行了刻画。研究表明，由于近代中国社会和政府无力构建有效的茶叶检验制度和机构，导致掺假作伪者被查出的概率较小。而在近代华茶对外贸易中，信息不对称问题严重，中间商制度加剧了掺假作伪的盛行。同时，也表明，普遍的掺假作伪，是市场主体对市场制度作出的理性的逆向选择。

其三，查找到一些新材料。在本书中，除运用一些已有研究普遍运用的报刊、报纸、海关等记录的史料和数据外，笔者在上海档案馆、上海徐家汇藏书楼找到了弥足珍贵的有关上海茶业公会的会议记录档案和茶叶交易时期的交易价格、汇率变动等相关数据，这些材料对研究近代行业公会、中间商及其制度内涵、对外贸易状况颇有意义。

四 研究的不足

本书虽有以上几点创新，但在研究中，仍存在一些不足之处，尤其是分析工具运用的不足。在实证模型检验中，对近代华茶贸易制度刻画的尚显笼统。一种经济制度对经济发展是通过一些具体的路径实现的，具体路径产生的效果会在具体指标有所体现。比如，外国洋行、买办和茶栈等市场中间商凭借他们的市场强势地位共同主导构建的贸易制度对华茶质量和交易费用等有着重要的影响，一方面它使整个茶业从业者普遍进行掺假作伪，这导致华茶质量长期得不到提高，而茶叶质量低劣又最终导致华茶在国际市场上同外国茶叶竞卖时缺乏竞争力；另一方面推高了茶商的交易费用，使茶商所能获利的空间变得狭窄。那么，在实证检验中应该把能够代表华茶质量和交易费用的具体指标的数据考虑进去。但是，受制于无法找到可以量化质量和交易费用的系统数据，同时，时至今日笔者尚没有找到可以代表质量和交易费用的合适的替代变量。以后随着材料的丰富，或者能够想到一个合适的替代变量，笔者将对实证模型做进一步修正。

笔者在第五章第二节中，运用博弈论刻画了近代华茶品质降低的市场内在逻辑。在该模型中，笔者将茶栈向茶号贷放的资金视为给定不变的情况下，茶栈和茶号做出的理性选择结果，这只是一期博弈行为分析。如果将双方交易中的信誉机制考虑进去，模型会更加丰满与合理，因为茶号是否执行贷款合约，将决定茶栈在下一年贷款额度的发放，这进一步决定双方将会采取怎样的博弈策略以使各自的利益最大。模型还有一点不足之处，即没有将外部监管放入模型。以后笔者进一步学习相关理论分析，以期进一步将模型完善。

第二章

华茶的国际竞争

在印度茶登陆英国市场之前，即19世纪60年代之前，中国茶独占世界茶叶市场已达二百多年之久。在此之前，垄断中英茶叶贸易的东印度公司为了保证自身利益，并不允许任何人干涉他们享有的中国茶贸易特权，极力反对在印度种茶的企图。到了1833年，该公司与中国所签订的合约到期，而中国政府又拒绝续签时，一些有志于打破中国垄断世界茶叶市场供给、侵夺华茶之利的英国人积极在印度试种茶叶，很快英国人取得了成功。到19世纪70年代中期，经营华茶的英国商人已经意识到他们使世界茶叶市场的供给结构发生了巨大变化，即华茶已不再是独占世界茶叶市场供给了。换句话说，伴随着印度茶和日本茶的迅速崛起，华茶被置于国际性的竞争关系之中。为说明这种转变给近代中国社会带来怎样的巨大影响，有必要先从华茶垄断世界市场供给论起。

第一节　垄断时期的繁荣

一　竞争前的繁荣

外国茶出现在国际市场之前，华茶几乎完全垄断世界茶叶的供给。从1860年伊始，外国茶开始初登国际市场，但它们在世界茶叶市场的供给中只占有较小份额。1867年，西方世界消费的大约90%的茶叶，仍是由中国提供的。[①] 1868年，根据海关贸易报告统计，中国生丝与茶叶两项出

① 汪敬虞：《十九世纪西方资本主义对中国的经济侵略》，人民出版社1983年版，第78页。

口商品的总市值共占出口总市值的94%。① 自1860年之后的十多年，外国茶才开始打破华茶垄断地位。笔者整理了华茶出口的量值数据，发现在1870年后，华茶垄断地位基本被打破，这以华茶对外贸易中的三个指标为依据：一是华茶出口量增长速度开始显著放慢；二是价格开始下降，即茶叶价格呈现出负增长；三是中国不再是外商购买茶叶的唯一货源地。以此，笔者将1870年之前视为华茶垄断国际市场时期。1843—1870年间，随着广州公行贸易独占的结束，西方国家所梦想的自由贸易在中外之间得以推行，贸易量随这一变化而激增。这一时期，中国最主要的出口商品——茶叶——对外贸易激增，表现得更为显著。

为便于考察这一时期的华茶出口情况，笔者将考察年份延伸至1886年（该年华茶出口量最大）。图2-1反映了这一时期华茶出口情况。

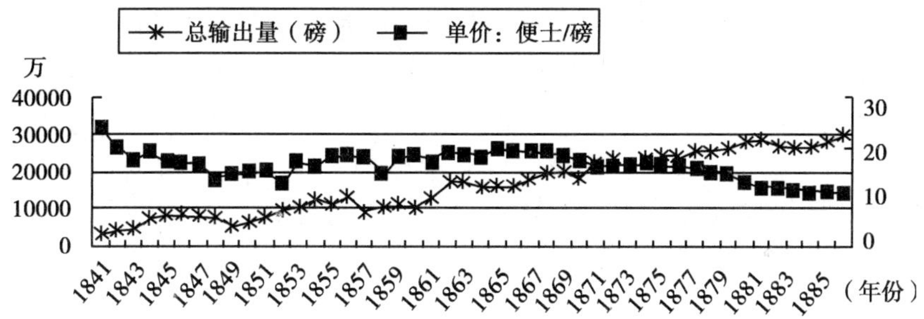

图2-1 1841—1886年华茶出口量价变化趋势

图注：左纵坐标代表华茶总输出量，右纵坐标代表每磅茶叶的价格。

资料来源：陈慈玉：《近代中国茶业之发展》，中国人民大学出版社2013年版，第83—84页。

由图2-1可见，1870年前，华茶对外出口增长速度较快，价格基本维持在一定高位。造成这一时期华茶出口繁荣，有以下几个因素：一是华茶基本垄断国际茶叶供给市场。这一时期，虽然印度茶、日本茶开始登上国际市场舞台，但仍处于华茶供给补充的地位。1867年，英国驻上海领事文极司脱在茶叶贸易备忘录里的言辞，就体现出华茶在此时尚能垄断供给，“中国是否将能供应世界饮茶地区的全部需求，看来也是有疑问的。

① ［美］郑友揆：《中国贸易和工业发展（1840—1948）》，程麟荪译，上海社会科学院出版社1984年版，第23页表。

在这种情况下，不必担心会由于到货太多而使英国市场供应过剩，然而在另一方面，诱使乐观的买主付与过高价格的情形，也有大量增加”①。至该年，中国仍供给了西方消费的1.9亿磅茶叶的90%。② 二是国际茶叶消费市场激增。这一时期，国际茶叶市场需求强劲，1870年，英国人均消费茶叶为4.01磅，这个数字是1843年的2.88倍。③ 在19世纪60年代的整个10年，“英国及其殖民地对茶叶的消费几乎增长了一倍”④。世界茶叶消费市场的迅速扩大，极大地拉动了华茶对外出口。三是中国三大茶叶出口港口——上海、福州、汉口因各种因素所致，华茶出口先后得到扩张。

华茶出口需求旺盛，给这一时期的中国社会经济带来了一定程度的繁荣。茶叶出口旺盛使老茶区种植增加，大量的新茶区也得到开辟。例如，在福建的武夷山北麓的玉山与河口镇等地方，“上万英亩的土地都种着茶树，而且大部分的土地显然是最近几年内开垦和栽种起来的”⑤。在台湾，“淡水附近茶叶的种植已大量扩张，并且正努力向台南推广”⑥。在两湖地区，“咸同间增开五口，互市便利，西人需茶急，收茶不计值，湘茶转运近捷，茶者辄抵巨富。于是皆舍麻言茶矣。浏阳以素所植麻，拔而植茶”⑦。茶叶生产和贸易的兴盛带动了地区经济的增长，在通商口岸和内地城市也兴起了大量与茶叶出口相关的新式商业机构。按照茶叶出口的流程，从茶农开始，主要有茶贩、茶行、茶号和茶栈。茶叶的广泛种植和新式商业机构的出现，扩大了就业，并有了精细的市场分工，促进了商品经济的发展。

获取茶叶，成为西方列强打开中国国门的诱因之一。在中国门户被打

---

① 李必樟编译：《上海近代贸易经济发展概况：1854—1898年英国驻上海领事贸易报告汇编》，上海社会科学院出版社1993年版，第155页。

② ［美］西甫·里默：《中国对外贸易》，卿汝楫译，生活·读书·新知三联书店1958年版，第15页。

③ Ukers. William. H，All about Tea，The Tea and Coffee trade Journal Company，London，1935，p. 350。

④ 李必樟编：《上海近代贸易经济发展概况：1854—1898年英国驻上海领事贸易报告汇编》，上海社会科学院出版社1993年版，第155页。

⑤ Robert. Fortune.，Travels in the Tea Country，1852，London，p. 263。

⑥ Commercial Report，1876，台湾，第87页。

⑦ 谭嗣同：《浏阳麻利述》，《农学报》第12期，光绪二十三年九月。

开之后，茶叶自然成为外商广为搜罗的重要商品。茶叶贸易兴盛与否，成为中国口岸城市兴起的重要因素之一。五口通商时期，上海凭借优越的“T”形水运优势以及周边丝茶产区集中等有利因素，进出口贸易量很快超越广州，成为中国第一大贸易港口。尽管丝茶的出口从1890年以前支配全局的地位下降到1900年以后比较次要的地位，但是，对丝茶两项贸易垄断地位较长时期的保持，“足以使它（上海）得到及早发展成为领导全国贸易中心的机会。大约到1900年，印度、锡兰、爪哇、日本等取得世界丝茶市场的控制权之际，上海的首要地位已很稳固”①。福州在开户之初的十多年，其对外贸易额在最初开放的五个通商口岸城市中，可谓最不起眼的一个。仅仅驻足十年，英国人就认为与其选择福州，不如通过谈判来更换一个更具潜力的港口。1853年太平天国运动隔断了从上海出发到西方的贸易商路，福州作为一个茶叶出口港，很快扬名世界。19世纪80年代中期以后，伴随着外国茶竞争的加剧，福州茶质量退化，福州港出口的茶叶数量开始衰退。外商曾要求中国的种植者和中间商改善茶叶质量的监督制度，但收效甚微，“有人甚至给他们指出，如果不提高质量，茶叶出口这项关乎港口命运，乃至整个福建经济命脉的生意将不复存在”②。在19世纪60年代之后，汉口突然成为一个主要的对外贸易口岸城市，用西方人的话说：如果不是茶叶对外出口的原因，没有一个西方人会来到这个城市。在他们的眼里，茶叶对外贸易甚至是汉口存在的唯一理由。③ 以上认为茶叶贸易在各口岸居于中心位置有些言过其实，但也不能忽略它在19世纪下半叶对当地社会和经济生活的重要意义。正是由于华茶对外出口的繁荣，才使上海、汉口、福州等地的茶叶市场成为西方经济势力影响这些城市的主要渠道之一。

华茶对外贸易的繁荣，使当时中国的国际贸易收支一度居于有利地位。19世纪70年代中期之前，在中国出口商品所能换取的外汇总额中，有52.7%的贡献来自茶叶出口；在中国为进口外国商品所需要的外汇数额

---

① ［美］罗兹·墨菲：《上海——现代中国的钥匙》，上海社会科学院历史研究所译，上海人民出版社1986年版，第140页。

② ［美］康乐柏：《中国通商口岸：贸易与最早的条约港》，李筱译，东方出版中心版2010年版，第164页。

③ ［美］罗威廉：《汉口：一个中国城市的商业和社会1796—1889》，江溶、鲁西奇译，中国人民大学出版社2005年版，第152页。

中，大约51%是依赖茶叶出口支付的。[①] 即使英国对中国输出大量鸦片之后，中国丝茶出口的旺盛仍可使中国在此时期保持贸易顺差，只是顺差变得微小起来，但基本上尚能弥补因鸦片进口而造成的大量白银外流，“以一年烟土之价计之为数约在五千万两。中国每年出洋丝茶之价与鸦片可以相抵”[②]。1865—1894 年，中国出口的茶叶价值大致与进口鸦片价值相等。凭借丝茶对外出口，在此时期，中国尚能保持在大多数年份中的出超地位（修正后的数据）。[③] 然而，进入 19 世纪 90 年代后期，随着华茶在国际市场上竞争的衰落以及外国对华商品输出的加强，“中国出洋之货以丝茶为大宗，然终不敌鸦片之巨”。[④] 虽有其他本土商品因外国市场需求而兴起，但没有像茶叶一样在平衡国际贸易收支方面，起到茶叶曾经起到的巨大作用。

茶叶贸易的繁荣，也为近代中国政府带来了巨大收益，最直接的表现就是茶叶税收和厘金征收上。表 2-1 为 1859—1870 年中央政府从茶叶正税中获取数额。

表 2-1　　1859—1870 年中央政府所收茶叶出口正税

年份	海关两	年份	海关两	年份	海关两
1859	1719147	1863	2646908	1867	2749961
1860	1576573	1864	2427882	1868	3048200
1861	2366282	1865	2500202	1869	3157587
1862	2686167	1866	2463293	1870	2853532

资料来源：依据陈慈玉《近代中国茶业之发展》（中国人民大学出版社 2013 年版），第 83—84 页；中国茶叶出口量，折算而成。每担征收关税 2. 5 海关两。

茶叶贸易对中国财政的贡献不仅局限于中央政府，而且在地方政府财政收支中亦扮演着非常重要的作用。地方政府对茶叶征税是以厘金形式进行的。厘金征收最初只是为了应付紧急的军事供应（军饷），但作为军事供应制度被确立下来。在湖北，厘金仍然首先作为本省军饷的来源而征收的，箱厘与行业两税，同系拨充军饷要需。丰厚的厘金收入成为地方政府

① 严中平：《中国近代经济史 1840—1894》，人民出版社 2001 年版，第 1187 页。

② 《拟请驰种罂粟之禁以塞漏卮而培国本》，《申报》1874 年 6 月 10 日。

③ 姚贤镐：《中国近代对外贸易事资料 1840—1895》，中华书局 1962 年版，第 1083 页。

④ 《示禁伪茶》，《申报》1899 年 9 月 26 日。

非常依赖的财源，其中茶叶的贡献功不可没。由此可见，茶叶税厘在近代中国政府财政方面的重要性。总之，这一时期茶叶对外贸易的繁荣为近代中国带来了前所未有的机会和好处。然而华茶出口呈现出一片欣欣向荣之时，却暗藏着巨大的危机，暴露出许多致命性的根本缺陷。

二　繁荣中的危机

华茶对外贸易繁荣暗藏着的危机，表现在以下几点。

第一，洋商抢运导致投机盛行。茶叶贸易的繁荣，为从事茶叶贸易的洋商、中国茶商带来了巨额收益。19 世纪 60 年代，为获取更多收益，洋商开始了无序的竞争与投机。由于洋商急于购入，使茶叶价格暴涨成为普遍市场表现，“人们甘于冒险，遂使本地商人能在没有任何特殊理由的情况下，从洋商身上获得了巨额利润，因为从产地和英国市场两方面来讲，都不能证明所付出的高价是合理的”①。为获取稳定利润，随着外国茶叶供给能力的不断增强以及轮运—电报时代的到来，洋商越来越凭借其信息、资金等优势来获取茶叶贸易带来的“稳定收益”，却由此与其关系密切的中国中间商——买办与茶栈——一道将中国茶叶贸易纳入另一个发展的路径。

第二，不利于茶叶贸易的制度开始被构建。正如在导论一章中分析的那样，外商在与中国商人的交易中信誉机制不再有效，中外茶商之间的交易，“不得不尊崇一批没有资金或地位但实际上却是中间人的丝、茶行业的勤杂人员和买办作为当事者的情形”②。普遍存在的中间商往往利用自身掌握的市场信息优势，进行各种机会主义投机。而且洋行、买办与茶栈越来越凭借自己的市场优势，企图将有利于自身利益实现的各种商业习惯制度化与法令化，并使之成为交易的规则。例如，在一切交易中，即使当产品进行过秤和包装时实际物主在场能够提供一切有关所有权的一切证明，以及具有一切可以明告谁是真正当事者的机会时，也要把中间人作为表面上的当事者，这种情况甚至被奉为贸易的准则。

第三，业茶者对质量开始漠视。1870 年前，茶叶尚称得上短缺的出

---

① 李必樟编译：《上海近代贸易经济发展概况：1854—1898 年英国驻上海领事贸易报告汇编》，上海社会科学院出版社 1993 年版，第 86 页。

② 同上书，第 116 页。

口商品，加上国际市场需求不断增长，从事茶叶贸易获利颇为丰厚。出于对利润的追逐，外国商人在中国掀起了抢购的风潮。每个商业季首批丝、茶船货在英国市场所获得的高价，自然会在这些产品的第一批到货上市时，引起市场上不顾一切的投机风气，造成了价格的上升，并使大量供货赶紧发运。洋商抢购茶叶的手段有两种：一是提高收购价；二是降低收购茶叶质量标准。可以说，为了抢购更多的华茶，这两种手段洋商都一并使用。但是，由于受成本约束，价格竞争的空间总是有限的，降低茶叶收购标准、放宽检测成为洋商在抢购中是否取胜的关键。

在说明洋商降低茶叶收购标准的市场逻辑之前，有必要考察从茶农至中间商（买办与茶栈）的茶叶质量问题。洋商依赖买办与茶栈收买茶叶，相对洋商而言，买办与茶栈的确对华茶质量有较高认识，但是相较茶农、茶商对茶叶质量的掌握，二者则处于劣势。多数情况下，买办与茶栈仅能依据经验判断收购茶叶中的优劣，因此只愿意根据平均价格向茶农、茶商支付茶叶价格。这样就造成提供高于平均质量的茶农或茶商遭受损失，相反，提供低于平均质量的茶农或茶商获得额外"好处"。这样就造成了类似于"格雷欣法则"的现象，即低劣茶将优质茶驱逐出市场。

洋商向买办与茶栈收买茶叶时，处于"囚徒困境"的境地。假定茶叶购买市场有两家洋行 A 与 B 竞买茶叶，他们拥有相同的风险偏好。在收购价格相同时，两家洋行 A 和 B 在茶叶收买时的博弈策略和支付矩阵如图 2-2 所示：

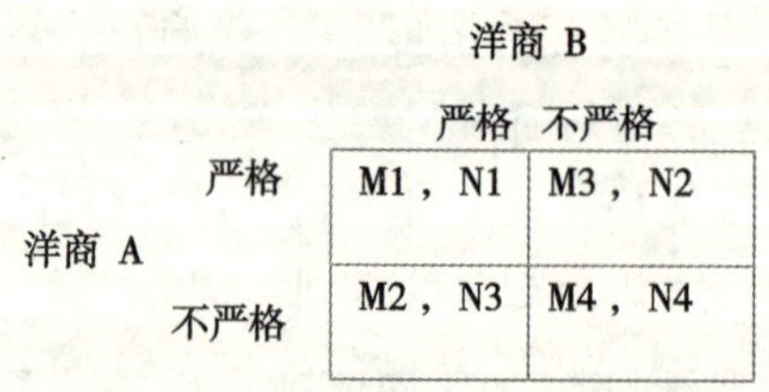

图 2-2 洋行与会员茶栈的支付矩阵

在图 2-2 中，M 和 N 分别表示洋商 A 和 B 在不同策略组合下的支付函数，且与收购茶叶数量正相关。当某一家洋商选择执行"严格"策略，而另一家洋商选择"不严格"策略时，那么，选择"不严格"的洋商将在竞买茶叶时占优；当两家同时选择"严格"或者"不严格"时，每一家洋商获得的实际购买量不会改变，因为这两家洋商的竞争地位不会改变。从理论上讲，如果两家洋商都选择“严格”时，其收益将比选择“不严格”要大。对洋商 A 而言，当其选择“不严格”、洋商 B 选择“严格”时，洋商 A 的收益是最大的；当两家洋商都严格时，洋商 A 的收益次之；当洋商 A 和 B 都选择“不严格”时，洋商 A 的收益最小。故而在这样的选择策略下，洋商 A 的收益会形成这样的大小关系，即 M3<M4<M1<M2。洋商 B 的收益和洋商 A 一样。因此，该博弈是一个典型的“囚徒博弈”。

这样，洋商之间的“囚徒困境”思维，将他们采取的博弈策略带入（不严格，不严格）的理性选择。其显著特点在于，博弈双方选择各自的最优策略，追求自己收益最大化，不过，与双方选择将其收益最小化的策略相比，最终的结果更糟糕。洋商不得不在此时期采取降低茶叶检验标准，以实现抢运之目的。茶农提供的茶叶质量偏低，洋商对茶叶收买不严，为买办、茶栈、茶商掺假作伪创造了“有利”空间。普遍的掺假行为，招致了洋商的不断抱怨，“过去的三年（1876 年之前），在福州的商人收到了来自英格兰、英国殖民地、美国和德国等地茶商无数而严厉的抱怨，批评这个港口输出的茶叶有太多的混杂物和低劣包装”①。外商的遣责与抱怨，并不能改变已有的粗制产制和掺假作伪行为。因为此时国际市场所需要的茶叶绝大部分仍为中国所供给，外国茶尚构不成严重威胁。因此，洋行不得不对品质不佳的华茶付出高价。只要外国需要这些品质并不高的茶叶，经营华茶的从业者必定继续粗制生产和掺假作伪的做法。华茶品质的低劣和掺假作伪严重打击了华茶的声誉。

三 小结

在这一时期，由于华茶尚能垄断世界市场，茶叶贸易的繁荣给从事业茶者带来了收益，并形成了一个利益链条。然而，这也为华茶后来的衰败留下了各种隐患和弊端。这一时期，华茶种植面积的扩大，只是在原有技术水平上的粗放型扩张；洋行对茶叶的抢购造成了虚假繁荣，人们不再像从前那样注重茶叶的精致生产和制造。同时，中国茶叶在国际市场上的垄断，所带来的利益分配格局也于此时期逐渐固化。当外国茶在国际市场开

① China. Maritime Custom：*Tea. 1888*，第 108 页，1889 年刊印，上海徐家汇藏书楼：009/T22。

始出现，并且迅速扩张时，作为茶叶贸易链条中的主要受益者——洋行、买办与茶栈等市场中间商在面对国际市场的激烈竞争时，为维护既有的利益以及实现新的利益，他们没有能力也没有意愿去改造一个不再适应国际市场竞争的生产和贸易结构。相反，围绕利益分配这一核心问题，洋行、买办和行栈展开了持续而激烈的博弈。从后面博弈的内容和结果来看，不难发现，近代华茶贸易中的制度、规则无一不体现洋行、买办和茶栈等市场强权者只重视自身利益实现的精神，他们在博弈过程中共同主导了近代华茶贸易制度的构建。

第二节　竞争中的衰败

从 19 世纪 70 年代初，外国茶对华茶开始形成了强有力的挑战，并在此过程中，改变着国际市场的供给结构。华茶不再垄断国际茶叶供给市场。与中国进行茶叶贸易多年的英国商人，1875 年就指出“十五年前，印度植茶是作为一种实验而不是作为预定要在短期内使它成为该国主要商品的。但事实就是这样，加尔各答出口的茶叶已从 1861 年的 130 万磅增加到 1875 年的 2500 万磅。当我们考虑到十五年前中国还垄断着茶叶的生产时，上列数字表明印度茶叶已经成为一个可怕的对手”①。外国茶，尤其是印度茶的迅速崛起，使世界茶叶市场由卖方市场向买方市场转变。在此转变过程中，华茶已被完全置于国际市场竞争中。

一　竞争过程

华茶遭遇的竞争，首先来自印度茶在伦敦市场上的挑战。英国人产制的印度茶味道浓厚，同时，英国茶商经常将色香味俱全的华茶掺入印度茶叶中，以迎合西方人们的口味。这样，印度茶开始被西方市场接受。印度茶的竞争使华茶在伦敦市场占有的份额不断下降。华茶与印度茶出口量较能体现二者的竞争过程与变化趋势。图 2-3 是笔者依据相关资料整理的中印两国 1859—1901 年对英国出口茶叶的变化数据制作的变化趋势图。

从图 2-3 可见，自 19 世纪 60 年代初，印度茶出口开始迅速增长。不

① 李必樟编译：《上海近代贸易经济发展概况：1854—1898 年英国驻上海领事贸易报告汇编》，上海社会科学院出版社 1993 年版，第 375 页。

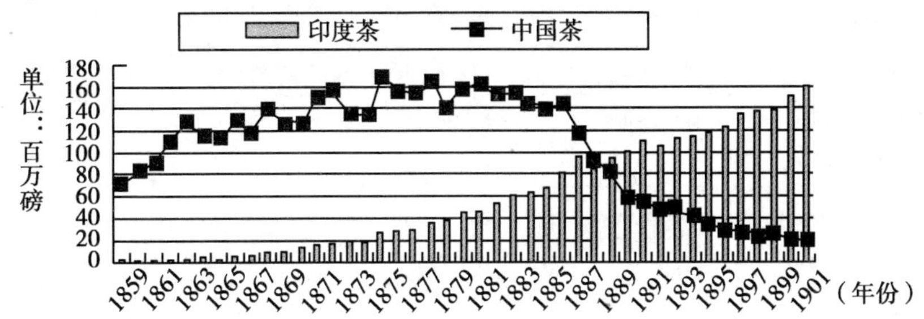

图 2-3　1859—1901 年中印两国茶叶对英国出口情况

资料来源：1859—1887 年和 1888—1891 年的资料见陈慈玉：《近代中国茶业之发展》，中国人民大学出版社 2013 年版，第 238、239、243 页；1892—1901 年资料见《海关十年报告》，《中国旧海关史料》，第 479 页。

到 30 年时间，华茶在英国市场的销量即被印度所超越。从市场交易量上看，华茶在与印度茶竞争的过程中，已呈现出劣势。1870 年后，华茶对英国出口虽是稳定增长的，但华茶增长的速度远远低于印度茶增长的速度。自 1875 年华茶在英国市场最高出口量近 1 亿 7000 万磅之后，即呈下降之势，尤其是自 1886 年之后华茶在英国市场上衰落的速度加剧，至 1901 年，华茶对英出口仅占最高出口量的 10.6%。反观印度茶，大致到 1885 年后，它对英国的出口量已与华茶呈势均力敌之势。1890 年之后，印度茶与华茶在英国市场上的延续着先前的表现，二者的差距进一步拉开，至 1901 年，华茶在英国市场的销量仅是印度茶销量的 11%强。华茶在英国市场上基本为印度茶所排斥。

日本绿茶与中国绿茶在国际市场上的竞争，主要是对美国市场的争夺。竞争过程可见表 2-2。

表 2-2　美国输入的日本茶、中国茶和印度茶（1859—1882）　单位：磅

年份	日本绿茶	中国绿茶	中、印红茶	合计
1859—1860	365300	17859100	13495300	31719700
1860—1861	251100	8687400	19485000	28417500
1861—1862	322100	12565200	15037000	27924300
1862—1863	977200	8473200	11302300	20732700
1863—1864	2412800	12094000	10818800	25325600
1864—1865	1214100	7058600	8702900	16975600

续表

年份	日本绿茶	中国绿茶	中、印红茶	合计
1865—1866	759230	12774200	11581400	31947900
1866—1867	6054300	14896800	13262800	34213900
1867—1868	7102700	13482000	13307100	33891800
1868—1869	10296700	18834500	13418500	42549700
1869—1870	10852520	18771700	13081000	42705200
1870—1871	12384100	17898400	16294700	46577200
1871—1872	15842119	20226731	21611438	57680288
1872—1873	17271617	22234339	20172627	59678577
1873—1874	18459751	19846729	13843244	52149724
1874—1875	21969308	19218652	17884509	59072469
1875—1876	26282956	17076417	13039901	56399274
1876—1877	23218491	14937560	16203074	54359125
1877—1878	22558088	15623372	20574460	58755920
1878—1879	25350710	12987573	17484458	55819747
1879—1880	34758172	15333000	18664683	68755855
1880—1881	39778129	19339196	32629076	81746401
1881—1882	35137933	20708746	24340632	80187311

资料来源：日本驻纽约领事官高桥新吉的报告《通商汇编》（1882），转引自陈慈玉《近代中国茶业之发展》，中国人民大学出版社2013年版，第241页。

由表2-2可见，中国茶、日本茶和印度茶在美国市场上的增长情况，尤以日本茶增长最为显著。1859—1860年茶季，日本对美国出口的绿茶为365300磅，仅及中国绿茶对美出口的2%强，而在1874—1875年茶季，日本对美出口的绿茶即超越中国绿茶。仅就绿茶而言，自1875年之后，在美国市场上，日本绿茶完全凌驾于中国绿茶之上。

至19世纪最后的二十年，中国茶在国际市场上面临的竞争，除来自印度茶、日本茶之外，还来自其他国家茶的竞争，尤以锡兰、爪哇为代表。锡兰茶、爪哇茶的崛起，彻底改变了茶叶国际市场的供给结构。锡兰茶发展较晚，直到1875年，才开始有1000英亩咖啡地改为种植茶树，不久之后便迎来了所谓的“向茶树前进”的时期。锡兰茶业发展虽晚，但发展较快，可从下列数据中看出：种茶面积1875年为1080英亩；1895年为305000英亩；1915年为402000英亩；1925年为428000英亩；1930

年为467000英亩。[①] 英国商人在锡兰发展茶业，如同在印度一般，具有茶园规模大、科学化生产的特点。爪哇的种茶业，虽然有了比较良好的开端，但是由于荷属印度政府所施行的土地政策，在1860年以前，种茶业始终没有占据重要的地位。19世纪90年代，爪哇茶随着先前的中国茶树，逐渐被粗壮的阿萨姆种所代替，新式的机械代替了过去的揉捻的方法，干燥机也取代了炭炉等有利条件步入了黄金时代。表2-3统计了19世纪末20世纪初主要产茶国茶叶输出量变化情况，从中可见各国茶叶增长、递减之趋势。

表2-3　　1895—1920年主要产茶国茶叶输出数量　　（单位：磅）

年份	量、指	中国	印度	锡兰	日本	爪哇
1896	数量	228321705	150421245	110095194	42676588	719600
	指数	100%	100%	100%	100%	100%
1900	数量	196461600	192300658	149264603	38026780	16830000
	指数	86.04%	27.84%	135.61%	89.10%	233.88%
1905	数量	182936800	216770366	171256703	33406284	25650156
	指数	80.12%	144.11%	155.55%	78.28%	356.17%
1910	数量	208106667	256438839	186935117	38873807	40939185
	指数	91.15%	170.48%	169.79%	91.09%	564.74%
1915	数量	237438667	340433165	214900383	39311059	101603335
	指数	103.99%	226.32%	195.20%	92.11%	1411.94%
1920	数量	40718667	287524697	184770231	22816015	93680400
	指数	17.83%	191.15%	167.83%	53.40%	1301.83%

资料来源：简叔烺：《我国茶业衰落之原因及其振兴》，《工商学志》1935年第1期。

从表2-3可见，五大产茶国茶叶输出增减情况，中国茶和日本茶输出数量不断下降，尤其以华茶下降严重。1920年华茶出口量仅是1896年出口量的17.83%。印度茶、锡兰茶和爪哇茶出口持续增长。在茶叶出口增加的印度、锡兰和爪哇三国中，尤以爪哇茶增长最为迅猛。爪哇茶，从1896年的72万磅，增加到1915年的1亿多磅，增长1411.94%。由图2-4不难发现，自1916年之后，华茶在国际市场所占份额已微不足道了。

① ［美］威廉·乌克斯：《茶叶全书》，依佳、刘涛、姜海蒂译，东方出版社2011年版，第205页。

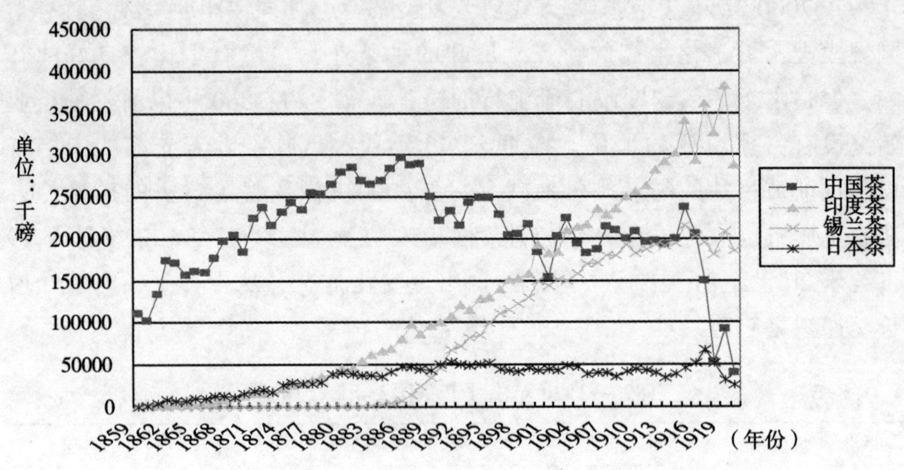

图 2-4　1859—1919 年中国、印度、锡兰和日本茶叶出口趋势

资料来源：陈慈玉：《近代中国茶业之发展》，中国人民大学出版社 2013 年版，第 278—280 页。

二　竞争中的特征

华茶在国际茶叶销售市场上，遭到了印度、日本和锡兰等国家之茶强有力的竞争，并在这个竞争过程中衰败下来。考察各国茶叶竞争的过程，不难发现当时世界茶叶市场竞争之特征。

第一，各国茶叶价格的下降。1875 年前后，国际茶叶市场的供求结构，基本可认为实现了根本转变，即卖方市场向买方市场的转变情形明显。在这个转变过程中，茶叶价格下降成为必然趋势。在红茶方面，中国和印度在英国市场售价都略有下降。1 磅印度红茶售价，1859 年为 24.6 便士，1867 年为 21.5 便士，1873 年为 19.8 便士，1878 年为 18.9 便士。在 1859—1878 年间，印度红茶每降至一个新的低价位时，便有几年回调时间。但是，自 1878 年以后，印度红茶单价持续下降，到 1887 年时，每磅卖价降至 12.2 便士。综观这近三十年印度红茶价格变化的趋势，不难发现，印度红茶下降幅度约为 100%。在这个时期，1 磅中国红茶售价，1859 年为 18.5 便士，1867 年为 18.7 便士，1873 年为 16.2 便士，1878 年为 14.6 便士，1887 年为 9.3 便士。由此可见，这一时期中国红茶价格下降幅度和印度几近相同，也约为 100%。在这一时期，印度茶价格一直高于中国茶价格（每磅约 2—6 便士），由图 2-5 可见印度红茶与中国红茶价格变动趋势及二者市场价格之差情况。

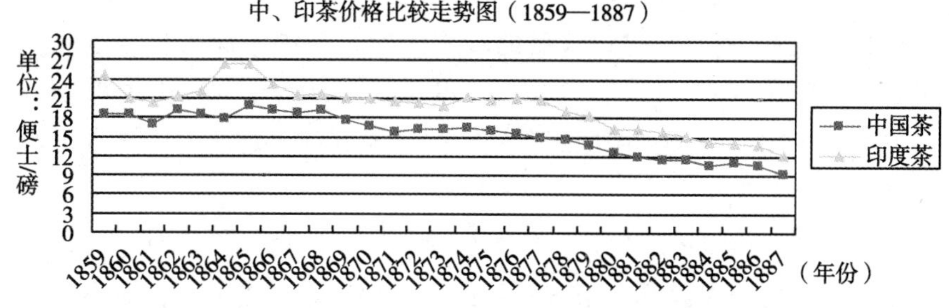

图 2-5　1859—1887 年中、印红茶价格走势

资料来源：陈慈玉：《近代中国茶业之发展》，中国人民大学出版社 2013 年版，第 238—239 页。

这一时期印度红茶每磅生产成本约为 10.2 便士。[①] 依据经营印度红茶的伦敦十家茶叶公司的数据（1878—1886 年），发现将印度红茶运至伦敦售卖，每磅红茶平均成本为 12.8 便士（包含运费、税费等在内），而平均售卖价格为 16.1 便士，平均获利约为 3.3 便士。[②] 由此可见，印度红茶在国际市场上取胜，并不是依靠价格优势，而是依靠印度红茶口味、成本低廉获得市场认可。较高的卖价和低廉成本，使经营印度红茶的公司大获其利，促发了他们经营印度红茶的热情，也使原先经营中国红茶的英国茶商开始转向经营印度红茶。

在绿茶国际市场上，日本绿茶价格，自 1875 年之后也呈现出不断下降之势。每磅日本绿茶售价，1868 年为 13 便士，1875 年为 12 便士，1885 年为 6 便士，1896 年为 3.5 便士。1896 年的日本绿茶售价仅占 1868 年 27%；但进入 20 世纪之初，日本绿茶价格开始回升，每磅售价，1903 年为 7 便士，1910 年为 8 便士，1918 年为 10.8 便士，1920 年为 15.5 便士。[③] 在这一时期，中国绿茶价格也呈下降趋势，每担绿茶出口价，1872 年为 40.07 两，1878 年为 19.80 两，1887 年为 16.49 两。1887 年比起

① 依据印度阿萨姆邦地区的 Assam Company、Land Mortgage Bank、Jorehaut Company 等茶叶栽培公司的生产成本折算而成，参见 China. Maritime Custom：*Tea. 1888*，第 152 页，1889 年刊印，上海徐家汇藏书楼：009/T22。

② 同上书，第 120 页。

③ 陈慈玉：《近代中国茶业之发展》，中国人民大学出版社 2013 年版，第 239—241 页。

1872年的价位下降了约59%,[①] 在1873年，美国进口1磅茶叶值37先令半，到了1901年只值12先令半。[②] 相比之下，日本绿茶降价幅度为小。由此可见，日本茶在19世纪最后的二三十年，与中国绿茶相竞争时，可以说是以廉价供应而取胜的。进入20世纪初，日本绿茶在美国市场上已经稳稳占据了主导地位，中国绿茶基本失去对其威胁之能力，日本开始获取垄断市场之利润。

第二，华茶质量的恶化。在华茶尚能垄断国际市场供给时，洋行抢运使从事华茶者对质量漠视。茶农等到鲜叶长得厚重时才采摘，而不愿意过早地采摘嫩叶，这样可以增加重量。“虽然后者之品质比前者佳，售价亦高（前者每担为18两，后者为25两），但采摘前者可得3担，则采摘后者之所得不超过2担，所以对短视的生产者与茶庄而言，与其重质，不如重量。”[③] 茶商则是更多通过掺假作伪追求暴利的获取，“约在十年前(1860年)，上海已开始培植和配置柳树叶，其数量逐年增加。这种商品的成本每磅不会超过2便士，但与茶叶混合后再卖给外国人时，它必然会使生产者获得巨额利润”[④]。在此时期，粗制生产和掺假作伪给中国茶商、茶农带来巨大好处，以致当外国茶在国际市场上形成强有力竞争时，也很难改变他们对质量的漠视。

1870年后，印度茶和日本茶在国际上开始大量供应，中国不再是茶叶供应的唯一产地，外国商人对华茶品质的要求渐严。为使中国茶商、茶农重视质量，1876年，外国商人曾向福州茶商、茶栈等中间商提出抗议，要求茶商、茶栈等遵守其所制定的“工夫茶所含杂质不得超过12%的比重”的茶叶质量标准。[⑤] 到了1880年前后，华茶对外贸易中的掺假作伪更盛。1887年，九江海关税务司辛盛在向总税务司华茶衰落原因时就指出：“据洋商云，中国茶商近年作弊多端，每于装箱时掺杂茶末茶梗等

---

① 《海关十年报告1912—1921》,《中国旧海关史料》，京华出版社2001年版，第434页。

② 《美国茶业情形》,《商务官报》1906年第11册。

③ I. U. P，B. P. P，China，Vol. 9，pp. 460-461，Foochow；转引自陈慈玉《近代中国茶业之发展》，中国人民大学出版社2013年版，第265页。

④ 李必樟编：《1854—1898年英国驻上海领事贸易报告汇编》，上海社会科学院出版社1993年版，204页。

⑤ China. Maritime Custom：*Tea. 1888*，第108页，1889年刊印，上海徐家汇藏书楼：009/T22。

物，并有一种恶习，即于新茶开市之时，将样箱送至洋商处，照式视茶以定价值，及全货到齐，抽箱拆视每与原样不符，以致洋商截价，因是而起争讼等事。”① 尽管这个时期，洋商对华茶中的掺假抱怨颇多，但是，华茶质量并没有得到改善。由表 2-4 可见，1887—1888 年茶季，福州工夫茶掺假比例之情况。

表 2-4　　1887—1888 年茶季福州工夫茶掺假比例

地名	工夫茶所含杂质比例%
侯官（The parLing districts）	14—17
福鼎（palum）	12—16
崇安和邵武（Kaisow and Seumoo）	17—20
建宁（Sueykut districts）	18—25
延平（Saryune）	18—25
（Yunghow）	20—24
建宁和福州（Chingwo and panyong）	13—18

资料来源：China. Maritime Custom：*Tea. 1888*，第 107 页，1889 年刊印，上海徐家汇藏书楼：009/T22。

为何华茶质量越来越低劣？由于华茶品种极其复杂，中国商人较高的掺假水平和整批次销售模式，洋茶师很难对华茶进行有效鉴别和抽查。同时，短视和不负责任的洋商为谋求最大“好处”和降低风险，在茶叶收买时，常采取压价行为。通常的做法是，洋行往往按某一批次的平均质量或最低质量向茶商定价。例如，对同一等级而品质不一的茶叶（上优、中优和下优）统一按照中优或下优质量定价。假设平均精制箱茶投入越大，茶商约努力，茶叶质量越高。那么，在这样的定价模式下，提供优质茶叶的茶商没有获得与其投入相适应的价格而遭受损失，相反，提供低劣茶叶的茶商却获得额外收益。这样使生产好茶的茶商转向生产低劣茶，逐步降低生产投入，甚至退出市场，而那些生产低劣茶叶的茶商则继续存活于市场。“本地人证实，为寻求合理的价格导致了这些不法行为。他们将阳光茶掺入芳香的优质茶中的水平，即使是专家也很难发现。这为那些诚实的

① China. Maritime Custom：*Tea. 1888*，第 112 页，1889 年刊印，上海徐家汇藏书楼：009/T22。

商人带来了交易困难，因为他们的成本远远要高于那些寡廉鲜耻的竞争对手。”①

茶商在向茶农收买茶叶时也采取一样的压价行为，更由于层层压价关系，价格传导到最后接受者——茶农那里，茶叶价格常常低于其生产成本。对茶农而言，每年茶季售茶，只剩下尽可能多卖一些的概念。这造成一些茶农退出茶叶生产，一些茶农更加粗制生产或掺假作伪。这样，类似于“格雷欣法则”，即劣质茶驱逐优质茶的现象持续而普遍存在。在华茶质量不断恶化之时，由于精心培植、包装和严格检查，印度、锡兰和日本等国的茶叶质量不断提高。在印度，英国茶叶生产者精心培育茶种，讲究种植、制造和包装之法，为了生产出好茶，他们并不吝惜投入所需要的资本支出。在日本，茶叶也非常讲究科学育种与栽培。从事日本茶叶包装的外国人在横滨、长崎和神户等地拥有自己的烘茶行，由于这些地方几乎都在产茶区的中心，因此在他们和生产者之间几乎没有中间商，“结果包装和烘烤都很完善，茶叶的质量也保持得很好”②。

三 小结

正如华茶对外贸易研究专家陈慈玉总结的那样，华茶在国际市场上的竞争始于19世纪70年代，而于80年代达到高潮，90年代最终决定了胜负。③ 在英国及欧洲大陆市场，华茶竞争对手是印度茶，凭借特殊的带有殖民地色彩的栽培业和现代营销手段，使其成本低廉，而售价昂贵，经营印度茶叶贸易的英国茶商盈利丰厚。在美国市场，华茶竞争对手是日本茶，日本茶则以价格低廉而取胜。华茶在国际市场上的竞争过程，以及在此过程中呈现的特征，无不体现出华茶衰败之趋势已不可逆转。这一状况固然与英国资本将茶叶经营转向印度和日本，并给华茶带来激烈竞争有莫大关系，但造成华茶最终衰败的主要原因之一则是外国资本与中国本土中间商（买办、行栈）等共同主导的华茶对外贸易制度。

① China. Maritime Custom：*Tea. 1888*，第103页，1889年，上海徐家汇藏书楼：009/T22。

② 李必樟编译：《上海近代贸易经济发展概况：1854—1898年英国驻上海领事贸易报告汇编》，上海社会科学院出版社1993年版，第377页。

③ 陈慈玉：《近代中国茶业之发展》，中国人民大学出版社2013年版，第244页。

华茶对外贸易的衰落，给近代中国社会带来了很多负向而深刻的影响。茶叶出口衰退，首先表现在茶叶滞销、价格低落，业茶者主体茶农、茶商获利空间狭隘。茶叶贸易的衰落，从更深层次上制约着茶业的升级，茶商获利空间的狭窄极大地制约了茶商的资本积累，从而也无法形成激励他们投资资本主义生产方式的环境。不能进入资本主义生产方式，又进一步导致了华茶竞争力的衰退，从而很难保障茶叶贸易长期兴旺。为工业部门提供原料的农业部门，如果没有走向现代化，也就会同工业部门产生不协调，必然拖工业部门的后腿。在考察这些问题前，还是有必要对印度茶和日本茶取得成功之原因，做一番考察。

第三节　印度茶贸易的发展

一　英国在印度植茶原因分析

茶叶，早已成为英国及欧洲大陆重要的生活消费品。在英国东印度公司垄断对华贸易的最后几年，从中国进口的茶叶几乎成为其唯一的进口商品。垄断中英茶叶贸易的东印度公司在1828年以前的三年中所得利益为2542569英镑，平均每年为847523英镑。[①] 1836—1840年间，每年由广州运往英美两国的华茶稳定地保持在四五千万磅，而其中80%多运往英国。[②] 伴随工业革命在英国的完成，人们生活质量普遍提高，茶叶不再被视为奢侈品，而是日常必需品，这造成了英国和欧洲大陆对茶叶需求的迅速扩张。因此，茶叶在英国社会经济中占据极为重要地位，英国政府在1711—1810年间，仅茶叶一项的税款就已经达到7700万英镑，超过了1756年时英国政府所负的国债。其所征收的税率由12.5%到200%不等。[③] 在19世纪最初的几十年，英国政府每年从进口茶叶中所征收的进口税都

---

① ［美］威廉·乌克斯：《茶叶全书》，依佳、刘涛、姜海蒂译，东方出版社2011年版，第88页。

② ［英］班思德编：《最近百年中国对外贸易史》，《中国旧海关史料》，京华出版社2001年版，第157本，第38页。

③ ［美］威廉·乌克斯：《茶叶全书》，依佳、刘涛、姜海蒂译，东方出版社2011年版，第86页。

超过300万镑，这个数字占据了英国财政收入的10%左右。[①] 由于茶叶对英国社会如此重要，故英国人一直试图改变华茶垄断世界茶叶市场的格局，以夺中国垄断之利。

英国社会谋求改变华茶独占地位之前的茶叶贸易，一直被东印度公司所垄断。东印度公司垄断给英国社会带来了一系列弊端，垄断造成英国每年损失652477英镑。同时，专卖制度减少了贸易，抑制了竞争，还导致了生活必需品价格的上涨。1833年，东印度公司与中国所签订的合约到期，而清政府又拒绝与其续约。英国政府及社会对此表现出很多担忧，“鉴于茶叶对于国家的重要性，除了中国政府许诺对于茶的供给有相当的保证之外，应该建立更为妥善的保障”[②]。在此背景下，英国社会和政府开始谋求打破华茶垄断贸易的行动。1834年年初，印度总督威廉·班庭克（Lord William Bentinck）组织成立了一个对英国茶商而言极具历史意义的茶业委员会。应班庭克总督要求，该委员会就如何在印度植茶作了详细的规划。英国人在印度发展茶业，与其他欧洲列强相比，“将茶树从中国移植到欧洲殖民地上，大多是由个人努力而促成。只有在英属印度情况稍有不同，它是由于一个国家的迫切需要而造成的结果”[③]。

英国资本在印度积极发展植茶，与19世纪60年代开始的外国茶商在华竞争也有相当关系。此时的世界茶叶供应，完全为华茶所垄断。最先抵达伦敦市场的茶叶总能得到高额利润。要想获取高额利润，时间至关重要。对外商而言，最重要的也最首要的事情就是能够迅速地买到茶叶。但抢购造成价格暴涨，“从产地和英国市场两方面来讲，都不能证明所付出的高价是合理的”[④]。这一时期，世界茶叶市场价格的涨落，向来以中国茶叶的丰歉为转移，即华茶供给充足与否，直接决定世界茶叶市场价格的

---

① 中国史学会编：《中国近代史料丛刊·鸦片战争》（2），新知识出版社1955年版，第655页。

② ［美］威廉·乌克斯：《茶叶全书》，依佳、刘涛、姜海蒂译，东方出版社2011年版，第158页。

③ 同上书，第157页。

④ 李必樟编译：《上海近代贸易经济发展概况：1854—1898年英国驻上海领事贸易报告汇编》，上海社会科学院出版社1993年版，第86页。

高低。[①] 在每个茶季之始，面对外商的激烈抢先争购，中国商人非常明了如何去得到利润，他们总是极力坚持价格在整个茶季保持高位，使外国人不得不屈从。1865 年的上海领事报告道："对于此种情况，可能发现什么改良之策呢？不使用中国代理商（即买办）而直接自己进行交易吧！所出现的困难是已被证明为难以克服的障碍，亦即语言与无数的中国交易之惯例。以自己的武器与本地商人相抗争吧！联合一致拒付超过一定价格之价吧！这是一个与自由商业精神的时代不相容的制度，而必定会失败的。外国商人在他的敌手之前毫无力量。"[②] 中国茶商主导茶叶贸易的定价权，加之洋行的竞购，造成了在中国市场的茶价上升，但在英国有时却得不到好的卖价，"茶叶再次未能赚回出口商人的高价，于是许多商号被引到了破产的边缘"[③]。为了改变中国垄断茶叶贸易的地位，英国商人乃积极在印度发展茶业，造成 60 年代栽植茶叶的高潮。可以说英国人在印度植茶是英国资本在自产还是外购之间做出理性选择的结果。

英国商人之所以在印度积极发展植茶，与其资金的运用也有相当的关系。早在 18 世纪中后期，英国即构建了中—英—印的三角贸易关系，这种贸易关系维持了将近一个世纪，有力地支撑了英国贸易的扩张和平衡。但这种三角贸易原有的均衡在 19 世纪 50 年代被打破，主要因为中国丝茶向英国输出的激增、英国棉制品对华输入的停滞以及印度鸦片因为中国自己种植而利润开始下降等原因所致。殖民地银行开始介入亚洲贸易金融，但随着英国工业品推销的顺利展开，殖民地银行票据很难充分供给。为了解决资金出路问题，英国洋行于是将资金进行"现地投资"，印度和锡兰的茶栽培业即为其例，"为了将资金投资于当地，于是在殖民地新设立的货币制度的结构中，形成并非以殖民地的国内市场为对象，而是以海外市场为对象的情形"[④]。

---

① ［英］班思德编：《最近百年中国对外贸易史》，《中国旧海关史料》，京华出版社 2001 年版，第 157 本，第 134 页。

② 陈慈玉：《近代中国茶业之发展》，中国人民大学出版社 2013 年版，第 246 页。

③ 李必樟编译：《上海近代贸易经济发展概况：1854—1898 年英国驻上海领事贸易报告汇编》，上海社会科学院出版社 1993 年版，第 154 页。

④ 陈慈玉：《近代中国茶业之发展》，中国人民大学出版社 2013 年版，第 249 页。

二、印度茶成功原因分析

在谈到印度茶的优势时，人们几乎一致认为大农场规模和资本主义生产方式是决定其战胜华茶优势的根本所在。然而，这种观点是否合理？从出口替代角度思考，英国商人在投资领域有两种选择道路：投资（中国式的）传统茶业要素和现代茶业要素，但为什么英国资本没有投资于传统茶业要素，甚至在殖民主义的保护下，英国资本也没有感到这种投资有吸引力？按照舒尔茨对农业的划分，英国在印度发展的茶业属于现代型。而现代农业之所以能实现较高生产率，主要原因在于农业新要素的投入保证了再生产性进一步的增长，这些新要素是实现农业增长的源泉。这些新农业要素由特殊物质的投入品和掌握这些投入品在农业生产中使用的技能和其他能力所组成。[①] 英国现代经济能够为印度茶业发展提供新的有利的生产要素，同时，“这种发展无疑是由于采用了最新的组织和销售手段，并在生产上使用科学的方法”[②]。英国人在印度发展茶业，具有的优势或其成功因素主要表现以下几点。

（一）拥有新生产要素供给能力

现代农业最典型的特征之一，就是新的有利生产要素的供给者的普遍出现，这些要素的供给者掌握了农业增长的关键。而保证农业新要素供给者存在，更需要社会具备有用知识，这种知识使先进国家可以生产出自己使用的要素。这种知识包括已建立的有关植物、动物、土壤、机械等的科学理论和原理。英国人在印度发展茶业就利用有关的科学理论和原理，不断研发出适合现代茶业发展的新要素。

1. 茶树栽培。寻找适合在印度生存的茶树，是英国人在印度成功发展茶业的第一步。为实现在印度等地进行植茶，英国政商、科学等界的人们经过不断尝试，最终成功地培植出适合当地生存的土种茶树。英国人之所以成功，首先归功于具有专业知识的人们。让我们考察一下为这项工作而努力的人们身份，可看出具备科学知识对发展农业的重要性。如1835

① ［美］西奥多·W. 舒尔茨：《改造传统农业》，梁小民译，商务印书馆2006年版，第126页。

② ［美］威廉·乌克斯：《茶叶全书》，依佳、刘涛、姜海蒂译，东方出版社2011年版，第876页。

年印度殖民当局成立了一个科学调查团，团员有植物学家沃利奇博士、威廉姆·格里菲斯博士及地质学家约翰·迈克兰德等人，他们的职责是专门研究印度土生茶树，并勘察茶树试验园最适合的地点。①

2. 制茶机器的研发。一般来说，先进国家可以生产出自己使用的要素，这些要素在技术上优于其他地方使用的要素。英国社会具备的科学知识可生产出所需的新要素——制茶机器的不断涌现即为一例。制茶机器的设计、制造开始于19世纪50年代，改良干燥机、茶筛等均在此时期被发明。1872年威廉姆·杰克森制成第一部揉捻机，“即使是印度植茶专家陆军中校莫内在没有见过杰克森的揉捻机以前，也不相信任何机器可以代替手工揉捻”②。1877年，S. C. 戴维森发明了“雪洛谷”干燥机。各种制茶机器的出现，大大降低了制茶成本。1872年，当杰克森开始从事制茶机器发明的时候，每磅印度茶制造成本需要11便士；到了1913年，因为采用新式制茶机器，每磅印度茶制造成本只需2.5—3便士。同时，新式制茶机器的使用也极大地提高了生产效率，“现在8000具揉捻机可以代替过去的150万名劳工用手工制茶，从前干烘1磅茶叶需要用8磅好木材所烧制的炭，而今天杰克森的机器可以采用任何木材、草料，甚至垃圾都能产生同样的效果”③。这些优点也给我们提供了另一种思考，如果把这些发明者、科学家视为不可分的，那么一个社会积累的技术优势，并不必然取决于大农场，而取决于整个社会的知识。

（二）创建现代公司生产、管理与营销制度

股份公司是为适应“远距离贸易”需要而产生的。19世纪上半叶，英国的铁路、工矿和银行等企业对资本的需求超过了间接金融市场提供资本的能力，这刺激了股份公司的设立，由此引起资本市场制度的改变。英国在印度发展茶业情况亦是如此，1839年初，“大多数商人在政府的鼓励下，都果断地行动起来。首先响应的是加尔各答城，该城有数名资本家得到政府的许可合作成立了孟加拉茶业公司。2月，又在伦敦成立了一家联合物产公司，其目的在于培植在印度阿萨姆地区新发现的茶树”④。资本

① ［美］威廉·乌克斯：《茶叶全书》，依佳、刘涛、姜海蒂译，东方出版社2011年版，第161页。

② 同上书，第185页。

③ 同上书，第186页。

④ 同上书，第172页。

社会化为大规模的种植园生产提供了充足的资金保障，“在加尔各答，只要有新公司上市，只要是茶业股，一定被人们争相抢购”①。英国人亦由此把原来的家庭手工业转变成一种综合性农业企业，英国人率先在大茶园里建立了大规模的生产体系。

股份公司不但可以通过资本的社会化解决资本稀缺问题，而且由于股份公司的组织形式，有利于使经营管理更加科学化和富有效率。例如，阿萨姆公司的经理威廉姆森积极从事茶树品种的改进，使阿萨姆的土生茶种逐渐替代外来的中国茶树的品种，并且采用专门技术与先进经营管理，使产量增加而有更多的红利可以分配，该公司在1856年派发股息9%。② 19世纪七八十年代后，随着更多新茶园被开发出来，股份公司的组织形式更为普遍，成为一种非常有组织的行业。从前为适应英国到东方的长距离贸易需要，茶业代理商制度应运而生。随着通信、轮运的发达，代理商制度依然保存下来，“因为这种制度兼有使茶园经营的稳定及售货人可在运输与销售方面取得合作双重利益”③。代理商制度将生产、销售等结合，面向市场需求以调整生产，如1866年，加尔各答最早的茶叶代理商吉兰德公司与哥拉哈脱茶园和蒂华里茶叶公司建立代理关系。

（三）有效同业组织的组建

组织是制度变迁的主角之一，它影响了制度变迁的方向。要在现代市场竞争中取胜，富有效率的组织，尤其那些能适应外在环境变化、鼓励新知识新技术传播、引发创新、提高生产或交易效率的组织是不可或缺的。近代外国茶在国际市场上的竞争就体现出组织的重要性，如时人指出的那样，“印度的茶叶所以能有现在之发达，最要紧的就是有整个的有计划的组织”④。印度茶业发展内在要求构建茶业同业组织，以“增进一切在印度从事于茶的栽培者的公共利益”⑤。早在1876年间，北印度各茶园主人就有了成立一个社团的企图，但计划直到1879年才得以现实，印度茶区

---

① ［美］威廉·乌克斯：《茶叶全书》，依佳、刘涛、姜海蒂译，东方出版社2011年版，第180页。

② 同上书，第177页。

③ 同上书，第190页。

④ 范和钧：《谈谈印度茶业》，《国际贸易导报》1934年第7期。

⑤ ［美］威廉·乌克斯：《茶叶全书》，依佳、刘涛、姜海蒂译，东方出版社2011年版，第191页。

协会即于当年在伦敦成立。从该协会成立的目的，可见制度、组织的构建在茶业发展过程中的重要性，“1. 作为与印度茶叶产业有直接或者间接关系的通讯中心，收集并发送有关茶业的信息。2. 尽力使茶叶生产者与经营者之间在各种重要问题上达到一定程度的一致和协调，以求减低生产成本，改良品质及增加茶叶的需求。3. 关注英国及印度立法对于茶业及茶区一般利益的影响，倘若为了必须实现的目的，可以努力促进现行法律的修正或变更。4. 采取必要的措施改良交通及运输工具，并且使劳工和移民源源流入最需要的茶区”①。

1881 年，印度茶业协会在加尔各答成立，总会分设在伦敦及加尔各答两地，分会则遍设于印度产茶区。该会除联合同业外，对内设有科学研究部和茶叶试验场，以研究茶叶的生产、改良和品质等基本工作；对外则有宣传局，专做印度茶向外发展的宣传。印度还在加尔各答与科伦坡建立了拍卖市场及拍卖制度，茶叶买卖实行“卖茶经纪人”制度。此种制度的实施，充分发挥了市场发现价格的功能，以便茶叶进行有效的组织生产与营销。同时，充分发挥市场公平、公正的规则，在此机制下，“经纪人绝对不能作弊，卖了之后的付款手续及日期皆有规定，卖买的客人就是外行，也很难有额外吃亏的事情发生”②。总之，该协会的宗旨“在于增进一切在印度从事于栽培者的公共利益”③，茶园的主人、经理与代理人都有被总委员会选为会员的资格。

三 小结

由上文所述不难发现，英国商人在发展印度茶业方面进行的制度构建，主要基于沟通信息、降低成本、提高茶叶品质、加强基础建设之目的而进行的。英国人在印度发展茶业取得成功在于其采用了新式物质和人力资本，然而，将物质与人力资本具有的优势发挥出来，有效的组织与制度则是根本保障。英国人在印度发展茶业过程中，为使其成员获得合理的市场报酬，并为实现这一根本目标，逐渐形成了一些有效率的组织和一系列

① ［美］威廉·乌克斯：《茶叶全书》，依佳、刘涛、姜海蒂译，东方出版社 2011 年版，第 779、780 页。

② 余流柱：《印度之茶业》，《新亚细亚》1934 年第 8 卷第 3 期。

③ ［美］威廉·乌克斯：《茶叶全书》，依佳、刘涛、姜海蒂译，东方出版社 2011 年版，第 191 页。

富有激励性的制度安排，这些组织和制度基本体现在鼓励社会投资茶业，投资那些能直接或间接地提高他们获利能力的技能和知识方面，而这又是印度茶发展的决定因素。从经营印度茶贸易的英国商人获利情况看，英国人基本实现了组建有效组织和构建有效制度的目的。可以说，印度茶业生产和贸易制度的构建保障了印度茶叶在国际市场上的发达和胜利。

第四节　日本茶贸易的发展

1853 年，美国佩里（Mathew Perry）率领军舰来到日本，并与之签订《日美亲善条约》，日本被迫打开了门户，开启了与西方现代贸易往来。1859 年开放横滨、长崎、函馆三港为通商港埠。日本茶在 19 世纪 50 年代末开始登上世界市场，当时主要输出港口为横滨、神户、大阪与长崎。日本茶出口经由外国洋行而输出，输出的主要目的地为美国、英国、加拿大，贸易权掌握在洋行手中。随着世界茶叶市场需求的不断增长，日本茶输出量亦逐年提高，并带来了可观收益。于是，日本社会掀起了开垦茶园、改良茶叶生产和运销方法等变革。值得注意的是，直到 19 世纪最后的十来年，日本外销茶的绝大部分仍由外商掌握商权。

19 世纪八九十年代，日本茶叶对外贸易开始走向繁荣。这个时期，在日本国内，不断增设制茶厂，并纷纷开设茶叶公司。对外，进行国际市场调查、收集信息、尝试茶叶直销等。1896 年，日本制茶公司及日本茶叶出口公司分别在横滨、神户成立，这两家公司均是为直接贸易而设立的。在此阶段，日本茶叶出口中心发生转移。1899 年清水港被指定为正式的通商港埠，因地利之便，静冈县茶叶由此港输出，输出量大增。清水港由此成为茶叶主要的输出港，横滨、神户港的茶叶贸易开始衰微。清水港的兴起，除接近静冈县两大茶区之外，机器制茶的普遍应用带来的产制能力大增，也是重要因素之一。值得注意的是，静冈茶叶的输出，从一开始就与横滨、神户等其他较早输出茶叶的港口不同。例如，出口商收购茶叶并不经过茶行之手，而是向制茶厂或茶贩直接购买。同时，内地商人试图推行“直输出”而获得成功，外商先后退出再制和输出事宜。茶叶输出的商权开始由外商手中转移到日本商人。

上述为 19 世纪末 20 世纪初日本茶叶发展的大致脉络。基于史料，笔者将近代日本茶业发展过程划分为两个阶段。

一　受制于人的间接贸易

日本茶的最初发展，并非一帆风顺，而是面临种种阻碍。日本茶初登世界市场，外国资本便主导了茶贸易。洋行把持贸易最终出口权及价格定价权，“外国资本的金融独占与海运独占更成为这外商贸易独占体制的支柱”①。外国洋行在日本开户最初的二三十年具有压倒性的资本力，外商海外市场销售渠道，海运、海上保险、货币间汇兑等业务之发达，为日本商人所不能立即改变。起初，日本茶皆经由外国洋行雇佣日本人到产茶区收购，在开港之地进行再制茶，然后输出到国外。至1893年，外输日本茶的90.8%仍由外商经手。

初期，日本茶对外贸易交易流程基本同中国茶对外贸易相同。产茶区之茶商或者生产者运茶至通商口岸，由口岸推销商茶行派人拿茶样到外国洋行“谈判”，如果谈妥的话，则立即将所预定的茶送至外国洋行的仓库。在洋行仓库，洋行检查品质，称为“拜见”，然后称重，称为“看贯”。在此交易过程中，担当“拜见”、“看贯”的并非外国人，而是所雇用的中国买办，他们不仅能使用英、日两国语言，而且对于购买货物及日元折价等事，都具有极其精明的判断力，但是“他们尽量为外国商人争取利益，这种对日本商人不利的倾向，一直持续到明治中期”②。外国洋行把持日本茶贸易，也如同他们在中国一样，常常急功近利而抛弃公平、公正之原则。成为横滨最大的茶推销商的太谷嘉兵卫曾对此横暴行径表示不满：“在开港当时的日本商人是否不注重商业道德而只提供不良物品呢？未必如此。以信用为本、品质为本位的贸易商也并不少。而居留地之外商皆可信吗？也决不是如此。开港当初数十年间，居留地之外商中，非常不德不法者多，蔑视我国商人，以骂责暴戾待之，并且于交货之日，因行情之变动而（对外商）无利之时，则无理地强求减价或取消约定或在检查数量时有所欺瞒，采取这些不法手段之外商并不少。”③

间接贸易方式，给日本茶发展带来了很多弊端。除受洋行不公对待之

① 陈慈玉：《近代中国茶业之发展》，中国人民大学出版社2013年版，第253页。

② 同上书，第256页。

③ ［日］茂山源太郎编：《太谷嘉兵卫翁传》，第220—221页，东京，1931年；转引自陈慈玉《近代中国茶业之发展》，中国人民大学出版社2013年版，第255—256页。

外，烦琐的中间商环节增加了交易费用。如作为发售人的茶行，从茶区输运茶叶，要抽取茶叶总值4.5%的佣金。随着茶叶生产数量有时超过了实际需求，以致过剩的茶叶无法销售，日本茶商经常陷入无法维持的困境。在困境之中，日本茶商曾试图推行变革。比较聪明而富有远见的茶商开始谋求日本茶的直销。为推动直接出口，日本茶商订立了两项计划：一是谋求红茶的制造以及直接出口，不再通过外商之手；二是制造纯净无色的绿茶，也是直接出口。1876年有许多直接出口贸易公司成立。但是，由于受制于船运、金融、市场销售等资力的不足，“他们所经营的事业也随之宣告失败”①。

二 自我主导贸易体制的构建

日本产茶之地与中国产茶之区在气候、人口密度、小农经济、外商主导贸易体制等初始条件方面具有广泛的一致性。这些一致性，有助于我们对近代中日茶业发展做出反思，即日本茶如何最终成功实现了茶产业的转型，而中国却没有？笔者以为日本茶实现向现代产业的转型，并取得在国际茶市场上竞争的成功，主要在于日本整个社会构建了将传统技术与现代科技相结合以跨越资源约束的制度结构。在明治维新之后，日本整个社会在金融、航运、技术等方面成就斐然，能够为产业转型、发展提供必需的物质保障。而中国在洋务运动自强过程中，重要的基础设施及制度结构并没有广泛构建，不能为产业发展提供必备的条件。

（一）基础设施及辅助制度安排的构建

日本茶随着世界茶叶市场需求的扩大，贸易量亦随之扩大，然外国洋行主导的贸易体制，使洋行操纵生产、流通环节，他们短视地追求自身利益，并不关心日本茶的改进与长久发展。对外贸易主导权旁落，日本社会试图脱离外商的支配，谋求进入外商贸易独占的领域，从事直接出口。正基于此，日本国家与社会从整个茶产业发展的高度，努力实现从传统茶到现代茶的过渡。日本构建适合现代茶贸易制度结构首先是从贸易“直输出”开始的。“直输出”是日本茶内在的诉求，然而在开户之初受制于航运、金融、销售等能力不足，日本茶商终不能实现直接贸易。明治维新开

① ［美］威廉·乌克斯：《茶叶全书》，依佳、刘涛、姜海蒂译，东方出版社2011年版，第794页。

启，政府开始主导对外贸易“直输出”。日本在努力实现茶贸易直接出口之时，还在贸易金融、航运等方面大下气力。

（二）有效茶业制度的构建

日本茶业之所以能够实现由传统向现代的转型，更根本的因素在于日本“这时已经拥有了一个体系完备的茶业，足以使它能够自我调整以适应国际贸易的需要”①。这里所指的完备体系，笔者以为是由日本政府主导的整个社会广泛参与构建的涉及茶叶研发、生产、流通、销售等的有效组织及其制度结构。这个体系不是基于追求规模效益，因为土地资源稀缺而劳动力丰富是近代日本禀赋的典型特征，无法实现印度大茶园的规模收益。日本茶叶种植的发展一直受较高的劳动力成本的制约，同时，日本复杂的产权制度也迫使政府放弃了建立大规模茶叶种植园的计划。茶园的平均面积不足 1 公顷，通常归独立的茶农所有。面对资源约束，日本选择了生物化学技术进步的发展道路。

要做到对传统茶叶产制进行成功改造，必须构建能够统筹全行业发展而又富有效率的茶业生产、制造和销售制度。鉴于“茶业对外之竞争，日益剧烈。是非统一全国之茶业，无由收一致竞争之效，农商务省有鉴于此，故于明治二十年发布茶业组合规划”②。日本在产茶较多各府县，设立茶业联合会议所，更设立中央会议所于东京以统制整个茶业发展。在此组织制度框架下，设立茶叶生产、研究及指导组织机构，并积极谋求销售扩展，对粗劣不正茶进行取缔。此组织“不像中国只是贪图一部分利益的商人所集合的公会或会馆，而是联合茶户、茶号、茶栈乃至出口商图谋茶业共同利益的集团”③。日本茶业组织最突出的特点之一就是受政府控制，其规章制度都是由政府制定。1891 年，农商省颁布第四号法规，规定无论茶农、茶厂、茶商以及经纪人等，均必须参加茶业协会。各县有一个联合茶业协会，代表由各地协会推选，联合协会选出代表组织日本中央茶业协会，协会的目的在于谋求发展当地茶业，并办理技术人员的培训及筹备茶业展览会以及维修机器等。协会的工作大致主要集中于两方面：一是茶

① ［澳大利亚］Nick Hall：《茶》，王恩冕等译，中国海关出版社 2003 年版，第 351 页。

② 余景德：《报告游日见习制茶回忆录续第 11 期》，《湖北省农会农报》1920 年第 1 卷第 12 期。

③ 《日本茶业之发达》，《中行月刊》1933 年第 7 卷第 1 期。

叶生产的改进；二是日本茶叶在国际市场上的推广。在改进方面，日本开办农林省、静冈县、京都、奈良、熊本、鹿儿岛六个茶叶实验场，以推动茶叶栽培及制造的所有科学研究以及教育、指导茶业生产的工作。在改进方面，日本社会提供了良好的人力资本和物质资本，仅静冈县的试验场聘有化学家3人，农学家2人，技师4人，机械师及昆虫学家各1人。场中研究室设备非常完备，并建有先进的工厂——手工及机械及一处15英亩的试验茶园。每年经费42000日元。在国外市场推广方面，则派遣代表或团队到美国研究市场需求，举办茶业博览会和商场中的展览，在美国、加拿大的各报纸、杂志上刊登广告。

日本近代茶业制度的构建，最为显著的特征之一，即为政府主导。日本茶业规章制度都由政府制定，并以法律、法规的形式强制推行。在茶业组织方面，日本茶业组合实行垂直管理体制。日本茶业组织按地方分为三级，即设于各郡市的郡市茶业组合为一级，设立于各府县之茶业组合联合会议所为一级，在东京设立茶业组合中央会议所为一级。各级茶业组合是其制度、规则执行的主体，其成员构成囊括了所有从业者，茶农、茶厂、茶商以及经纪人等，均必须参加茶业组合。组合的主要目的在于谋求发展当地茶业，对茶业进行管理与检验，谋求生产方法的改进及市场推广，并设立检查站，用来监测各厂所生产的茶叶，并规定标准品级，防止假冒伪劣等。[①] 近代日本茶业制度构建之目的，均是围绕有利于茶业发展进行的，兼顾各个环节业茶者的利益。

日本能够为其茶业发展提供良好的组织与制度保障，受益于其国家推行的高层次的明治维新运动。在此维新过程中，日本政府能够借助国家强制力量变革固有的贸易体制缺陷，即外国洋行一时主导的贸易体制，成为对外贸易制度、规则制定者，同时又是制度执行的监管者。这种制度使近代日本茶业发展步入稳定而持续发展之路，我们从中、日两国的绿茶年增长率，即可看出茶业制度的构建使日本的茶业发展更加稳定（见图2-6）。

三　小结

由上文所述可见，日本自19世纪80年代初实行茶业制度构建开始，

① 余景德：《报告游日见制茶回忆录》，《湖北省农会农报》1921年第1、2、3、4、5、6、7、9、11期整理。

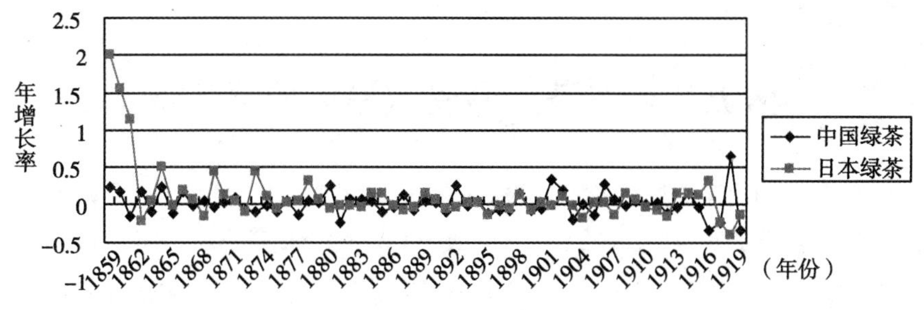

图 2-6　1859—1919 年中日绿茶增长率波动趋势

资料来源：依据陈慈玉《近代中国茶业制度之发展》第 239、240、322 和 323 页提供的数字折算而成。

绿茶对外出口的年变化率相较于以前年份变得更为稳定。这种稳定性来自日本茶业各项制度安排能够在茶叶的研发、生产、检验、销售等各个环节确保交易费用的降低、质量也有了保证，从而能够稳定地占据国际绿茶市场。日本茶之所以取得成功，最主要的原因在于日本政府有力地统筹了茶业发展所需的制度的构建，并且不断打破那些不适应现代国际市场竞争所需的旧的制度安排。

考察日本政府主导构建茶业制度，不难发现，尽管其与英国人在印度发展茶业过程中构建的制度，在外在形式和组织结构等方面有些差异，但就制度内涵而言，二者均具有鼓励社会资本投资茶业、鼓励为增进相关知识和技能的投资、鼓励创新以及降低生产和交易费用等精神。这也说明日本政府主导构建的茶业制度，在国际竞争中具有较强的适应性，符合诺思认为的一种制度具有适应性效率的特征，“一条有适应性效率的路径能使在不确定性条件下的选择最大化，能为人们尝试使用不同的行事方式留出空间，能帮助形成一个有效率的回馈机制，以鉴别出那些相对无效率的选择并淘汰之”①。近代日本社会和政府，在发展茶业新技术过程中，也体现出学习、借鉴、引进和改造的适应性特征。与近代日本茶业发展相比，中国茶业生产和贸易制度呈现出不适应之特征，不能根据市场变化调整生产规模、茶叶品质，无法形成引诱社会资本投资茶业生产的激励，也不能在既有的贸易环境下，激励创新，这决定了华茶在国际市场

① ［美］道格拉斯·C. 诺思：《制度、制度变迁与经济绩效》，杭行译，格致出版社、上海三联书店、上海人民出版社 2008 年版，第 136 页。

竞争中衰败。

第五节 华茶贸易衰减原因的再认识

19世纪70年代前，华茶经过短暂的表象繁荣之后，开始遭受外国茶强有力的挑战。19世纪70年代之后，印度红茶、日本绿茶在国际市场上不断侵占华茶原有的份额。中国红茶于1889年被印度茶反超。1908年中国绿茶在美国市场上的地位亦为日本绿茶所取代。华茶国际市场的丧失，固然与印度、日本等国强有力的竞争有一定关系，然而这些仅是造成华茶衰落的外因，而非根本原因。关于华茶衰落原因，说法颇多，正如笔者在导论一章中总结的那样，至少包含五种基本观点。从这些具有代表性的观点可以看出：一部分学者认为华茶衰落的原因，仅是华茶缺乏竞争力的表现，没有考虑决定这些表现的背后因素是什么。我们不能把表现当作原因，这样做则是因果颠倒。一部分学者分析的因素的确是华茶衰落的原因，然而，对这些原因的考察，同样存在不足，主要表现在对相关问题的考察，没有深入分析这些因素背后的内在逻辑，存在想当然的认识。针对这些不足，笔者结合一些学者的观点，就华茶衰落之原因，再做一番考察。

一 外国“控制论”和“竞争论”

这两种观点，一定程度上可归结为一个，即外部论。这两种观点虽将考察的视角放大到国际市场，但过分强调了华茶衰落的外部因素，只看到了华茶面临的困境，而没看到日本也面临同样的问题，并不符合内因决定论之分析方法。自70年代开始，虽然外国茶不断占有华茶原有的市场，但我们却忽略了一个事实，即在19世纪最后的二三十年，世界茶叶消费市场需求旺盛。“让我们现在看看世界茶叶市场份额，中国仍然占有的和它失去的份额，并没有与不断增长的世界消费量保持平衡，我们发现，三年前中国还出口2.9亿包茶叶，同年印度、锡兰仅贡献了8000包，但是到了1889年中国茶叶出口下降至2.14亿包，而印度、锡兰在该年已经增加到1.6亿包。”①

---

① 《北华捷报》，1890年2月21日，第198页。

正是需求旺盛，成就了外国茶出口的欣欣向荣之局面。例如，锡兰茶叶的繁荣正是这种局面的体现。锡兰茶业虽然发展较晚，但是发展较快，我们可从下列数据中看到锡兰茶发展的迅速：种茶面积 1875 年仅为 1080 英亩；1895 年则为 305000 英亩。[①] 锡兰茶除销往英美等国外，还有相当一部分销往埃及、伊拉克及小亚细亚等新兴市场。近代中国茶叶对外贸易衰落的时期，正处于世界茶叶需求迅速增长的阶段。如果中国茶叶贸易制度是有效的，完全可以像外国茶一样不断开拓新的市场，从而巩固或者扩大自己的出口量。因此，外国茶竞争并不意味着华茶的必然衰落，其对华茶的衰落并不负“主要责任”。

二　生产方式落后论

研究华茶贸易衰落的学者多支持这种观点。持此观点之人们，正如在引言一章中所论及的，多从资本主义大农场与中国小农生产方式呈现出的表象不同，而认为中国小农生产必然竞争不过大农场。他们主观地认为：中国茶叶小农生产方式，不似资本主义大农场制，可聘请专家、引用科学知识、新式机器，在茶树培植、茶叶采摘、焙制诸事方面，做到科学产制，从而使茶叶品质划一。“大农场集中经营、科学管理，与小农分散耕种、各自为政相较，优劣高下，不言自明。”[②] 因此，他们多从此角度寻找华茶衰落之原因。部分学者之所以持此观点，主要受小农生产不能实现大农场般的“规模收益”认识之影响。

然而，近代日本茶业的成功为我们提供了一个有力的反证。1928 年，日本农林省农业部报告了日本国内最主要的 45 个茶叶产区分布情况。这 45 个茶区共有茶树栽培面积 641952.5 亩、茶厂 1153767 户，制茶 86304849.5 磅。[③] 平均每家茶厂仅有茶树面积 0.56 亩，产制茶叶 74.8 磅。日本茶业的成功，并非实行大农场制，而是在传统小农生产方式的基础上，通过构建有利于整个茶业发展的制度结构而实现的。“长期以来，日本茶叶种植的发展一直受到高劳动力成本的制约，同时，该国复杂的产

---

① ［美］威廉·乌克斯：《茶叶全书》，依佳、刘涛、姜海蒂译，东方出版社 2011 年版，第 205 页。

② 仲伟民：《近代中国茶叶国际贸易由盛转衰解疑》，《学术月刊》2007 年第 4 期。

③ ［美］威廉·乌克斯：《茶叶全书》，依佳、刘涛、姜海蒂译，东方出版社 2011 年版，第 317 页。

权制度也迫使政府放弃了建大规模茶叶种植园的计划。茶园的平均面积不足1公顷，通常归独立的茶农所有。日本于1859年逐渐进入了茶叶市场。幸好日本这时已经拥有了一个体系完备的茶业，足以使它能够自我调整以适应国际贸易的需要。”[①] 日本茶业制度结构的构建保证了整个茶业链条从业者收益分配的均衡，为每个从事茶业环节的人们提供了正向激励，激发人们进行有利于茶业发展的创新活动，鼓励了人们对新要素在茶叶产制中的投入。

华茶贸易之失败，其原因不在茶园的狭小，茶业组织复杂则是最大原因。华茶销售非常复杂，大致要经过茶叶产区的茶号、掮客、茶行、茶栈、茶厂以及输出商洋行等，层层转递，多达十次之多。把控交易的中间商出于投机之需要，采买茶叶时，不依茶叶品级之优劣定价，而对茶价却任意操纵。普遍的投机，造成华茶价格高昂，中间商利润多，而茶农所得报酬少。在这样交易情况下，整个茶业利益分配失衡，故茶农、茶商等产制者对于植茶、制茶缺乏进取之动机。

由此可见，中国茶业的小农生产方式，由于自身之特点，并不适合走大农场产制的路径。南京国民政府向国际联盟聘请的农业专家特赖贡尼博士指出：“关于茶树之培植，凡从事于观察者多以大茶场制较零散之小茶园制为优。然在中国小规模之种植，不但合乎社会之组织与农民之习惯，且较大茶场制费省而效宏，盖一经采用大农场制，所需工资、管理等费俱随之扩大，且雇工对于工作究不如山户本身之关切，工作之效能转形减少，为中国目前计，不在实行大茶场制，而在扶助农民，以求改良。”[②] 茶业发展的趋势也进一步表明，大生产规模并不是贸易取胜的根本。“近来茶业竟然有一部分回到了小规模耕作方式上……在肯尼亚和斯里兰卡等国家，适合种植经济作物的小农场占据了主导地位。小土地所有者拥有最大的公顷数和产量，在单产上超过了大茶园。这些小茶农能够低成本种植茶叶，并且比茶园工人更加负责和尽心。”[③] 由此可见，无论在理论还是在世界茶业发展趋势上，都不支撑小农生产必然失败于大农场生产的观

① ［澳大利亚］Nick · Hall：《茶》，王恩冕等译，中国海关出版社2003年版，第351页。

② ［瑞士］特赖贡尼：《中国茶叶销售问题》，《国际贸易导报》1934年第6卷第7期。

③ ［澳大利亚］Nick · Hall：《茶》，王恩冕等译，中国海关出版社2003年版，第193—194页。

点，“在斯里兰卡和肯尼亚这两个世界上最大的茶叶出口国里，小茶场的发展对所谓茶业成功有赖于大种植园的农业综合经营这一说法不啻是一个挑战”①。

三　税厘沉重论

抱怨茶税沉重的言论，在华茶对外出口繁盛之时就不胜枚举。英国驻上海领事麦华陀在1868年度的贸易报告中就声称，“在外国人购茶款的总数中，估计有22%或约全数的四分之一是向中国官员们缴纳的税款。按通商条约规定的关税率，茶叶出口税为每担2.5关两，相当于其平均价格的10%，还有转口税以及内地税，约合平均价格的15%强”②。19世纪80年代中期，人们更把清政府征收的茶税茶厘视为华茶衰落的罪魁祸首，“秋季期间，赫德爵士代表总理衙门写信给各通商口岸的商会，询问有关中国茶叶质量恶化的资料，以及对它的改进意见。他也征求了茶叶同业公会的意见。各商会都送来了详细的报告，指出近年来中国茶叶质量恶化的情况，提出有关改进制造和栽培的意见，并要求特别注意到，与任何其他产茶国相比，中国茶叶税负极重”③。

由上可见，无论华商还是洋行，对茶叶税厘的抱怨都是一样的语气。学界基于史料，也因此认为，税厘沉重是华茶出口衰落以及影响茶业发展的主要原因之一。事实是否如此，我们来算一笔账。据1887年汉口的领事报告，外商经营每担华茶的成本见表2-5。

表2-5　外商经营每担茶的成本组成

成本大类	各项成本细目	每担茶成本（汉口两）
外商购买每担茶的成本	税厘捐、装箱、人工费、利息、运费等合计	7.77
	购买毛茶	4.00—12.00
	共计（A）	11.77—19.77

① ［澳大利亚］Nick·Hall：《茶》，王恩冕等译，中国海关出版社2003年版，第194页。

② 李必樟编译：《上海近代贸易经济发展概况：1854—1898年英国驻上海领事贸易报告汇编》，上海社会科学院出版社1993年版，第173页。

③ 同上书，第724页。

续表

成本大类	各项成本细目	每担茶成本（汉口两）
外商输出每担茶到国外产生的各项费用	海外购茶商支付的佣金及仓库费用	1.18—2.00
	汉口到伦敦的运费（每吨茶3英镑）	2.46
	海外购茶商支付的出口正税（2.5海关两/担）	2.72
	在伦敦货栈等发生的各项费用（0.5便士/磅）	1.23
	共计（B）	7.59—8.41

说明：依据当时1英镑=20先令，1先令=12便士；1海关两=1.088汉口两；1汉口两=4先令6便士等换算单位折算而成。

资料来源：陈慈玉：《近代中国茶业之发展》，中国人民大学出版社2013年版，第261页；China. Maritime Custom：*Tea. 1888*，第21页，1889年刊印，上海徐家汇藏书楼：009/T22。

由表2-5可见，外商购买华茶总成本A+B为：19.36—28.18汉口两/担，按1担=133.3磅，1汉口两=4先令6便士计算，从汉口市场采办每磅华茶至伦敦的成本为7.84—11.42便士。如果与从印度采购阿萨姆茶每磅8便士，从锡兰采办锡兰茶每磅5便士相比，采购中国茶的确成本高昂。但从华茶售卖均价每磅9.0便士看，基本上是合理的。虽然采办印度茶成本比华茶便宜，但是印度茶在英国市场的售卖均价却比华茶偏高，从1859年至1887年，印度茶价格普遍比华茶高出每磅2—4便士。① 印度茶之所以能卖好价，主要因为它的质量与口味适应国际市场需求，茶商可因采购成本低、售价高而获利丰厚。

由上可见，19世纪下半期世界茶叶的竞争并非价格竞争，诸如质量与口味的竞争更为重要。华茶在国际茶叶市场上的衰败，最主要的原因之一就在于洋行和茶栈等中间商主导构建的对外贸易制度严重导致了茶叶质量变得低劣，“从我们的角度，阻止华茶进一步衰落最好的办法则是生产更多优质的茶叶，并大大降低劣质茶叶的产量”②。尽管中国茶税的沉重在一定程度上并不利于华茶竞争，但这并不能以此说明沉重税厘是华茶衰落最显著的原因，“出口税并不是引起华茶出口衰退的直接原因……可怕的衰退和红茶价格低廉的主要原因是质量的极度恶化……英国人仍喜欢喝

① 陈慈玉：《近代中国茶业之发展》，中国人民大学出版社2013年版，第244页。

② China. Maritime Custom：*Tea. 1888*，第21页，1889年刊印，上海徐家汇藏书楼：009/T22。

像十五至二十年前那样产制的中国茶，他们仍然愿意付出较高的价格”[1]。苛捐杂税的繁重，虽然不利于华茶的出口，但是“减轻税厘仅是缓解了压在生产者和出口商身上的沉重负担，不过通过减轻税厘来促进华茶出口的论点纯属一个谬论”[2]，从19世纪80年代开始，茶税不断下降，却并没有阻止华茶出口的衰落。[3]

四　技术落后论

认为中国制茶技术落后导致华茶衰败的说辞，并不仅是当代部分学者的认识。早在19世纪80年代，时人就认为华茶在国际市场上不如印度茶受欢迎，“推其原诚以拣选制造不得其法，不用机器，纯用人工故耳”[4]，而采用机器的印度茶“以色香味皆胜华产不特此也”[5]。为此，时人认为华茶要增强竞争力，“欲求尽善尽美，则非烘茶机器不可”[6]。在19世纪90年代，中国曾兴起一个用机器制茶尝试的小高潮。然而，采用机器制茶的尝试，在中国推行得并不成功。除了采用机器制茶引发了一系列问题之外，更主要的是采用机器制茶，反而使华茶丧失了一些独有的品质。1897年总理衙门接到荷兰驻中国公使克罗伯的照会，其中声称当时华茶的制造：“按新法所制之茶样，惜未甚佳，若以旧法所制之茶，其品高于各处。若按新法制之，即与各处之茶无异，且将是茶原本之益处尽失，在爪哇、印度、锡兰三处皆有精心植茶，然与中国之茶比之则不及中国所产之物也。缘现在欧洲欲购中国上品佳茶无处可觅。查此情形，未有胜于中国茶之佳美者也。”[7]

由上可见，机器制茶的新法并不总是比中国人工制茶的旧法要好。无论新法还是旧法，都可以制出好品质的茶，关键的问题在于制茶的态度。“我们想要的是按从前方法制作的那种中国茶，但此时在市场上已买不到

① 《北华捷报》1890年2月7日，第151页。

② 《北华捷报》1892年2月21日，第198页。

③ 林齐模：《近代茶叶国际贸易的衰减——以英国出口为中心》，《历史研究》2003年第6期。

④ 《论制茶宜用机器》，《申报》1888年9月28日。

⑤ 《论中国茶业衰败应如何设法补救》，《时务报》1897年第42册。

⑥ 《论茶务》，《申报》1897年8月3日。

⑦ 《苏松太关道蔡咨上海商务局总办严施整顿茶务移文》，《时务报》，1897年第40册。

了，我们知道它们没有被生产出来。”① 外国人也指出：“中国茶品质下降的原因很简单，主要是他们不再像以前那样对生产和制作予以更多的关注了。”② 总理衙门也意识到这一点，要求南洋大臣：“转饬各该地方官，晓谕产茶处所及通晓茶务之商户人等，嗣后于制茶一事，勿论旧法、新法，总宜加意讲求，但能制造精良，行销自易。”③ 总理衙门在此咨文中，有意无意地肯定了旧法制茶的作用，只是要求业茶者多加“讲求”。由此可见，当时华茶在国际市场上的衰败，并不是技术落后，而是产制时不“讲求”，引起茶叶品质降低所致。

五 贸易制度失衡论

正如笔者在导论中所论述的一样，持此观点的学者认为茶叶生产和贸易制度失衡是导致近代华茶衰落的根本原因，华茶质量低劣也是贸易制度失衡的结果，此观点有一定道理。但是，从相关文章对制度内容的考察来看，笔者认为有一关键点值得进一步探讨：中国茶商是否牢固地掌握着贸易的“主动权”？对中国茶商掌握的“主动权”，我们应该从什么样的视角去理解？如果中国传统茶业公会占有主动权，洋商又占有怎样的市场地位？不弄清楚这些问题，我们依然不能很好解释和回答近代中外贸易中普遍存在的贸易规则。

自19世纪70年代起，洋商逐渐控制了中国的进出口贸易和商品流通的基本环节。即使到了20世纪30年代之前，限于中国的政治、金融和企业家素质等主客观因素，华商还不能在直接对外贸易中取得长足进展。但是，在中外贸易中，洋商还必须依赖买办和行栈等中间商人。这种境况决定了无论洋商还是华商，都不能完全主导中国对外贸易的全部。也就是说，在中外贸易中，洋商和华商各具有自己的优势。洋商具有市场定价权和垄断出口权，华商具有销售和采购商业网络和控制丝茶土货等优势。这决定了他们在市场博弈中拥有不同的谈判优势。基于长期博弈而形成的“共识”成为中外双方共同遵守的交易规则，这些规则以及形成的规范条款很多被制度化，成为中外贸易制度的内容。从这个角度上讲，中外贸易

① 《北华捷报》1888年1月6日，第17页。

② 《北华捷报》1890年12月26日，第784页。

③ 《苏松太关道蔡咨上海商务局总办严施整顿茶务移文》，《时务报》，1897年第40册。

制度是中外商人博弈的结果。

在华茶外销领域亦是如此。尽管近代中国茶商在华茶外销市场上，拥有广泛的商业网络、组织和控制货源、控制茶叶质量优劣与否等能力，但是，自 19 世纪 70 年代，中国人已经开始丧失了对华茶的市场定价权，在华购茶洋商已取得市场定价权。同时，洋商还控制了华茶出口权。洋商“割价”采购华茶，即中国茶商丧失定价权最好的表现。在此情况下，中外商人没有一方能够完全主导华茶外销市场。如果不考虑洋商在华茶外销市场上拥有的优势，片面地认为中国茶商牢固地掌握着中国茶叶贸易的“主动权”，并不能很好解释华商被迫接受洋商主张的一些交易条款，甚至是一些不合理的要求。如果不将洋商在华茶贸易中所扮演的角色及发挥的作用与华茶贸易的历史进程结合起来研究，就不能真正做到所谓多角度、全方位考察近代华茶衰落的深层次原因。

综上所论，学界关于华茶贸易衰落原因的考察，多是从某一方面予以论证，虽有一定的说服力，但还存在一些值得商榷的地方，有待学界进一步深入探讨。基于史料，笔者认为，在中国近代相当长的一段时期内，尤其在晚清和北洋政府时期，国家在制定规范各种交易规则方面缺乏权威，市场交易规则被拥有市场强势地位者和维护会员利益的同业公会主导制定。在华茶对外贸易领域，尽管洋行把持了华茶出口权与定价权，但是买办、茶栈在收购茶叶方面起着不可缺少的中介地位。在外国洋行与买办、茶栈之间，他们只有合作才能推进自己业务进展，从而实现各自的最大利益；同时，在他们之间也存在利益冲突。在这种既有共同利益、又有利益冲突的关系下，洋行、买办和茶栈经过不断博弈，达成了一系列交易规则，并使这些交易规则法令化、制度化，从而成为华茶对外贸易制度的主要内涵。在这种制度框架下，中间商实现了各自利益的最大化，成为稳固的既得利益者。为维护既有的利益结构，中间商会反对任何有损于它们的利益改革。研究发现，洋行、茶栈及茶业公会主导构建的贸易制度是华茶对外贸易衰落的主要原因之一。

本章总结

本章回顾了 19 世纪 70 年代之后，在国际茶叶市场上各国茶叶竞争的过程。伴随着外国茶的迅速崛起，华茶在英美等国的市场份额很快被印度茶和日本茶挤占。相比华茶的失败，印度茶和日本茶可谓取得了巨大成功。印度茶和日本茶之所以成功，最主要的原因之一，在于它们构建了有效的茶业制度。它们构建的茶业制度兼顾了所有从业者的利益，为整个行业从业者提供了一种正向激励制度，即有利于茶叶生产、制造和运销的努力得到鼓励。相反，在中国，洋行、买办和茶栈等市场中间商出于对既有利益的维护和新利益的实现，常常利用各自的市场优势，操纵市场，使华茶外销市场充满了逆向选择行为。伴随着华茶危机的到来，他们更加倾向于以制度化和法令化的形式将既有利益固定下来，由此将近代中国茶业发展纳入不利于生产而只利于利益再分配的制度路径。

第三章

中间商和近代华茶贸易制度

在现代市场经济中，由于市场带有一些自身无法调节的缺陷，要求国家对其进行适当治理是必要的。而国家对经济的治理，最基本的方式是提供一个法律体系，“法律体系是一个成功市场经济必不可少的条件，这在传统经济学的框架内已经成为不争的事实”①。然而，在近代中国，特别是在晚清和北洋政府时期，政府干预经济的能力相当微弱，它不能为市场交易提供必要的秩序，也不可能为市场运作提供具体的交易规则。由于单个企业力量有限，同样不能为市场交易和运作提供秩序和制度保障。显然，经济活动不会因政府不能提供或疏于提供法律基石而停顿下来。那么，近代中国市场交易规则的构建主体谁来承担？杜恂诚教授认为：“商会和同业公会责无旁贷地肩负起市场操作层面的创建和完善制度秩序的责任。”② 这种认识无疑是符合近代中国经济史发展基本情况的。

然而，如果我们将问题的视角放大到中外贸易领域，市场制度的构建不仅需要中国商人的集体组织——商会和同业公会——肩负其责，而且我们也不能忽略洋商的作用，因为在近代中国对外贸易过程中，洋商长期掌握着一些主动权。同时，洋商又不得不通过买办和行栈等中国的中间商进行进出口贸易。在这样的历史条件下，拥有不同市场优势的中外商人，必然在长期贸易交往中发挥各自的作用，并进行博弈。通过对史料进行解读，不难发现，近代中外贸易规则正是中外商人博弈均衡的结果。也就是说，当近代中国政府在制定规范各方交易规则方面缺乏权威时，③ 市场制

---

① ［美］阿维纳什·迪克西特：《法律缺失与经济学：可供选择的经济治理方式》，郑江淮等译，中国人民大学出版社 2007 年版，第 3 页。

② 杜恂诚：《近代上海钱业习惯法初探》，《历史研究》2006 年第 1 期。

③ ［美］罗威廉：《汉口：一个中国城市的商业和社会（1796—1889）》，江溶、鲁西奇译，中国人民大学出版社 2005 年版，第 219 页。

度基本由具有市场优势地位的洋行和买办、行栈及其同业公会等中国的中间商共同主导构建。

在关注近代中外贸易制度由谁构建的同时，我们更要关注他们主导构建的贸易制度对参与者有怎样的“好处”，以及对经济有着怎样的影响。本章结合近代华茶对外贸易过程，试图对上述问题予以论证。本章试图对下列问题予以考察，即洋行和中国的中间商是如何构建华茶对外贸易制度的？这种制度有着怎样的制度内涵？对近代中国茶业发展有怎样的影响？考察这些问题，有必要先考察近代华茶对外贸易主要参与者及其市场结构。

第一节　中间商和华茶贸易流程

一　华茶贸易中的中间商

中外通商之后，茶叶出口数量增长迅速。伴随着茶叶贸易的繁荣，茶叶交易分工越来越精细化。华茶从产地至外国市场，要经过茶贩、茶行、茶号、茶栈与洋行等环节，中间商繁杂成为华茶对外贸易中最显著的特点之一。按照茶叶出口流程，分别对这些中间商给予简述。

1. 茶贩：从茶农手中采购毛茶继而转售给市镇茶号的中间商。他们都需要有一定的自筹资本。茶贩通常为“扁担商”，购销数量不大，多则数百担，少则几担。他们通过低买高卖以实现商业利润。有时产茶区茶市疲软，茶贩不甘心被茶号压价，遂能自行合股设立茶号买茶制茶，贩运至通商口岸，交由口岸茶栈代售。通常茶贩将购买的毛茶卖给茶号，但也有一些更有实力的茶贩，随着生意越做越大，也会升格为茶叶贸易中的下一个环节——茶号。

2. 茶行：通常只收取佣金而不按价买卖的中间商。由于代理买卖业务，而不从事直接的茶叶买卖，因此，成立茶行并不需要多少资本。茶行资本多者一两万两，少者仅有一千两，大多在两三千两。茶行分为两种，通常为产茶区茶行，也有通商口岸茶行。产茶区茶行多在产区，他们为茶农、茶贩与茶号之间的交易提供各种服务。例如，帮助看货议价，承担发现价格的功能；每逢茶季接待外地茶贩，承担服务功能；甚至有时收购，保证交易的达成。通商口岸茶行与产茶区茶行功能相似，都是做收取佣金而较少自营的中间商，只是二者所处的区位不同，以此，价格发现的功能也产生在不同地方。在产茶区，茶号派被称为“水客”的人员去产区采办毛茶或鲜叶，常常要经过茶行。茶行随水客至茶农家收购，看货与定价均由水客与茶农直接交涉，茶行仅负责引导及评价责任，从茶农卖价中收取2%或3%的佣金。在通商口岸，内地茶商将毛茶运至口岸城市，茶行代茶商报关。随后，茶行向茶厂、茶叶店及客帮议价兜售，如果所出之价格与茶客所开之价相近，即回行内与茶客磋商，若双方同意，经过一系列交易程序，完成交易。茶行从茶客所得货款中抽取4%的佣金。茶行职员甚为简单，经理之下，有账房、跑街、水客和出店等职位。在通商口岸上海等城市的茶行，有时也向内地茶商提供贷款等服务，但所放贷款数额不大。

3. 茶号：有时也被叫作茶庄、茶厂。茶号有“路庄”与“土庄”之分。路庄，指运茶至上海、汉口等地投售的制茶商号，其所以命名“路庄”，主要以其由客路运来以与口岸城市制茶商号区别。上海茶业公会关于何为“路庄”与“土庄”做过如下解释：“茶之由各省区产地制茶商人就地设厂制成装箱运沪者为路庄，茶之由制茶商人自产地采办毛茶在沪设厂制成装箱者为土庄，二者均为装运出岸销售国外市场之洋庄茶业。”① 茶号多开设在茶产区、茶叶集散地和上海、汉口、福州等口岸城市。茶号开设者多为茶产区或集散地的地主、豪绅等。资本来源大致可分贷款、附本、私资三部分，附本和私资并不多，流动资金主要靠茶栈借贷。茶号一旦接受茶栈放款，就必须把产品的售卖权交给放款茶栈。

茶号为非永久性组织，常在每年茶季开市前组办，每年开设不定，视市场畅滞而定。因此，茶号存活时间较短，大多仅有一两年，多有投机取巧之性质。茶号内部组织，一般设经理一人，总理全号一切业务。下设账房一二人，司理账目及银钱出纳；看茶、称量各一人，司理购办毛茶；管庄一人，负责制茶事宜；交际一人，处理对外交涉及应酬事务。茶号从茶贩、茶农手中收买生叶或毛茶，在自己开设的再制工厂内制造各种等级之箱茶，随后将箱茶运送至口岸城市里的茶栈，茶栈再转售给洋行。少数茶号也自营茶山，但多数茶号则是采用预先放贷茶款之办法来支配茶农的

① 《上海市茶输出业同业公会向上海市第一特区地方法院解答所谓“土庄”，“洋庄”两种茶庄性质文书关于两种茶庄性质有何区别》，1935年9月，上档：S198—1—4。

生产。

4. 茶栈：茶栈与茶行相似，是一个代内地茶号售茶与洋行从中收取佣金的交易媒介，同时是内地茶号与银钱业的资金转承机关。在早期，也经常性地进行自营。自19世纪末20世纪初，由于经营茶叶贸易风险极大，茶栈逐步退出自营，专做代客售卖服务。茶栈多设在通商口岸，通常设有仓库、旅社等。他们在洋行与内地茶商的交易中充当重要的角色。比如，茶叶成交后，茶栈要为茶叶的品质、数量等产生的纠纷负责。应该说，他们提供了茶号与外商之间的所有交易服务。投资茶栈，所需资本不多，多为两三万两。向内地茶号放款之资本，绝大部分是从银钱业转借而来的。茶栈投资人多是洋行买办，因其具有经营茶叶贸易的才能和商业网络，实现一定资本积累后，常自组茶栈。茶栈内设立经理和协理各一名，由股东互相推选或聘请，经理或协理基本与洋行有密切关系。经理与协理之下，设立账房、茶楼、过磅和通事等部门。账房，司收付银钱及记账之职责；茶楼，负责收取样茶、发送样茶及鉴别样茶；过磅，专司茶叶成交后的过磅事宜；通事，司与洋行接洽交易之责；其余还有出店、茶房等部门，主要为投栈茶客提供住宿等服务。

5. 买茶洋行：代理外国茶商采办中国茶叶的机构。代理收买茶叶是大多数洋行的主要业务之一。买茶洋行内部组织，视规模大小，繁简不一。一般情况，内设大班一人，大班之下设茶师、总账房和买办间三个主要机构。总账房和茶师均系洋人，买办由大班聘请。买办入行，须出具保证金。买办间设楼房主任、茶楼主任、账房和翻译等职位，这些职位人员，均由买办雇佣，买办对于所雇人员须负完全责任。买办之下华人入行，须出立保单，由有声誉者作保。洋行代理外国茶商收买华茶，需先采集样品，开具价格，寄交海外委托之茶商。外国茶商按照茶样考察市场销售情况，然后通知在华洋行，照数采办。洋行从代买中可得到2%或3%不等的佣金。

二　茶业公会：茶栈的集体组织

19世纪60年代，随着茶叶贸易的兴盛，茶栈的重要性日益突出，并在通商口岸形成一股强大的势力。由于在各家茶栈之间，难免会有各种交易和竞争冲突；在外部，必然面临中外贸易规则、商业习惯等的不同；更由于19世纪60年代最后几年，世界茶叶市场供求结构开始发生转变，在洋行与茶栈、茶号等业茶者之间，存在着利益的再分配关系。如何维护既有利益以及实现新利益，茶栈主们发现有必要建立自己的集体组织，企图将一些贸易规则制定权控制在自己手中。这从上海茶业公会某董事的说辞中可见一斑，“在与外国人的商业交往中，需要诚实和正直；在与国内茶叶种植者、加工者以及茶叶出售者的交往中，亦应公平；因为后来人们的交易活动日益堕落，因而生意越来越难做。显然，如果没有这样一个机构，贸易所积累的弊端便不可能被清除殆尽，而正确的规章亦不可能拟定，也不可能产生必要的改革”①。此乃该茶业公会为其存在而申述的理由。

早在1868年，上海茶栈就建立起了自己的同业公会：上海茶业会馆。随后，在福州、汉口等茶叶贸易大港的茶栈，也分别建立起了自己的同业公会：茶帮公所和茶业公所。这些同业公会中的会员茶栈，分为不同帮别。例如，上海茶业公会由平水帮、安徽帮和广东帮等组成，汉口茶业公所由湖北、湖南、江西、福建、江南、广东六帮组成，福州茶帮公所的帮别依据交易对象不同分为京帮、天津帮、茅茶帮、广东汕帮和洋茶帮。茶业公会会员，尤其是经营茶叶出口的茶栈，多与洋行有密切关系。例如，“汉皋本年茶栈除旧有七家及收歇者不计外，闻已议妥新添大茶栈两家，一系鸿遇顺，该东即汉镇初通商时在宝顺洋行为买办王君恒山是也；一系厚生祥，其东唐君瑞枝是也。王唐两君均熟谙茶务，久与西人诚信相伴。俄商阜昌行主招致唐君经营该行一切”②。为了便于称呼，不论茶业公会、茶帮公所、茶业公所，本书以下统称为茶业公会。茶业公会为了控制当地茶叶市场，普遍利用传统公会行规的约束力，不许行内和行外力量破坏规条，以控制茶叶贸易利益。

为维护同业行规和沟通会员茶栈，茶业公会建立了相应的运行机构和制度安排。以上海茶业公会为例：①董事会制：该会在成立之初（1868年）即已设立。每年选举十二位董事，每位董事轮流主持会务一个月。凡遇到紧急情况，当值董事召集几个或全部董事共同商计。每个董事都必须无条件支持董事会做出的最终决议，违者处以罚款。②司年财务制度：即每年从其会员中选举两家茶栈负责该年公会的财务管理。财务司年主要负

---

① 彭泽益：《中国工商行会史料集》，中华书局1995年版，第19页。

② 《汉皋茶务》，《申报》1889年3月13日。

责公会银钱进出。银钱管理实现钱账分离，司年茶栈将所收银钱存于银行或钱庄生息，留有底根，以备稽查。③常年聘请律师，作为公会顾问。为解决与洋行交易的冲突，茶业公会自成立之初，即聘请外国人作为其代理律师，律师费用由会员茶栈每年按规定期限缴纳。④会费缴纳制度。公会相关部门正常运行，需要一定经费开支。茶业公会所需会费来源主要有会员茶栈缴纳的会费和按售卖箱茶大小提取一定比例的费用。这些机构和制度的设立，从根本上保障了茶业公会的运行和行规的执行。

三 华茶对外贸易流程

近代华茶对外贸易，基本要经过如下几个环节：从茶农到茶号，从茶号到茶栈，从茶栈到洋行，从洋行到国际市场。茶农和茶号负责茶叶产制，通常产制分为两部分，茶农负责前一部分，如采摘、凋萎、揉捻、杀青或发酵、烘晒等粗制加工，制成毛茶。其后的精制加工则手续繁杂，要求较高，需要专门的技术人员处理，如烘焙、补火、筛分、拣选、拼堆、装箱、装潢等，往往由茶号完成。箱茶制成后，茶号将茶叶运送到茶叶交易口岸，或运送到和茶栈先前约定的地方，交给茶栈代售。茶栈派通事送交样茶洋行茶叶买办间，由洋茶师鉴定茶叶等级。如果茶师认为茶叶合格，随后根据等级、品质之不同与通事谈判价格。如果谈判成功，即可成交。成交以洋行落簿、通事签字为凭。成交后，再由洋行按照合同约定期限发送箱茶、过磅、付款。洋行将货款交给茶栈，茶栈开具代售箱茶所花费的清单一张，交给茶号，随将账目结算，交易即告结束。

第二节 近代华茶贸易制度的构建

19 世纪六七十年代，伴随着外国茶登上世界市场舞台，中国不再是唯一的供货来源地，受制于没有海外直销能力，华茶出口权和定价权为在华洋行所操控，这些权力使他们能依据掌握的市场信息决定对其有利的行动。然而，洋行要实现对上述各种“好处”的贪占是有前提的，那就是要有稳定的货源和贸易顺利的展开。自从一度盛行的“内地采买”制度失败之后，洋行对茶叶的采买不得不依赖能稳定提供货源的茶栈进行。然而，如果洋行任意享有这些“好处”而得不到限制，也必然损害他们最主要的合作者茶栈的利益。围绕分享既有利益和实现新利益，洋行与代表茶栈利益的茶业公会进行了激烈的重复博弈。在重复博弈中，他们形成了一系列的“妥协”和“共识”，并使这些“妥协”和“共识”以法制化和规则化固定下来，其中所形成的各种贸易规则成为华茶对外贸易制度的内涵。

一 中外博弈的开启

19 世纪 70 年代之前，中国几乎垄断了世界茶叶的所有供给。中国人在贸易中掌握着主动权，主要体现在市场定价权方面。但是，伴随着轮运—电报时代的到来，中国国际贸易条件在技术上发生了革命性的变化。这些因素与世界茶叶市场供求结构的转变叠加在一起，从更深层次上深刻影响着中外茶叶贸易。其中最重要的影响之一，即华商定价权的丧失。凭借市场、金融等优势，洋行在贸易中开始居于有利地位，他们逐渐掌握了茶叶市场的定价权。从 19 世纪 70 年代最初的几年开始，为转嫁风险和获取稳定利润，洋行开始“正视以往所忽略的茶之瑕疵”①。但是，他们注重华茶质量，不是实行合理、公平的手段，而是采取“压价”“磅亏”“延期付款”等短视行为，以此谋求对其有利的茶叶收买。正如美国学者罗威廉指出的那样，“总的说来，在汉口从事茶叶贸易的西方人都是一些目光短浅之辈。他们对贸易的稳定毫不在意，不讲商业道德，也不遵守商业信誉，不顾及市场价格稳定，只求急功近利”②。洋行如此频繁而多样地占有“好处”，必然损伤中国业茶者的利益，其中也包括最主要的交易对手及合作伙伴——茶栈的既得利益。

为使贸易规则有利于自己，洋行与代表茶栈利益的茶业公会之间展开了激烈的博弈。有学者认为，从起初，茶栈就没有采取实际的措施来推动茶叶的出口，因为茶商被茶栈所摆布。③ 这种认识只是对现象结果的总结，并没对背后的逻辑给出说明。由史料不难看出，各地的茶业公会在此时期更强调对既得利益的维护，并企图将已获得的利益固定化与制度化。作为居于中间商地位的茶栈，获得哪些既得利益呢？我们从上海茶业公会

① 陈慈玉：《近代中国茶叶发展与世界市场》，台北中研院，1982 年，第 285 页。

② ［美］罗威廉：《汉口：一个中国城市的商业和社会（1796—1889）》，江溶、鲁西奇译，中国人民大学出版社 2005 年版，第 164 页。

③ 彭雨新：《抗日战争前汉口的洋行与买办》，《理论战线》1959 年第 2 期。

第一次制定的行规中可见一斑。在30余项行规中，涉及对内地茶商收取的各种款项即有近20余项。值得关注的是这些收费大多为不曾真正发生的费用。如1877年《申报》就曾报道九江茶栈虚收茶客运费多达一半，“盖该处载茶至申，每吨水脚一两五钱，今各栈定欲轮舟于提货单注明每吨水脚三两后，即索还一半”①。这些收费构成了茶栈的既得利益。

各地茶业公会与其他行业的一些集体组织一样，为维护会员茶栈的垄断性利益，它们并不是通过市场的经济杠杆进行调节，更常用的手段和方式，无论有意还是无意地，大多采取限制外部竞争的方式，并且总是尽可能将实现它们既得利益的交易习惯与规则进行制度化与法定化，使这些制度化和法定化的交易规则成为交易者必须遵守的市场法则。以上海茶业公会行规为例，在30余项行规中，对内约束茶商的就达20余条，大致可归为管理、征课、仓储、保险、佣金等几项，几乎每一条都以惩罚性收费为手段。② 从另一角度也可认为，这些行规的制定无不反映茶栈获得的既得利益。

各地茶业公会与洋行博弈的焦点主要集中在过磅付银、样箱与大宗货物是否相符、强收样茶等问题上。本书以过磅付银的博弈为例，来说明博弈的过程与内涵。信息灵通的洋行十分善于利用汇率和利率变动创造营利机会。在中国市场，他们常依据中国银两升值，以银两价格赊买华茶（和其他中国商品），等到银两贬值到他们期望的程度再付款。为此，洋行常延期付款，他们这样做可获得至少以下三种好处：一是用相对低的实际价格购买华茶；二是可将本应早付给中国茶商的货款挪作他用，或将货款存放银行“吃利息”；三是依据市场供求变化，迫使茶商给予更大的好处，或割价或让利。洋行延期付款除损伤茶商利益外，也损伤茶栈利益。因为茶商所需资金，绝大部分是由茶栈提供的贷款，而茶栈资金来自银钱业借贷。洋行延期付款，使茶栈放款回收困难，增大了放款成本和风险，同时也滞缓了茶栈资本运转速度。

1872年，公立洋行首开磅茶不及时付银之事，上海丝茶两业决定共同执行：“过磅须即行结账付银”之条规。③ 如果有洋行违反该条规，它

---

① 《茶栈大弊》，《申报》1877年7月4日。

② 彭泽益：《中国工商行会史料集》，中华书局1995年版，第587页。

③ 《论丝茶公立新规宜从事》，《申报》1873年农历四月十二日。

将会遭到丝茶同业公会所有会员的联合抵制。面对上海丝茶两业新规，洋行进行了反抵制，“其事亦万不能允行，虽华商群起力争，吾西商亦必群起力拒矣。丝茶既到之后，华商必当速售，以得其银，吾等正不妨稍缓买也”[①]。丝茶两业尽管冒着“上海道宪已札谕公所各商并录英领事所移照会颁示，令其再行会议”的压力，[②] 仍强力推行“所有丝经贸易应照众客所议，概收现银”之新规。[③] 以上海茶业公会为核心的茶栈，凭借集体力量，最终迫使洋商接受“过磅即付银”的条规，并将其作为双方必须遵守之约定写入茶业会馆会章中：“第一款，凡茶业售定，并落簿签字后，至多限十四日内，必须过磅；第二款，凡茶叶过磅后，准照一八七五年定例，于次日将货价核算，即付银两。”[④] 而洋行不得不承诺遵守双方之约定，即茶叶过磅后的第二天就要支付货款。[⑤] 作为妥协，上海茶业公会于1876年规定：“如果过磅后（洋行）即付款，照九九五扣息。”[⑥]

在其他一些贸易规则方面，各地茶业公会与洋行也展开了激烈博弈。例如，扣磅条款。扣磅，是指洋行在买茶过程中，借口茶叶中含有渣滓，克扣一定比例的重量。扣磅始于1872年，此时洋行扣磅，仅是在除皮上多扣除斤两。此时，上海茶业公会和汉口茶业公会就试图将洋行除皮扣重控制在一定的比例上。[⑦] 1878年和明洋行要求对茶叶本身重量扣减，每箱（28磅）扣除一磅以抵渣滓。洋行扣磅任意，所扣重量多达实际重量的10%强，这极大压缩了茶商的获利空间。扣磅不仅损害了茶号的利益，也损害了茶栈的利益。各地茶业公会在此时期也掀起了对该条款的抵制。上海茶业公会对此就极力拒绝，“从无有明除一磅之理，今贵商独于茶业一宗意欲每箱明除一磅，殊非公论，合无率旧章悉照磅见结算，以昭平

---

① 《辨丝茶两行改旧制书》，《申报》1873年农历五月一日。

② 《论丝业新规恐不能成行》，《申报》1873年农历五月二十三日。

③ 《录丝业改定现银禀复》，《申报》1873年农历六月二十八日。

④ 彭泽益：《中国工商行会史料集》，中华书局1995年版，第592页。

⑤ 李必樟编译：《上海近代贸易经济发展概况：1854—1898年英国驻上海领事贸易报告汇编》，上海社会科学院出版社1993年版，第489页。

⑥ 《湖北汉黄德道李照会》，《申报》1876年11月16日。

⑦ 《磅茶事宜》，《申报》1872年6月15日；《湖北汉黄德道李照会》，《申报》1876年11月16日。

允"[①]。总的来看，这一时期各地茶业公会与洋行博弈尚处于开启阶段，一些重要条款尚未以双方都能接受的方式确立下来。随着华茶在国际市场竞争力迅速下降，各地茶业公会对洋行提出的一些"超经济"攫掠要求开始普遍接受，当然他们也成为攫掠者，一些重要的贸易制度条款被达成，华茶贸易制度也由此被基本确立下来。

二 贸易制度的基本确立

19世纪80年代，各地茶业公会与洋行的博弈更为激烈，但也越来越寻求"妥协"来推动贸易的"顺利"进行。发生在1883年前后的几件事情，深刻地诠释了这种行动。例如，样品与大宗货物品质不一的情况长期存在。早在1872年，汉口茶业公会就曾试图解决这一困境，"不准先来样茶箱定，以大帮茶到，随时抽取箱茶出样。诚恐客众路远未能周知，领恳官宪行文通知各卡禁止样箱经过南卡，勿准样箱挂号起坡。传谕茶栈非大宗茶毋庸经售，并照会各国领事转谕洋商勿买样箱之茶"[②]，但收效甚微。一方面，洋商指控中国商人在产品质量、包装样式等方面采用各种欺骗手段，他们用打折方式来减少茶叶的重量，成为惯常的做法，以至于市场价格变得毫无意义；另一方面，中国商人则声称洋商威逼他们，索取超出其应得数量的茶叶。很难辨识哪一方是导致问题产生的根源，相互指控的气氛日益紧张。[③] 为了制约洋商压价和扣磅等行为，"联合抵制"成为各地茶业公会频繁使用的手段。

1883年，汉口茶业公会发起联合拒售的事情，"标志着汉口茶业公所作为集体反对西方人行动的组织而登上了历史舞台"[④]。在此次"联合抵制"中，汉口茶业公会强推三项主要内容，即公证人监督制度、统一称量标准、破坏新章程的惩罚制度。[⑤] 引发对抗的主要原因是公证人制度的推行，外国茶商提出反对，因为他们不愿在磅茶时有外人在其办公场所。他们决定停止出价购茶，希望按照以前"据说几乎每一个外国仓库的秤都有

---

① 《上海茶业复和明洋行信》,《申报》1878年5月2日。

② 《汉口来信茶商公议善后章程由茶栈抄粘禀复》,《申报》1872年6月27日。

③ ［美］罗威廉:《汉口：一个中国城市的商业和社会1796—1889》，江溶、鲁西奇译，中国人民大学出版社2005年版，第185页。

④ 同上书，第169页。

⑤ 《茶业章程》,《申报》1883年5月9日。

各种各样的问题，虽然那些借此牟取私利的人极力否认，但毫无疑问，他们这样做过很多次了（进行贸易）”①。洋商决定停止购茶，以对此次抵制进行回击。汉口茶业公会加以反击，禁止所有茶栈与洋商交易。经过多番较量，“联合抵制”最终迫使洋商接受了新章程。因为争端持续下去，只能伤害到有关各方的利益。

从表面上看，汉口茶业公会此次行动是为了维护市场合理、有序的运行，当然也确实包含这一动机，但其更主要目的则是维护会员之利益。19世纪70年代以后，洋行逐渐掌握了茶叶外销市场的定价权。无疑，茶叶价格的高低会影响买办和茶栈的收益。在可用资金的约束下，买办与茶栈的最大收益，不仅取决于售卖茶叶的数量，也取决于茶叶价格的高低，这样会在售卖规模与要价之间存在一个对其最理想的价格与数量关系。总的来说，维持一个合理的高价，对买办与茶栈是有利的。而供求关系基本上决定茶叶价格的高低，为获取一个尽可能有利的价格，各地茶业公会往往会根据市场供求情况，控制茶叶供给规模。为确保有利于自己利益的规章得以执行，各地茶业公会极力将市场交易权控制在自己手中，它们通过法令将中外茶商隔离开来，中国茶商不得与洋行私自交易，或者委托洋行茶楼的买办代售，如果某一茶商违反这些规定，且处于同一帮别的其他茶商不向公会禀告，在证据确实情况下，这一帮别中的所有商人将会被追究集体责任，并被一起惩罚。②

汉口茶业公会之所以能迫使洋商接受新章，除运用“联合抵制”之外，最根本的原因则是与洋行达成“共识”和“妥协”，即承认洋商一些不合理的要求。如洋行“强收样茶”、“扣磅”等在汉口、上海、福州和其他地方，成为被普遍接受的行规，以至于洋商根据样品议定单价之后，又习惯性地在过磅时，要求对价格进行打折，而他们对大宗货物的品质高低与否，则不再过问。③ 作为交换条件，洋商需对各地茶业公会推行的一些规则或行动做出必要的妥协。例如，1883年，专营外销茶的福州茶栈组织——公义堂为维持茶价，“印有知单，分送各西商之业茶者，约定于

① ［美］罗威廉：《汉口：一个中国城市的商业和社会（1796—1889）》，江溶、鲁西奇译，中国人民大学出版社2005年版，第164页。

② 《茶业章程》，《申报》1883年5月9日。

③ ［美］罗威廉：《汉口：一个中国城市的商业和社会（1796—1889）》，江溶、鲁西奇译，中国人民大学出版社2005年版，第175页。

9月20日为止，凡乡间送来之茶，一概不收”[①]。作为回报，福州茶栈及其公会常常给洋行收买茶叶提供各种方便。其中，最重要一条即“往来赊欠制度”。这种制度允许洋行收茶时可以有大笔结欠，允许洋行拖延几个月甚至跨季节付款。在此情况下，受害的是那些购货支付现款的茶叶买主，只要他们按贷款者规定的价格标准进行茶叶购买，那么他们很难得到应有的市场回报。

上海茶业公会也越来越频繁地利用集体力量迫使洋行接受自己所定的规则。19世纪80年代之前，茶叶过磅之后，即转入洋行堆栈。按照当时交易规则，箱茶即归洋行所有。但偶有洋行堆栈失火，所遭受的损失却由中国茶商承负。1888年，茶业公会订立章程，要求洋行对成交之后的箱茶进行保险，洋行承担保险费用。洋行推诿不肯签字，茶业会馆于是命令所有茶栈停止与洋行的任何交易。洋行指责茶业会馆“无礼背约”，违反自由贸易精神。双方争执近一个月，以洋行承诺签订保险章程而结束争端。从表面上看，茶业公会推行新规，似乎是维护茶商的利益。但是，事情有另一面：内地茶商多资本短绌，多靠茶栈借贷，如偶有失火，会有“茶客汪星聚，全赀灰烬，情迫轻生”之事发生[②]。如果这样的话，茶栈所放之款会有很大风险。茶业公会要求洋行购买火险之时，也要求内地茶商购买。茶业公会之所以这样做，一方面是为了确保茶栈贷款顺利回收，另一方面也是为扩大茶栈的收益。因为内地茶商购买火险，均由茶栈代买。茶栈利用与外国保险公司熟络的关系，能够获取打折“好处”，同时，在与茶商结算时能够虚开火险的花费。打折与虚开的“好处”均为经手茶栈所有。

三 小结

综观这一时期（19世纪60年代末至80年代）洋行与茶业公会博弈的内容与过程，不难发现，他们之间的博弈始终是围绕利益再分配和实现新利益进行的。在1870年以前，华茶垄断国际茶叶市场，洋行、买办与茶栈能够获取较高利润，形成了一定的利益分配格局。1870年之后，中

---

① 《整顿茶业》，《申报》1883年10月3日。

② 《上海茶业洋栈保险全案》，《申报》1888年9月26日、1888年9月27日、1888年9月29日。

国茶价下跌，获利空间变得狭窄。这造成了原有利益分配关系的再调整，在维护既有利益时，洋行与代表茶栈的茶业公会之间展开了激烈博弈，中国茶叶对外贸易制度由此步入改变原有市场规则的阶段。茶业公会与洋行之间的博弈，恰是这种贸易制度形塑过程的体现。以 1883 年汉口茶业公所“联合抵制”行动为代表的中外商人的博弈，经常被学者认为是在中国近代史上，行业公会成功运用集体行动获取胜利的几个经典事例之一。但恰恰说明事情的另一面，对洋商的联合抵制只是茶业公会应对争执的最后一种手段，其目的“总以调妥为主”，希望“仍复交易”。[①] 各地茶业公会的“调妥”，实质是维护其成员利益的理性选择。对茶栈而言，他们无意于直接攻击西方商人，因为“他们作为对外贸易的主要受益人，非常满意自己的角色”[②]。

他们之所以满足于自己的角色，主要是因为他们与洋行通过“合作”构建了稳固的“利益共同体”关系。为维护既有的利益和实现新的利益，茶栈、买办和洋行共同主导构建了以中间商制度为主要内容的对外贸易制度。华茶对外贸易制度于 1883 年前后基本成型，因为这段时期上海、福州和汉口等华茶出口大港的茶业同业公会普遍与外国洋行达成了一系列交易条款，并以制度化的特征被固定下来。[③] 需要说明一点，这种制度的初步形成并不是该制度的完全成型，伴随着洋行、买办与茶栈利益的进一步固化，他们越来越多地将其主导制定的贸易规则上升到法令化、制度化的高度，并因此构成了近代中国茶业发展始终无法打破的制度障碍。

第三节　华茶对外贸易制度内涵

在本章第二节中，笔者考察了洋行与代表茶栈利益的茶业公会共同主导构建近代华茶对外贸易制度的历史过程。基于史料，我们进一步考察他

① 《上海茶业会馆规条》，东亚同文会编：《支那经济全书》第 2 卷，第 676 页；转引自陈慈玉《近代中国茶业之发展》，中国人民大学出版社 2013 年版，第 216 页。

② ［美］罗威廉：《汉口：一个中国城市的商业和社会（1796—1889）》，江蓉、鲁西奇译，中国人民大学出版社 2005 年版，第 185 页。

③ 这一年中外茶叶贸易中的一些重要问题，如过磅付银、九九五折扣、样茶与大帮是否一致、洋行不得直接收买内地茶号的货物等问题，基本都在上海、福州和汉口等茶叶出口港与外国洋行达成协议。可参见《茶业章程》，《申报》1883 年 5 月 9 日。

们主导构建的制度内涵、市场逻辑及影响。在近代华茶对外贸易制度结构中，洋行垄断茶叶出口权和定价权，茶栈垄断货源，通过业务捆绑等手段实现双方的利益共赢。洋行和茶业公会在重复博弈的过程中，逐渐形成了一套相互制约与妥协的机制。近代华茶对外贸易制度对近代中国茶业的发展产生了深刻的影响。那么，洋行、买办和茶栈利益共存的关系是通过什么途径实现的？他们主导构建的华茶对外贸易制度有怎样的内涵？这些途径与内涵背后又有怎样的市场内在逻辑？在回答这些问题之前，有必要明确一个概念：利益共同体。

一 利益共同体概念的界定

马克斯·韦伯在其名著《经济行动与社会团体》一书中认为：依据参与者（从事经济行为的人们）的主观认定，有可能导向纯粹经济的结果——需求满足或营利。为此，即可建构起经济共同体。他认为在所有的共同体形式里，相当常见的一个经济决定因素是经济机会的竞争。当竞争者的数目，相对于盈利空间有所增长时，参与竞争者便会在利益的驱使下，想办法限制住这种趋势。共同体行动的竞争者，尽管彼此间仍然继续竞争，但对外而言如今则变成了“利益共同体”。① 韦伯认为共同体所从事的经济关系对外呈现出“封闭的”——排斥潜在或现存的外部竞争，对内参与者呈现出“开放的”——允许内部参与者竞争的形态。倘若共同体行动本身产生出某种结合体关系时，“行会”的形态通常便应运而生。韦伯没有直接给利益共同体进行定义，学界频繁提到利益共同体这个概念，但是却鲜有对其下一个合适的定义。那么，何为利益共同体？我们从韦伯关于利益共同体的阐述中，可以看出参与者的行动导向——目的理性、参与者经济行动受制于某些制约、集体利益等是构成利益共同体的基本要素。

国内学者唐灿认为利益共同体是指：“在理性估算的基础上，通常以默契、自发的方式，形成的类似利益联盟式的行动体，互利共存是这个行动体中利益不同的双方（或多方）联合在一起的动力所在。利益关联的任何一方为了谋求己方的利益，都不能不在一定程度上顾及和保护另一方

① ［德］马克斯·韦伯：《经济行动与社会团体》，顾忠华等译，广西师范大学出版社 2004 年版，第 235 页。

(或另外己方)的利益，不能不维护他们之间的利益关系。”① 这个定义概括了利益共同体的部分内涵，但不够全面。从博弈论的角度而言，利益共同体实质是参与者在各种约束下进行博弈，从而实现彼此利益的均衡。利益共同体的存在需要两个基本条件：共赢，实现组织和个人利益的最大化；共识——实现利益均衡。其中，国内有学者对共赢与共识有很好的总结：共赢是指共同体中每个利益主体的净收益增量至少不小于零，其所暗含的最重要的特征就是至少不能损害其他成员的利益。共识是指共同体中各利益主体对共同预期收益以及利益分享的模式和规则取得一致认可，并且不存在偏离一致认可的积极性。一个利益共同体存在，共赢和共识必须同时成立。② 共赢意味着利益共同体形成的必要性，共识则意味着利益共同体形成的可行性，两者缺一不可。以此来看，在唐灿的利益共同体概念中，漏掉了参与者需满足约束条件这一要件。

基于以上认识，关于利益共同体的定义就应该做出适当的修改，以求其内涵全面。基于以上理解，笔者尝试给利益共同体下一个定义。所谓的利益共同体，是指参与者在目的理性基础上，在一定的约束条件下实现组织利益最大化的结合体。条件约束，是参与者行动的前提，也只有在一定约束的前提下，才能实现参与者和组织的利益最大化。这样，目的理性是参与者的行为假设，一定的约束是参与者达成的共识，组织利益最大化是共赢的体现。明确利益共同体概念之后，接下来，我们剖析洋行、买办与茶栈三者是如何实现与维护他们利益共存的。

二 排斥外部竞争和业务捆绑

(一) 茶栈排斥外部竞争

研究近代华茶对外贸易的学者，基本上将中国内地茶商与洋行不发生直接交易的原因视为商业习惯，并将之作为研究问题的前提。如果仅仅将其视为研究的前提，有碍于我们理解这种经济行为背后的经济逻辑，也有碍于我们对事物本质的认识。中国茶商与洋行不发生直接交易的实质是洋行、买办与茶栈实现共赢的结果。根据史料，可发现上海茶业公会至迟于19世纪70年代进入韦伯所说的“封闭的”，即排斥潜在或现存外部竞争

① 唐灿：《外来人口与城乡结合部地区的利益一体化关系》，中国网，2003年6月17日。

② 易鸣：《经济利益共同体的形成条件和制度安排》，《商业现代化》2009年第13期。

的阶段。依据是茶业公会的大多数交易规则在此时期被制定，如排斥非会员与洋行私自交易，“各茶栈有不喜经手人代向西人交易致屡扣价者，故于本月初八日各栈聚会议定以后栈外经手人一概不用”①。排斥非会员与洋行直接交易是茶栈等中间商本质属性决定的。

早在五口通商时期，“中国本地商人和掮客害怕（中国的）生产者和外国人发生直接的接触，会损害他们的居间地位，总是把外国人隔离在产区以外，越远越好”。② 到了 19 世纪 70 年代后，他们制定一系列制度安排以阻碍中国商人与洋行直接发生交易，并且有的条款是以政府公告形式确立的。会规不仅规定非会员和外商交易将受到惩处，而且严格规定会员必须遵照会章与外商交易，否则将受到严厉的惩罚。③ 作为介于内地茶商与洋行之间的中间商买办与茶栈通过构建制度、规则阻碍中外茶商直接交易的发生，是其获得市场地位的前提。因此，为排除外部竞争，代表茶栈利益的茶业公会是通过如下途径来实现目的的。

1. 垄断向洋行售卖茶叶的权利

（1）要求每个洋行做出相关承诺。洋行的承诺，体现在茶业公会与洋行签订的各种章程中，主要包括洋行不得收买私茶、过磅及时付银等项。在 1875 年、1891 年和 1915 年签订的过磅付银章程里，洋行郑重承诺两点内容：一是他们购买茶叶必须从上海茶业公会会员茶栈处购买；二是签订交易合同后，三周内必须过磅，过磅后四天内必须支付银两。④ 从茶栈要求洋行履行“过磅即付银”承诺的行动中，我们可以看出茶栈在与洋行、买办分享利益时存在的冲突。洋行延期付款，固然可以通过拖延时日进行“吃息”，茶栈也可坐享利息收入。但茶栈在坐享利息收入与洋行早日将货款交到其手中以获取资金周转方面，茶栈更看重早日获取周转资金给其带来的“好处”。对于不遵茶业公会会章的洋行立即采取集体抵制，停止与其交易，例如，“前讬律师致函，请由洋商直接付银，克昌洋行呈有意拒绝，决议通知各栈，此后勿再送样交易”⑤。

---

① 《茶商易规》，《申报》1879 年 6 月 1 日。

② 《北华捷报》1850 年 8 月 24 日，第 15 页。

③ 《茶业章程》，《申报》1883 年 5 月 9 日。

④ 《光绪九至三十四年、宣统元年茶叶会馆的清单，光绪十四年、十七年和 1915 年各洋行签名“保险”“过磅收银”等章程珍藏等文书》，1883—1915 年，上档：S198—1—2。

⑤ 《茶业会馆议事录一》，1926 年 6 月 14 日，上档：S198—1—12。

（2）洋行与会员茶栈交易，需要会员茶栈介绍。介绍的内容主要包括洋行的开设位置，洋行是否承诺遵守上海茶业公会章程，买办的身份及资格等。例如，上海茶业公会集体做出的表决，“永盛昌、协慎祥介绍源生洋行与各栈交易通过，复函永、协两栈向司年处领签字单赴该行签字后，报告会馆，通知各栈送样交易”[①]。又如“是日议裕隆洋行开设苏州路127号4楼，购买茶叶，愿遵守本会会章，现照章由源丰润、忠信昌两栈来函介绍，一体通过，应俟该行正式签字，即通知各栈，以便送样交易”[②]。由此可见，洋行要想与茶栈保持交易就必须遵守茶业公会的会章。

（3）对私自交易的洋行，实行集体惩罚。如果洋行私下与非会员茶栈交易，在获知确实信息的情况下，上海茶业公会常会采取集体与洋行停止交易的行动。例如，“茶叶同业公会的人在事前不作任何通知的情况下，突然停止了一切茶叶贸易，他们认为通过这种方法就可以推行某些新的规则”[③]。又如“凡包装茶只准会内十九家茶栈接办，再行通告各洋行，违者全体抵制，概不送样交易”[④]。如果洋行遭到上海茶业公会的集体惩罚后，想与会员茶栈恢复交易的话，必须情愿赔偿损失，而且必须经上海茶业公会的表决，否则不能恢复交易，“富林洋行如愿赔偿，并偿还谦益茶栈的欠款，可通融送样”，但议决结果是“关于富林洋行，投筒表决，赞成者投白珠共五枚，反对者投黑珠共十二枚，否决”。[⑤] 为了保证茶叶品质，洋行在一定程度上也认同茶栈垄断货源，对此做了妥协，前提是茶栈对于成交后的茶叶品质、数量发生纠纷要负一定责任。有必要指出，茶栈保证茶叶品质是基于茶商提供现有品质的基础上，而非促进茶叶品质的提升。

2. 控制货源和阻止私茶流入

（1）通过放款垄断代售权。以上海茶叶外销市场为例。根据经营不同产地的茶叶划分，上海茶栈分为平水帮、徽帮和广帮。平水帮经营浙江绍兴等地的绿茶，以平水镇为中心；安徽帮经营祁门红茶和屯溪绿茶。茶

---

① 《茶业会馆议事录三》，1928年8月10日，上档：S198—1—14。

② 《洋庄茶业公会议事录一》，1931年9月12日，上档：S198—1—16。

③ 李必樟编译：《上海近代贸易经济发展概况：1854—1898年英国驻上海领事贸易报告汇编》，上海社会科学院出版社1993年版，第735页。

④ 《茶业会馆议事录一》，1926年5月7日，上档：S198—1—12。

⑤ 《茶业会馆议事录一》，1926年4月10日，上档：S198—1—12。

号往往自有资本很少，大多数是借贷上海等地茶栈的资本进行经营。每年初春茶栈派人到平水、祁门等产茶区，携带银票向茶号拆放贷款。较多的买进，意味着上海茶栈有更大的获利可能。为此，茶栈都极力放款，所放之款额常常是自身资本的十数倍。茶栈向茶号放款名为信用放款，实则为抵押放款，多以箱茶作抵，所抵之茶存入茶栈指定的堆栈存放，其栈单由茶栈保存。通过放款，控制售茶权，上海茶业公会第一次会章就作了制度规定。通过上面所述之制度安排，上海茶业公会垄断了从收购到销售的经营。

（2）根据市场行情和博弈需要，控制市场供给。茶栈的佣金是按照货物总市值的一定比例提取的，故该项收入的最大化，不仅取决于售卖数量，而且还要有合理的价格才能实现。当市场价格对茶栈该项收入不利时，茶栈就会控制售卖数量，以求有利于实现其最大化利益的价格。为稳固对茶栈有利的价格，茶业公会通常会采取统一行动，要求会员茶栈不得代售拉低市场价格的二道茶和三道茶，而把稳固价格的希望寄托在头道茶身上。例如，1887 年汉口茶业公所采取果断行动，“停办二春子茶，勉致折耗成本且防拖累市面”[①]。有时，为了使价格有利于自己，甚至控制头道茶售卖数量。例如，“闻茶栈之业平水茶者与掮客商议本年售平水茶十四万箱为止，不知曾核定与否？而山上所产之茶则有十七八万箱之多，果尔则西商大为喜悦，何则？茶之出洋者少，则获利可以操券也；然山户余下三四万箱无从出售，岂不大苦？”[②] 1917—1921 年，由于世界茶叶市场对华茶消费疲软，中国政府与苏俄断交，致使与苏俄的贸易中断，更由于之前几年茶栈囤积投机，造成上海、汉口等地积压大量茶叶。上海茶业公会为维护对其会员有利之价格，于 1920 年决议茶商必须停办红茶，以期疏通，并于 1921 年再次发文警告内地茶商，“惟恐同行视为具文，破坏成议。故于上星期五在茶叶会馆特开会议，议决须维持原议，并定严厉对付手段，借以警惕同业，并要求各茶栈团体勿再跌价”[③]。

当市场价格对其有利时，茶栈则降低放款条件，扩大控制货源数量，“近十余年来沪上茶栈日增，以贪多箱额争接客号之故，茶栈所放水脚遂

① 《汉茶续信》，《申报》1887 年 5 月 23 日。

② 《茶市述闻》，《申报》1892 年 8 月 11 日。

③ 《一星期之茶市》，《申报》1921 年 4 月 1 日。

各从宽。今年来益复加滥，只要有一茶号，并不问其有无资本，多少箱额，竟随意付用，甚至有未定设号与否，亦劝设备至"[①]。除根据市场需要控制货源之外，各地茶业公会也根据与洋行博弈需要而控制供给数量，以迫使洋行接受其主张的贸易规则。这点在华茶贸易制度构建过程一节中已有论述，不再赘述。

（3）极力制止私茶流入市场。从上海茶业公会会议记录里可以判断，茶栈至迟于 19 世纪 80 年代，即有制止私茶流入的规定。[②] 私茶流入主要有两个途径：①被偷窃的茶叶。针对这种情况，茶业公会出面督促相关行栈小心看守，并以公会的名义聘请律师督促巡捕房从严缉拿，登报声明各土庄和茶栈勿要收买，应及时报告公会，否则将受重罚。如"恒益乃偶不小心，宽免议，责成恒益将茶款如数收交会馆。以后如再有代售来路不明箱茶之栈，查确，仍以四月十六日议案，摈出会馆"[③]。②内地茶商欲偷卖给洋行的茶。茶业公会一旦确认洋行偷买私茶的信息是真实的，即命令所有会员与该洋行停止交易。如公会决议"通知各洋行，除我十七家团体外不准向别栈交易，否则一律停止送样"[④]。

（二）业务和资金捆绑：实现共赢

考察内地商人与洋行不发生直接交易的原因之后，我们接下来分析洋行、买办与茶栈三者实现共赢的途径与方式。以上海茶叶外销市场为例。

在考察上海茶叶市场交易主体时，令人产生兴趣的是茶栈开设者的双重身份。笔者统计了 1883—1937 年间上海茶业公会会员茶栈名称及家数，根据统计发现上海茶业公会的会员茶栈呈现出以下几个特征：（1）茶栈数量多维持在十几家至二十几家，大多数年份维持在十七八家；（2）大多数茶栈能够稳定存活于市场；（3）茶栈所属的帮别比例比较稳定；（4）茶栈开设者具有双重身份的情况非常普遍。限于资料有限，笔者不能把茶栈开设者的双重身份给予较为完整的考察，只能统计部分主要茶栈的情况。

---

① 《拟改良徽州茶业意见书》，《申报》1914 年 7 月 3 日。

② 《光绪九至三四年、宣统元年茶叶会馆的清单》，1883—1915 年，上档：S198—1—2。

③ 《茶业会馆议事录一》，1925 年 4 月 26 日，上档：S198—1—12。

④ 《茶业会馆议事录一》，1925 年 12 月 10 日，上档：S198—1—12。

表 3-1　　近代上海部分茶栈、买办与洋行关系

茶栈名	成立年份	股东	组织形式	资本额	股东所属洋行	帮别
和生祥	1867	郑观应等	合伙	不详	宝顺洋行	广帮
宝源祥	1868	徐润等	合伙	不详	宝顺洋行	广帮
谦慎安	1868	唐廷枢等	合伙	不详	怡和洋行	广帮
洪源永	1900	洪孟盘等	合伙	4 万两银	不详	徽帮
忠信昌	1907	陈翊周	独资	10 万两银	苏俄协助会	广帮
震和	1909	朱葆元	独资	1 万两银	永兴洋行	平水
同裕泰	1920	沈锦伯	不详	1.2 万元	不详	广帮
永盛昌	1903	丁家英等	合伙	5.6 万元	保昌洋行	徽帮
永兴隆	1923	卓君谱等	合伙	5.6 万元	福时洋行	广帮
乾记	1922	胡德馨	独资	3 万元	不详	徽帮
公升永	1925	鲍达扬等	合伙	5.6 千元	同孚洋行	徽帮
益隆	1926	李震等	合伙	3 万元	锦隆洋行	广帮
怡泰	1926	陈秉文等	合伙	4 万元	不详	平水
慎源	1927	丁家英等	合伙	7 万元	保昌洋行	徽帮
仁德永	1928	王余三等	合伙	4 万元	不详	徽帮
协泰	1929	叶世昌等	合伙	4 万元	不详	平水
昇昌盛	1930	丁家英等	合伙	4 万两银	保昌买办	徽帮
协隆	1934	胡雨湘	合伙	3 万元	不详	不详
洪源润	1937	洪味三等	合伙	20 万元	不详	徽帮
宁慎记	1937	宁蔚廷	独资	4 万元	不详	不详

资料来源：①《上海市商业储蓄银行之茶叶调查报告 1934—1940》，上档：Q275—1—1996—1；②《上海茶业公会议事录》，上档：S—1—198；③《上海之茶业》，《社会月刊》第 1 期，1930 年。

具有洋行买办与茶栈股东双重身份者的普遍存在，有利于洋行、买办与茶栈结成稳定的利益共同体。那么，这三者之间是如何实现这种关系的，或者说他们是如何取得共赢与共识的呢？又是通过怎样的途径实现共赢的？在剖析这些问题之前，需要就使用的资料作一点说明：在论证洋行、买办与茶栈三者利益共享及其均衡时，由于受限于资料，所用资料有一部分集中于 20 世纪二三十年代，这主要是由于茶业公会会议记录里仅保留了这个时期的资料，但从会议记录及《申报》《北华捷报》等史料里可见，茶业公会的主要制度安排在 19 世纪七八十年代即已基本构建完成。

为此，使用这些材料并不妨碍我们关于华茶对外贸易制度对中国茶业衰落的影响分析。洋行、买办和茶栈是通过以下两种途径来实现利益共赢的。

1. 业务绑定

在上海、汉口和福州等茶叶市场，栈售交易成为中外茶叶交易最主要的方式。鉴于茶栈股东双重身份普遍存在的现象，我们有如下逻辑推理，即作为洋行的买办注定在栈售茶叶时会优先考虑自己所属茶栈的货源。郝延平指出的“买办还可以作为独立商人，以本人的名义来经商致富。他们可以利用买办的职权，以种种方式开拓自己的业务”①。在华茶对外贸易中即是如此，“上海茶业之组织分为三部，生产家、承办人、输出商，而承办人又分为买办和茶栈二种。买办又分为二，一立于生产家与茶栈之间，二立于茶栈与输出商之间。盖生产家各以其所制之茶托第一种买办，以委诸茶栈，茶栈更委托第二种之买办，以售诸输出商。输出商则用买办向茶栈购置自己所需之货”②。

同时，由于开设茶栈的买办资金雄厚、人脉广等因素，他们常常成为行业领袖。例如，创办上海茶业公所的七个董事中，就有开设茶栈的买办唐廷枢、徐润和唐翘卿三人，“同治七年戊辰，是年上海创办茶叶公所……唐景星、卢际周、梅子馀、姚筠溪、叶仕翘、唐翘卿并余均充董事”③。买办身份的双重性，使整个茶叶出口走上买办化之路。④ 拥有双重身份的茶栈具有雄厚的实力，如民国时期茶业公会老领袖、俄国协助会买办陈翊周独资开设的忠信昌，“该栈历史悠久，根基稳固，在洋庄茶栈中，堪称巨擘”⑤，只有具有较大实力的洋行才能在业务关系上与之对等。经营规模的大致对等给我们认识这种业务绑定关系提供了逻辑支撑。

2. 资金绑定

进入 19 世纪 70 时代，茶栈资金越来越依赖钱庄周转，而钱庄资金又多向外国银行与洋行周转。“大凡新创一栈，各钱庄莫不纷纷送折一二万

---

① ［美］郝延平：《十九世纪的中国买办：东西间桥梁》，李荣昌译，上海社会科学院出版社 1988 年版，第 115 页。

② 《中国制茶业之情形》，《商务官报》1906 年第 22 期。

③ 徐润：《徐愚斋自叙年谱》，江西人民出版社 2012 年版，第 21 页。

④ 汪敬虞：《唐廷枢研究》，中国社会科学出版社 1983 年版，第 64 页。

⑤ 《上海市商业储蓄银行之茶叶调查报告 1934—1940》，上档：Q275—1—1996—4。

或三四万”①。他们通过资金的链条实现“合作”的共赢。当外在因素危及一方利益时，他们会彼此“照应”，如1927年中苏断交，协助会开户行远东银行被封，致使协助会不能提款清付计200余万两茶款，上海茶业公会致信上海总商会转函中央特清查远东银行委员会要求给予协助会账户解冻，否则“一旦关闭于敝业所受影响甚巨”②。由此，我们可以看出，开设茶栈的买办充分利用自己的双重身份，将自己茶栈业务、交易资格、资金融通等与洋行实现绑定，以实现三者的利益共享。

（三）共赢的提前：达成“共识”

洋行垄断出口居于有利地位，在茶叶过磅、货款支付等方面具有主动优势。例如，茶号向洋行售茶，由洋行、茶栈各出一人会同货主一起过磅，货主担负过磅费用。起初，洋行在过磅时常借口掺假或不足，要求“磅亏五磅”，经内地茶商的极力反对，洋行与茶栈最终约定“二五磅亏”作为各方共同遵守的商业习惯而被固定下来，“每二五箱，每箱明丢一磅，一五箱丢半磅，以符外洋之例，兼示怀柔远客之情”③。又如，1873年，内地茶商要求洋行“货既过磅，须即行结账”，洋商恃强不理，反诬华商“其意不善，其事难行”④。洋行延期付款，茶号借款不能早期归还，茶栈就可借口推称货款未到，坐享更多的利息收入。同时，有些洋行付款不是按每一批次交易结清，而是合“整批整付”，不指明某号某单位，这样茶栈就可以将所结清的货款为之周转。⑤ 共同的“好处”使洋行与茶栈达成“共识”，当然，这种“共识”是茶栈与洋行长期博弈的结果。从19世纪70年代到80年代，汉口茶业公所的活动呈现出两个显著性特征：一是规章法令化，或者说希望将互相认同的贸易行为规范编纂成文。二是理性主义的适应态度。⑥

此时期的上海茶业公会更是走在汉口茶业公会前面，上海茶栈“则有茶业会馆以为机关……凡外国商馆即输出商者与茶栈之间倘有纷议，即以

① 《茶业有关国课议》，《申报》1889年11月21日。

② 《茶业会馆议事录二》，1927年7月5日，上档：S198—1—13。

③ 《茶业章程》，《申报》1883年5月9日。

④ 《论丝茶公立新规宜从事》，《申报》1873年5月17日。

⑤ 吴觉农、范和钧：《中国茶业问题》，商务印书馆1937年版，第188页。

⑥ ［美］罗威廉：《汉口：一个中国城市的商业和社会（1796—1889）》，江溶、鲁西奇译，中国人民大学出版社2005年版，第174页。

此为裁决机关”[①]。而茶业公会裁决的依据则是其与洋行达成的一系列“共识”，如光绪元年（1875 年）达成的“过磅即付银”、光绪十四年与洋行达成关于“各洋行签名保险章程”、光绪十七年达成“各洋行签名过磅收银章程”、民国四年又重新确定了“各洋行签名过磅收银章程”等协议。[②] 他们在这些方面形成的“共识”，长期深刻地影响着华茶对外贸易的进程。

三　共同体内部的利益均衡

利益共同体参与者的利益最大化是在约束条件下实现的，这些条件是各方博弈的结果，也是他们经济行动的规则。当然，基于贸易规则形成的信念也很重要，因为要使利益共同体成员遵守贸易规则，必须有激励，这是制度存续下去的基本理由。正如 E. 赫尔普曼有关信念重要性的论述，“首先，即使是处在正式制度中的人，要使他们遵守规则也需对他们进行激励；其次，一些制度是非正式的，只有人们相信行动能带来明确的报酬或惩罚，这些制度才能存续下去”[③]。洋行、买办与茶栈在分享利益时也会存在冲突，比如茶栈主要收入之一的佣金是按照成交额的 2%抽取，成交数额不仅取决于量，也取决于价。在量上，茶栈有垄断货源的激励，在与洋行议定价时也存在激励。由于洋行在购买茶叶时操纵价格，当价格压得过低时，不仅会致使茶商受损，茶栈收益也会减少，更重要的是茶商也有可能因此而破产，导致茶栈无法顺利收回所贷放的资金，增加了风险。当茶栈利益受到损害时，上海茶栈公会是如何应对的呢？更重要的问题是，如何使具有出口权和定价权的洋行遵守贸易的规则？他们是基于怎样的信念？

为提高谈判能力、迫使洋行遵守规则，公会将控制货源和集体抵制作为博弈的最主要手段。逻辑上，如果非会员私自与洋行交易，所售价格会比会员的价格要低廉，如果有大量非会员与洋行交易，茶价自然会被压得更低。如果大量非会员与洋行单独交易，会员茶栈的利益无疑会受到损

---

① 《中国制茶业之情形》，《商务官报》1906 年第 22 期。

② 《光绪九至三十四年、宣统元年茶叶会馆的清单》，1883—1915 年，上档：S198—1—2。

③ ［美］E. 赫尔普曼：《经济增长的秘密》，王世华、吴筱译，中国人民大学出版社 2007 年版，第 104 页。

害，同时失去谈判的主动权。为维护自身利益，茶栈采取了集体行动的策略。曼瑟尔·奥尔森认为：小集团比大集团更容易组织起集体行动；具有选择性的激励机制的集团比没有这种机制的集团更容易组织起集体行动。[①] 诺思也指出："当个体间重复交易、相互了解且交易团体规模较小时，我们通常能在其中观察到合作行为。"[②] 上海茶业公会对洋行采取的策略，正是这些理论的体现。

为较好地说明这些问题，笔者建立一个尽可能符合历史史实的假设模型：（1）即使上海茶业公会的会员相信与它交易的洋行是诚实的，也会参加集体惩罚行动中去；（2）上海茶业同业公会内部能够获得准确的信息，以保证集体惩罚的可行性；（3）由于集体惩罚把惩罚的洋行在未来与之交易获益的预期与保持洋行诚实的接受不与非会员交易的承诺联系在一起，因此是一种自我实施的机制；（4）信息获取是及时有效的，假如每个洋行和茶栈可以永久存在，需要不断地重复博弈；（5）洋行注重长期的预期收益。假设某洋行面临着收取私茶的机会，这样该洋行有如下四种策略组合，而会员茶栈只存在卖或不卖两种策略，具体的博弈矩阵如图3-1所示。

		会员茶栈	
		卖	不卖
洋行	会员茶和私茶都买	(l_1, k_1)	(l_2, 0)
	只买私茶	(l_2, 0)	(l_2, 0)
	只买会员茶	(l_3, k_2)	(0, 0)
	会员茶和私茶都不买	(0, 0)	(0, 0)

图 3-1 洋行与会员茶栈的支付矩阵

在一期博弈中，当茶栈不抵制，即卖茶，如果洋行采取的策略是同时购买私茶和茶栈的茶，洋行的收益为 l_1，会员茶栈的收益为 k_1；如果洋行采取的策略是仅购买私茶，其得益为 l_2，会员茶栈的收益为0；如果洋行采取的策略是仅购买茶栈的茶，其得益为 l_3，会员茶栈的收益为 k_2；如果

① ［美］曼瑟尔·奥尔森：《集体行动的逻辑》，陈郁、郭宇峰、李崇新译，上海三联书店、上海人民出版社1995年版，译者序。

② ［美］道格拉斯·诺思：《制度、制度变迁与经济绩效》，杭行译，格致出版社、上海三联书店、上海人民出版社2008年版，第16页。

洋行不购茶，其得益为0，会员茶栈的收益为0。显然$l_1>l_3>l_2$，$k_1<k_2$，原因是私茶价格低廉，但量少且不稳定，如果只购买私茶，洋行收益l_2最低；与洋行只购买茶栈的茶相比较，洋行同时购买私茶和茶栈的茶，可以低廉的价格获取更多的茶，显然$l_1>l_3$。当洋行同时买会员茶和私茶时，茶栈卖茶量小价廉，而洋行只买会员茶时，茶栈卖茶量大价高，显然$k_1<k_2$。在一期博弈中，洋行与茶栈之间的纳什均衡结果为（l_1，k_1）。但是，在无穷期博弈中，会员茶栈有动机对洋行购买私茶的行为作出抵制（集体停止与其交易）。假设洋行对未来预期的折现因子ζ足够大，同时茶栈的策略为：只要发现洋行购买私茶，便会联合其他会员茶栈集体抵制，停止与其交易。在这种情况下，洋行如果在购买会员茶的同时还购买私茶，其平均收益为：$(1-\zeta)\cdot l_1+\zeta\cdot l_2$；当洋行坚持仅购买会员茶栈的茶时，其得益为$l_3$；如果$l_3\geqslant(1-\zeta)\cdot l_1+\zeta\cdot l_2$，即只要$\zeta\geqslant(l_1-l_3)/(l_1-l_2)$，那么，洋行便会一直购买会员茶栈的茶。由于$k_1<k_2$，会员茶栈有激励对购买私茶的洋行进行抵制。因此，洋行每期均会只收买会员茶栈的茶，否则即会引起会员茶栈的集体惩罚，停止与其交易。所以，在关注长期收益时，洋行与会员茶栈之间的纳什均衡结果为（l_3，k_2）。

上述模型揭示了上海茶业公会的集体行动机制的内在机理。正如日本学者青木昌彦所指出的："制度是关于博弈如何进行的共有信念的一个自我维持系统。这样的制度就是以一种自我实施的方式制约着参与人的策略互动，并反过来又被他们在连续变化的环境下的实际决策不断产生出来。"[①] 上海茶业公会对洋行实施的集体行动机制，正是这种理论的体现。以此，公会对洋行偏离"妥协"之协议时，特别要求内部成员团结一致，"吾业茶栈凡入会馆同行者，遇有内外交涉事件，向由本会馆办理，其不入会馆同行者，倘有事故，概不预闻"[②]。通过上述模型刻画，不难看出，基于长期博弈的结果，洋行与茶栈实现了利益的均衡。

第四节 垄断之利的保障：茶业公会制度化管理

从现代意义上讲，企业在行业中的准入与退出管理是由政府主管部门

① ［日］青木昌颜：《比较制度分析》，周黎安译，上海远东出版社2001年版，第28页。

② 《茶业会馆公告》，《申报》1909年7月25日。

主持的。但在近代晚清、北洋政府时期，政府干预市场的能力是微弱的。对于商家或企业的申请与注册，几乎都仅仅只是备案而已，并不进行较为深入的资格审查和信息确认。正如杜恂诚教授指出的：“在政府很弱的集体主义社会中，行业协会组织一度担当起了准入与退出的历史责任。”① 从一条信息可以反映出政府部门对商家信息的管理缺失。1935 年 9 月上海第一特区地方法院向上海茶业公会询问“土庄”与“洋庄”两种茶庄有何性质区别，可以看出政府部门对于茶栈商家的信息和性质并不掌握，何谈官方监管与市场秩序维护。当然，即使现代国家由政府颁布并执行法律、设置机构来规范经济行为，但是这些法律也很少能规制交易与合约的所有细节方面。因此，大部分商业交易都借助非正式制度安排来进行。

由于官方相应机构的缺失和法律缺乏可操作性之原因，为一些具有市场强权的组织、企业主导市场制度的构建提供了机会。为实现垄断之利，同时增强与洋行谈判能力，近代中国各地茶业公会建立了一系列制度化管理的具体举措。同样，以上海茶业公会为例。

一 准入、变更与退出管理

（一）会员的准入与保证制度

会员准入是上海茶业公会进行管理的起点，也是其他管理制度的起点与基础。上海茶栈历来不多，常保持在十几至二十多家。由于上海茶栈垄断代售权，要想经营茶叶贸易，新设茶栈必须参加茶业公会，“会馆系三十六年前，即同治九年时创立……苟欲为茶栈而售其制茶于输出商者，非经会馆允其加入，不得为是营业也”②。公会成立之初，新设茶栈欲加入公会需“助会馆公费银一百两，送酒八席，编入堂薄，遇事一体照料”③。一般情况下，新设茶栈要经历如下流程，方能加入茶业公会：第一，新设茶栈要入会馆，须有同业的两家茶栈予以介绍，并得到茶业公会的承认，方为合格。第二，依据茶业公会会章，公会召集会员茶栈分投黑白子表决，实行多数通过办法，超过一半认可，方为合格会员。第三，允许通过

① 杜恂诚：《近代上海钱业习惯法初探》，《历史研究》2006 年第 1 期。

② 《中国制茶业之情形》，《商务官报》1906 年第 22 期。

③ 《上海茶业会馆规条》，彭泽益《中国工商行会史料集》，中华书局 1995 年版，第 590 页。

的会员茶栈需要签字承诺遵守会章，并交纳会费、保证金等以后，方可成为正式会员。①

第一条主要涉及申请入会的茶栈要履行注册登记的手续，申请入会的茶栈首先要把自己的地址、经理人姓名、资本数额、股东姓名等信息，翔实地告诉愿意介绍其入会的会员茶栈，由会员茶栈写出具体的报告提交公会，由公会讨论。第二条主要指新入会员的准入审批。准入审批，实行黑白子表决、多数通过的原则。申请入会会员合格与否，没有具体的制度、规则安排与要求，只注重股东、经理的信誉。第三条是公会通过申请者的申请以后，不但要求申请者签字承诺遵守会章，还要申请者缴纳不菲的会费与保证金，“自明年起，入会费需交三百两，保证税三百两存会馆，向章周息六厘”②。废元改两后，且随着风险和不确定因素增多，茶业公会又对会费及保证金额度做了调整，“自二十二年起，凡新入会者收入会费2000元；各栈交即期洋2000元，交本会保存，以资信守到会，诸公悉行签字”③。此时，保证金不再交由茶业公会保管，而是作为专款存于银行或钱庄，唯存款单据交由司年保管。保证金征收的主要目的是防范会员茶栈违反会章的交易行为，对违反者实行经济罚没。颇高的入会会费及保证金，一定程度上提高了茶栈加入茶业公会的门槛。同时，茶业公会利用对保证金的管理使会员茶栈倍加珍惜自己的会员资格，并且提高了惩罚违反公会会章和交易习惯行为的能力，大大降低了扰乱茶栈内部竞争秩序的行为。

对不想缴纳高昂的会费及保证金，而又想成为会员茶栈者，即使想依照法律手续加入公会，上海茶业公会依据公会会章进行抵制。1931年，安徽茶商郑子伦等人去函上海茶业公会，愿意依照法律手续加入公会，上海茶业公会作出决议：“本会成立已有六十余载，向来茶栈开业之始，即捐会费为永久会员，去年本会改组，即依照向章呈请市党部、社会局及函请市商会派员监视选举执委，应即复函郑君拟加入本会，实难从命。”④抵制的终极目的就是维护公会会员垄断茶叶交易、维护同业的交易秩序，

---

① 《茶业会馆议事录一》，1925年12月10日，上档：S198—1—12。

② 《茶业会馆议事录一》，1925年6月7日，上档：S198—1—12。

③ 《洋庄茶业公会议事录二》：1933年12月16日，1934年8月2日，上档：S198—1—17。

④ 《洋庄茶业公会议事录一》：1931年9月19日，上档：S198—1—16。

专享其固有之利。

（二）会员茶栈信息变更的制度安排

茶业公会对申请入会的新设茶栈设立了准入门槛，而对会员茶栈的一些信息变更，如正式会员的股本、牌号、加记、经理人等信息的变动，也做了制度安排，即要求会员茶栈将上述信息的变动向公会报告。这些规定对茶业公会了解会员的信息变化，加强对会员经营的管理、协调会员的业务关系、采取一致的同业政策，维护同业会员竞争秩序是十分必要和有效的。

随着华茶在国际市场上竞争力的下降，为摆脱经营的困境，茶业公会内部成员之间的业务竞争加剧，存在交易秩序违反会章的行为。为此，会员茶栈改牌、加记、股本以及经理人变更等情况，都需要报告公会，由公会召集会员进行决议。1925 年 6 月 7 日上海茶业公会做出决议："自明年起，入会费需交三百元，改牌费 150 两；加记与改牌同。"[①] 同时，茶业公会通过提高会费、保证金、改牌费、加记费等，来加大会员茶栈违规的成本。1933 年又议决："本会自二十二年起，凡新入会者会费 2000 元，改牌费 1000 元，加记收费 500 元"，[②] 征收改牌费和加记费的目的是对会员茶栈进行监督；这些都体现上海茶业公会对会员茶栈加大了监管力度。

（三）停业、退会的制度安排

相对于准入与变更而言，上海茶业公会对会员茶栈的退出的制度安排，则较为简单，这主要是由于茶栈自我经营的账目所决定的。由于上海茶业公会会员共同垄断了上海外销茶叶市场的交易，退出意味着会员茶栈只有经营不善或无意经营茶叶交易才提出退会申请。只要会员茶栈在退出公会前结清所有"人欠"和"款"的账目后，茶业公会通过理事会和监事会的联席会议决议通过即可。

二 对会员茶栈的督导与惩戒

在市场实际操作层面中，会涉及统一标准的问题。统一标准非单一茶栈或洋行所能独立完成，而是需要在实际交易中逐渐形成而完善的。统一

---

① 《茶业会馆议事录一》，1925 年 6 月 7 日，上档：S198—1—12。

② 《洋庄茶业公会议事录二》：1933 年 12 月 16 日，上档：S198—1—17。

的标准或行动需茶业公会对其会员具有督导、惩戒与协调的功能。

（一）督导功能

督导、惩戒是相互联系的，督导会员遵守会章是目的，惩戒是手段。所谓的督导，如同杜恂诚教授所指出："所谓督导，就是督促、引导的意思。要求入会同业履行规则，是督导的主要涵义。"① 上海茶业公会的督导功能主要体现以下几方面。

1. 制约偷茶和私下收买

上海茶栈到内地买茶，往往通过水路，同时需要经过洋行或仓栈公司的栈房，箱茶经常被偷，被偷之茶常被私下交易。为制约偷茶和私下买卖，上海茶业公会早在最初的会章（1870 年）中，即有明确规定，"栈家背众成交，私受扣除，察出议罚"②。另外，上海茶业公会还要求洋行、仓栈公司严加看管，一旦茶叶被偷，他们必须迅速报告巡捕房要求破案，并且登报声明。上海茶业公会对违反会章私下买卖茶叶的会员茶栈的惩罚非常严厉，例如，"切勿收买来历不明之茶，即使有提单，但不能结售，如有违此条例者，摈出会馆"③。在本次会议上，公会还决议对不小心收买来路不明之茶的恒益茶栈宽免议，责成恒益将茶款如数收交会馆。

2. 督导各项规则的执行

上海茶叶出口长期主要由洋行出口，洋行在制定价格、付款和过磅称量等方面具有操控权力。洋行经常通过买办在收购茶叶交易中巧取豪夺，形成陋规，主要有以下几种经常行为：装船银子（即茶叶装船后再付货）、压低收购价格、九九五扣息、吃磅（即克扣重量）、样茶（强取样品）、代办费用、浮支等。尤其以吃磅付银等事较为经常。对于严重违反章程的洋行，上海茶业公会在最初的会章中明文规定，全体会员必须停止与违约洋行的一切交易，"凡与外国商号之间有悬而未决的诉讼，本会成员不得与其交易：若要恢复这种交易，须待该案获得裁决之后"④。上海茶业公会分别在 1891 年、1898 年和 1915 年三次对违反 1875 年与洋行达

① 杜恂诚：《近代上海钱业习惯法初探》，《历史研究》2006 年第 1 期。

② 《上海茶业会馆规条》，彭泽益：《中国工商行会史料集》，中华书局 1995 年版，第 590 页。

③ 《茶业会馆议事录一》，1926 年 4 月 16 日，上档：S198—1—12。

④ 《上海茶叶行会》，彭泽益：《中国工商行会史料集》，中华书局 1995 年版，第 21 页。

成的有关过磅付银事项的协议做出修正。其中，重要的一项就是对违反该项会章的茶栈进行惩罚的规定，如 1898 年就规定“倘仍有迟延过磅，及滞付价银之洋行，即由该栈通报会馆，立出知单，关照各栈，通知之后，即与该洋行停止交易，概不发样。倘有隐匿不报会馆者，一经查出，罚银一百两。如既有会馆通知，仍阴奉阳违，私与该行交易者，是有意违规，贪做生意，罚银一千两”①。又如，1926 年茶业公会就违反“过磅付银”章程规定的直接付银与茶栈不得由买办过付的克昌洋行形成决议：“决照馆章办理，并坚决直接付银与茶栈，如仍须由买办过付，宁可停止交易，此为顾全大局，实行馆章起见，请各栈切勿暗中通融。”②

3. 对茶栈放款的督导

如上所述，上海茶栈对内地茶号放款是其获取专售权利的根本。如果各家茶栈放款各自为政，会存在很大风险，包括茶栈之间的冲突和茶号通过改牌、不清所欠等行为进行投机。在 1870 年上海茶业公会会章中，对茶栈放款即作出如下规定，“各栈亦宜慎重，毋得滥放”③。在放款过程中，上海茶业公会不断加大对会员茶栈的督导和惩戒。1920 年，祁门红茶积压甚多，上海各家茶栈的放款不能及时回收。为控制风险，上海茶业公会决议所有茶栈不得私自放款，否则“所有陈茶损失应由该茶栈负完全责任，各茶栈均已签字”④。

随着放款风险的加大，1926 年，上海茶业公会推行了更严格且更谨慎的放款制度，“公议丁卯年祁门、浮梁、秋浦、修水、武宁、九江、婺源、屯溪、徽州、遂安、深渡、玉山、温州放汇接客章规共同遵守，违者罚银 1000 两，并摈出会馆”⑤。丁卯新章的制定和“前不清后不接”与“代扣货款”原则的确立，证明了上海茶业公会的明智，后来的实践证明这些放款制度和原则的确立在引导、督导会员茶栈规避风险、维护交易秩序、调节交易冲突等方面起到了很好的作用。

---

① 《上海茶业会馆规条》，彭泽益：《中国工商行会史料集》，中华书局 1995 年版，第 591 页。

② 《茶业会馆议事录一》，1926 年 6 月 2 日，上档：S198—1—12。

③ 《上海茶业会馆规条》，彭泽益：《中国工商行会史料集》，中华书局 1995 年版，第 590 页。

④ 《华茶叶之悲观》，《申报》1921 年 1 月 4 日。

⑤ 《茶业会馆议事录二》，1926 年 11 月 30 日，上档：S198—1—13。

4. 对收取佣金等事的督导

佣金是茶栈最主要的收入来源之一，佣金比例由公会共同决议制定。早在1870年的上海茶业会规中，对佣金即有明确规定：“（红茶佣金），两湖七钱，江西七钱一分五厘，栈用通事及捆藤费在内。凡我各栈，如有暗贴媚客之弊，察出从重议罚。（绿茶佣金）除去税饷，客家领用水脚者，连通事九七控用；不领水脚者，连通事九七控用。今遵旧章，各栈皆当划一。倘有违议，察出照红茶例议罚。”[①] 1931年，上海茶业公会决议：“从本年起向客收佣每值千两以三十两为准为通事佣金，客方回佣100两为栈佣；自决议后一致遵守，本决议案照样六张，除一张交存公会外，同业会员各执一纸以资信守。”[②] 上海茶业公会在督导会员方面，涉及的内容还有很多，在其他部分章节有所涉及，在此不多叙述。

（二）惩戒功能

惩戒是上海茶业公会约束会员、保证会章有效管理的最重要的环节之一。对违反同业规章制度的会员进行惩戒，是维护同业信用、保障交易有序进行、协调统一行动的有力保证。没有得力的惩戒机制，何谈维护会员利益、对抗洋行势力、消弭欺骗？上海茶业公会对会员违反规章制度的惩罚有道德责骂、道歉与罚款、摈出公会等几种方式。

道德责骂，可谓惩罚至极，而且是通过集体决议的方式作出的。例如，1925年上海爆发了反对英国的爱国运动，商人也以罢市的方式进行响应。上海茶业公会作出决议参加罢市，致使茶市停顿十来日，积货甚多。罢市后，茶业公会作出决议：按照先送样品者先交易的原则与洋行进行交易，并发通告于各栈不得违背，如有不遵会章行事而被人查出者，即以畜类骂之。结果协慎祥茶栈违反公会决议，与新太洋行违规交易，公会决议对协慎祥提出质疑书骂之。[③] 责骂意味着同业全体的集体对违反会员的彻底否定，结果自然是对违者共弃之，这对视信誉为根本且极要面子的近代中国商人而言，是极为惩罚的威慑，故很少有会员茶栈违反这一决议。

对违规会员茶栈的惩罚更多的是罚款。从上海茶业公会最初制定的会

---

① 《上海茶业会馆规条》，转引自彭泽益《中国工商行会史料集》，中华书局1995年版，第589页。

② 《洋庄茶业公会议事录一》，1931年9月19日，上档：S198—1—16。

③ 《茶业会馆议事录一》，1925年5月8日，上档：S198—1—12。

章条款中可见，几乎在茶叶的贷款、运输、销售等每个环节，都有对违反会规者进行惩罚的具体措施和警告之词。[①] 而且随着茶叶贸易的进展，会章规定的惩罚数额越来越具体化和数量化。例如，1926 年公会对出样的件数作出决议："红绿箱茶前经通告必须经大'帮'出样，无论路庄、土庄一律照半，兹重申前议，如有违此条者罚银 200 两。"[②] 在作出决议的前几日永盛昌、永春昌两栈没有按大帮出样，与章程不符，两栈主人情愿照章罚银 200 两，此款送总商会平粜以惠贫民。[③] 1931 年，茶业公会作出关于客佣的决议："一律以七厘半为定规，间有不需要搭服之客家，照向例优待起见，加回佣至九厘半为最高限度，不得超过此限，须共同遵守，如有破坏者一经查出，罚银 500 两以充善举。"[④] 在大样出货、统一客佣等这些具体但涉及整体会员利益方面，通过较为沉重的经济处罚，往往使违反同业会规的茶栈得不偿失，所以很少有会员违反会规。

摈出公会是最为严厉的惩罚。这是茶业公会驱除害群之马，净化会员，使会规得到有效执行的必要措施之一。违反者之所以被驱逐出公会，主要是因为被违反的规则，往往涉及会员整体利益。所以，茶业公会必须采取统一标准或行动，才能从根本上保障大多数会员茶栈的利益。例如，"放汇需按客章规，共同遵守，违者罚银 1000 两，并摈出会馆"[⑤]。由于上海茶业公会垄断了上海茶叶外销市场，被公会剔除，意味着生意的终结。从这个角度讲，摈出公会是非常严厉的惩罚。因此，几乎没有会员会违反这些硬性规则。这也是笔者没有从史料中发现这方面例子的原因之所在。

三　对会员茶栈的协调

茶业公会的会章在捋顺茶栈与茶号之业务关系、茶栈与茶栈的业务冲突方面起了根本性的保证作用。例如，在茶栈向内地茶号放款的过程中，由于某些茶号通过改牌、别投他栈，以图获取放款逃避前欠的不良行为，

---

① 《上海茶业会馆规条》，转引自彭泽益《中国工商行会史料集》，中华书局 1995 年版，第 587—591 页。

② 《茶业会馆议事录一》，1926 年 4 月 16 日，上档：S198—1—12。

③ 《茶业会馆议事录一》，1926 年 4 月 17 日，上档：S198—1—12。

④ 《洋庄茶业公会议事录一》，1931 年 9 月 19 日，上档：S198—1—16。

⑤ 《茶业会馆议事录二》，1926 年 11 月 30 日，上档：S198—1—13。

这就造成了茶栈与茶栈之间，由于信息不对称之缘故，它们的业务常出现交叉和冲突。例如，1933 年源丰润茶栈向茶业公会报告：安徽婺源的天昌祥茶号在上年将箱茶交给其结售，原有欠款尚没有结清，而今年天昌祥茶号改牌为福茶公司，委托洪源永茶栈代售。茶业公会依据会章决议，天昌祥茶号售给洪源永的箱茶交给公会处理。但洪源永声称如天昌祥改牌属实，箱茶仍归源丰润经售，但如查明福茶公司并非天昌祥改牌，对源丰润如何议罚？公会决议："源丰润如有害诬，赔偿客方损失 1000 元，并由源丰润立据交洪源永。"①

1933 年 8 月，仁德永茶栈向公会报告称：去年同兴隆茶号旧欠未清，本年改牌椿义昌，另投源丰润茶栈结售。茶业公会令源丰润茶栈停止对该号的付款，并将余款代扣在案。源丰润茶栈认为椿义昌并非同兴隆改牌之茶号，没有执行公会命令。仁德永茶栈向公会报称，源丰润茶栈没有执行命令，要求公会强行将其代售箱茶扣押。茶业公会议决："椿义昌是否同兴隆改牌，既无相当证据，应调查真相，未据扣箱是于他人名誉及权利，均有妨碍。此案已由公会监事在外和解。勿使两造讼庭相见，是为厚幸。"②

由茶业公会做出的制度安排可见，茶业公会具有马克斯·韦伯所说的对内具有"开放的"——允许内部成员竞争，对外具有"封闭的"——排斥外部竞争的"行会"的典型特征。伴随着国际茶叶市场竞争日趋激烈，华茶获利空间变得狭窄，为维护既有利益和实现新利益，茶业公会通过构建一系列制度安排来排斥外部竞争，以图维护会员茶栈利益。在这样的利益导向下，茶业公会越来越倾向于它所能控制的领域范围：对外，一方面约束洋行对其不利的商业行为，另一方面阻碍茶号与洋行直接交易，并通过放款等手段控制货源以操控茶号；对内，通过建立督导、惩戒和协调机制使内部会员茶栈竞争有序。通过对茶业公会制度化自我管理的考察，说明这样一个道理：一个团体要实现自我治理，必须构建一个良好的信息传播网络，以及可以置信的多边惩罚战略。

---

① 《洋庄茶业公会议事录一》，1933 年 6 月 21 日，上档：S198—1—16。

② 《洋庄茶业公会议事录一》，1933 年 8 月 28 日，上档：S198—1—16。

第五节　中间商制度对华茶贸易的影响

结成利益共同体的洋行、买办与茶栈，他们是规则的制定者，在追求各自利益最大化的博弈中，形成了各自利益的均衡。然而，华茶对外贸易衰落的历史进程表明，洋行、买办和茶栈主导构建的近代华茶贸易制度是他们实现各自利益的根本保障，却是以牺牲近代中国茶业发展为代价的。因为这种制度为近代中国茶业的发展提供了一种反向激励机制，具有道格拉斯·诺思所说的制度恶性，即“其中的大部分机会都对具有再分配性质的活动有利，而不是对生产性活动有利；它们导致垄断，而不是扩大机会”之性质。[①] 可观的既得利益，无法激励参与博弈的洋行与代表茶栈利益的茶业公会去推进有利于提高华茶竞争力的制度变迁。洋行、买办与茶栈等中间商将近代中国茶业发展纳入恶性制度的轨道上来，而这种制度成为近代中国社会始终无法清除的障碍之一，它在以下几个方面制约了近代中国茶业的发展。

一　产制者漠视质量

（一）洋行的操纵使产制者无暇顾及质量

自19世纪70年代开始，伴随着世界茶叶市场供求关系的变化，中国商人逐渐丧失了茶叶贸易的定价权，而在华洋行则开始掌控定价权，并通过操控价格谋取好处，“原无不符割价诸弊，近因庄多意众日久弊生”。[②] 在购买茶叶过程中，洋行惯用手法是使价格先昂后跌。茶商为求高价，抢制抢运风气盛行，“近年来茶叶质量差的原因其实在于为使茶叶及早进入市场而匆忙赶制，以及未加工茶叶变成商品茶所必需的各种加工过程杂乱无章”[③]。抢制抢运最直接的后果就是茶叶质量得不到保障。为了以最快的速度实现销售获利，茶商在收买茶叶时并不多考虑质量，“这很可能也

---

① ［美］道格拉斯·诺思：《制度、制度变迁与经济绩效》，杭行译，格致出版社、上海三联书店、上海人民出版社2008年版，第11页。

② 《汉口来信茶商公议善后章程由茶栈抄粘禀复》，《申报》1872年5月22日。

③ 李必樟编译：《上海近代贸易经济发展概况：1854—1898年英国驻上海领事贸易报告汇编》，上海社会科学院出版社1993年版，第376页。

是目前之所以流行于种茶者之间的看法，即强调数量比质量更为有利”①。为了能够尽早赶上头道茶的好价钱，茶号在购买茶叶时也是以快购为典型特征，加工亦是如此。

茶号对毛茶进行精制加工的工序颇为繁杂。以洋庄绿茶的精制为例，分焓、筛、撼、扇、补火、匀堆、补老火和装箱等基本程序。如果要精制出质量较好的茶叶，每一个工序都很讲究。在广州行商贸易时代，中国茶商需要对这种娇嫩的植物进行非常妥善的烘制和包装，使它经受得住从茶区运到广州的陆上长途旅程。茶叶常要在整整一年之后才在广州转到外国发货人的手中。然而，自从19世纪70年代，外商掀起抢购以后，为了抢制抢销，茶号很难在各个环节对质量予以充足的保障，“现在我们发现茶叶在生长后六个月之内竟然已制成商品到了英国消费者的手中。中国人就逐渐地采取了随随便便的操作方法和不牢固的包装，因为他们发现首要的是必须把茶叶不受损伤地送进外国人的仓库，而从内地的加工厂到这个仓库常不超过三天的路程”②。由此可见，为了赶上第一批好价，作为茶叶制造者的茶号根本无暇顾及把关保证质量的各个环节，从而质量也无法得到保证。

（二）茶业金融制度使产制者无力保证质量

在近代华茶对外贸易环节中，形成了这样一种关系，即从茶栈到茶庄、茶客，再到山头、茶农的商业网络，而这个商业网络是由贸易金融惯例支撑的。茶号经营所需资本几乎全部依赖茶栈放贷。凭借放款，茶栈不仅获取了代售权，而且有效地控制了货源。茶栈、茶号和茶农之间的这种金融关系形成了一个连续的信用关系，“这种信用关系使生意人之间长久地相互依赖，并进而向下压低产品的等级，向上则抬高茶叶的等级”③。茶栈在这个连续的信用关系中，居于承接茶叶贸易上下游之地位。因放款关系，茶栈势力得以扩充，但也给华茶贸易带来一些积弊。

茶栈的资金多是向钱庄和银行拆借的，由于钱庄惯例农历三月或九月

---

① 李必樟编译：《上海近代贸易经济发展概况：1854—1898年英国驻上海领事贸易报告汇编》，上海社会科学院出版社1993年版，第231页。

② 同上书，第156页。

③ ［美］罗威廉：《汉口：一个中国城市的商业和社会（1796—1889）》，江溶、鲁西奇译，中国人民大学出版2005年版，第168页。

对工商业放款，期限多为六个月，[①] 因此，茶栈对茶号的放款亦多以六个月为期限。每年茶季开始前二三月份，由茶栈派人携款到产茶区进行放贷，八九月即开始回收贷款。茶栈放款利息较高，常达到月息一分五厘至二分，折算为年利至少18%。为尽早收回货款而偿还贷款，茶号不得不急于求售，然而"洋商渐知其弊，于是买茶率多挑剔，故抑其价。茶商债限既迫，只求速销偿债，而成本之轻重，不能复计。一经亏折，相率倒闭。其资本充足者，势不能不随众贱售。茶务之坏，多由于此"。[②] 正是由于洋行割价严重和还贷期限紧迫，茶号常"不得不设法（掺假作伪、低劣产制等不良行为）以求利"[③]。

为了实现会员茶栈同业利益的最大化，茶业公会还特别制定会规，不允许茶栈对茶号放款存有私自通融之行为，"无论红绿茶，各栈对于客号放款，均照一分半月息，违章有据者罚洋一千元，如不遵罚，逐出会馆"[④]。对茶号而言，为了尽快归还高昂利息，不得不抢制、抢运和抢销。同时，更由于有茶栈的放款，没有或较少资金的茶商也可参与其中，这就造成了茶商数量众多，加剧了抢制抢运的局面。[⑤] 这样导致"庄多则山价昂，货多则市疲"[⑥]。为了多一分获利的可能，茶号经常用低劣之茶掺入好茶之中，结果导致低劣产制、掺假作伪之事普遍存在。

（三）茶叶产制者频繁掺假作伪

由于信息不对称的普遍存在和高昂的内生交易费用，使得中外商人无法进行直接交易。外国商人不得不借助买办、行栈等中国的中间商进行土货的收购和洋货的推销。因此，买办和行栈在土货出口中占据着关键地位。在华茶对外贸易中，尽管洋行拥有市场定价权，但居于买者和卖者中间地位的茶栈通过贷款手段对内地茶号的业务进行了控制，茶栈垄断货源、独占代售权的市场地位使他们有能力去决定茶叶的品质。出于自身利

---

① 中国人民银行上海分行编：《上海钱庄史料》，上海人民出版社1960年版，第477页。

② 张之洞：《张文襄公全集》卷32，中国书店影印1990年版，第599页。

③ 《上海关道邵观察谕饬茶商后》，《申报》1886年2月28日。

④ 《洋庄茶业公会议事录二》，1935年9月4日，上档：S198—1—17.

⑤ 《北华捷报》，1915年5月15日，第455页。《北华捷报》列出了1912—1915年四年安徽、江西、湖南、湖北、浙江等省份19个最主要产茶区茶行的数目，依次序为597家、489家、524家、476家。

⑥ 《劝中国茶商整顿茶务说》，《申报》1915年5月23日。

益最大化的考量，他们设计了近代华茶出口的交易机制。在此机制下，无论对洋行、茶栈还是内地茶商而言，单独改进茶叶品质都不是最优的，相反，以次充好、掺假作伪却成为他们的最优选择，这导致掺假作伪长期普遍存在。关于华茶对外贸易中普遍存在的掺假作伪行为，第五章专门有所论述，在此不叙。

二　增加交易成本和推高市场价格

洋行、买办和茶栈等中间商凭借市场强权，在茶叶交易过程中，制定了一系列收费标准，在这些收费中，有很多并不是实际发生的。① 为说明洋行、买办和茶栈收取的这些费用是如何推高市场价格这一问题，笔者整理了 1894—1922 年祁红市场中间价和洋行、买办和茶栈等市场中间商收取的合理和不合理费用情况，具体见表 3-2。

表 3-2　洋行、买办和茶栈收取不合理费用在卖价中的比例估算　（单位：%）

项目 / 年份	(1)	(2)	(3)	(4)	(5)
1894	25.50	4.19	1.89	2.30	9.00
1895	20.27	4.02	1.51	2.51	12.40
1896	21.31	3.94	1.58	2.36	11.06
1897	27.79	4.13	2.06	2.09	7.65
1898	26.84	4.64	1.99	2.65	9.86
1899	20.92	4.71	1.55	3.16	15.09
1900	26.12	4.40	1.94	2.46	9.42
1901	29.75	4.16	2.21	1.95	6.55
1902	30.72	5.49	2.28	3.21	10.44
1903	25.72	5.82	1.91	3.91	15.20

① 至于有多少费用是合理的，近代以来几乎没有人对此考证过，也鲜有对此报道过。所幸的是，笔者在《祁门平里茶叶运销合作社报告书》一文中，找到了时人认为洋行、买办和茶栈收取的费用（量价折扣）为卖价的 7.43%是合理的，即“手段正当”。付价折扣，包括九九五扣，打包、装箱和佣金等费用。我们假定在正常年份，洋行、买办和茶栈收取的合理费用是卖价的 7.43%的话，就能进一步考证洋行、买办和茶栈所收取的不合理费用大致是多少，也能进一步估算不合理收费大致把茶叶价格推高多少。子良：《祁门平里茶叶运销合作社报告书》，《国际贸易导报》1934 年第 6 卷第 8 期。

续表

年份＼项目	(1)	(2)	(3)	(4)	(5)
1904	29.43	5.42	2.19	3.23	10.99
1905	34.39	6.02	2.56	3.46	10.08
1906	32.94	5.52	2.45	3.07	9.33
1907	31.28	5.26	2.32	2.94	9.39
1908	34.48	5.57	2.56	3.01	8.72
1909	27.15	5.69	2.02	3.67	13.53
1910	47.00	5.77	3.49	2.28	4.85
1911	56.67	6.00	4.21	1.79	3.16
1912	34.22	5.81	2.54	3.27	9.55
1913	33.35	5.43	2.48	2.95	8.85
1914	39.71	5.85	2.95	2.90	7.30
1915	51.33	6.68	3.81	2.87	5.58
1916	43.00	6.68	3.19	3.49	8.10
1917	28.00	6.90	2.08	4.82	17.21
1918	29.84	6.74	2.22	4.52	15.16
1919	22.50	6.57	1.67	4.90	21.77
1920	38.50	7.28	2.86	4.42	11.48
1921	25.38	6.68	1.89	4.79	18.90
1922	39.82	6.58	2.96	3.62	9.10

资料来源：1. 数据（1）代表每担祁红市场中间价格（上海两/担），根据《北华捷报》（1894—1922年）每周报道的数据折算而成；2. 数据（2）数据（5）代表洋行和茶栈经售一担祁红所收取的费用，根据购买力价格指数调整所得；具体算法参看下面的表3-7；3. 数据（3）代表洋行、买办和茶栈收取的合理费用，依据历年祁红卖价的7.43%折算所得；4. 数据（4）代表洋行、买办和茶栈收取的不合理费用，由数据（2）减去数据（3）所得；5. 数据（5）不合理收费在卖价中所占的百分比。

由上表可见，洋行、买办和茶栈在茶叶交易中向茶号收取的不合理收费，在整个茶叶卖价中占据相当一部分比例，由图3-2可见一斑。

造成近代中国茶叶价格高昂的因素很多，洋行、买办和茶栈等中间商收取的不合理收费也是最主要的因素之一。价格被推高带来的最大影响就是使华茶销售在国际市场不具有价格方面的竞争优势，一定程度上造成市场有效需求的不足。

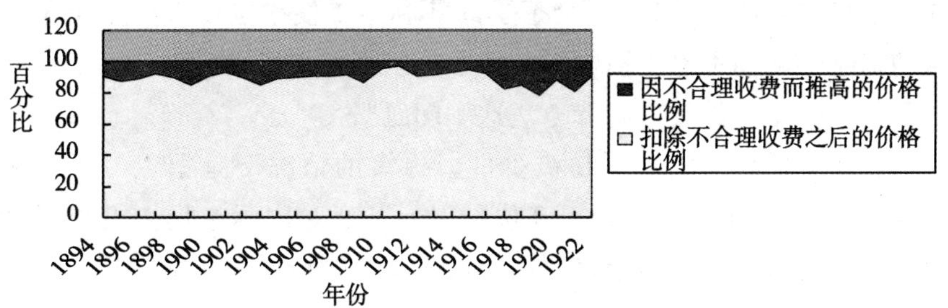

图 3-2　洋行、买办和茶栈等不合理收费推高茶叶价格情况

三　诱致投机盛行

由于茶的天然性质，其栽培成长的时间与环境皆受限制，采摘时期也有限，因此，茶叶贸易具有季节性的色彩。华茶垄断世界市场供给时，从事中外茶叶贸易者普遍获利丰厚，因此，自 19 世纪 70 年代起，外国商人掀起了狂热的投机热潮，他们经常在中国各茶叶出口港展开鲁莽而具有毁灭性的购茶竞争，更加重了茶叶贸易的不稳定性。外国人的购茶热潮也引起中国商人积极投机于茶叶贸易。然而，进入 19 世纪 80 年代之后，伴随着印度茶和日本茶叶的崛起，经营华茶利润空间变得狭窄，而经营印度茶和日本茶的利润更大，所以，19 世纪 80 年代中期之后，外国洋商逐渐退出中国茶叶贸易。

但是，这并不意味外国洋商的完全退出，有时他们会依据国际市场某一时的对华茶需求强劲，进行投机，这也会引起中国茶商的投机。他们有时极尽所能，大量囤积茶叶，这样有时会造成市场存货过多，而销售不出去。正如当时学者指出的“中国茶商过量囤积几个茶季的货物，他们害怕自己的货物以一个正常的价格被卖出，如果那样他们不能收回所遭受的损失”①。投机者追逐高价，并不关心茶叶质量的改进，只关心某一次获取暴利的机会。当洋商希望中国茶商提供优质茶叶时，茶商回应道：“当我们可以将红茶卖到一担 60 两，获利 30 两或者 17 两，而在四年前的汉口

---

① Boria. P. Torgasheff: China as a tea producer, The Commercial Press. Limited. ShangHai, China, 1926, p. 200.

只能卖到 9 两时，我们为什么要做出改变？”[①] 这种心态，早在 19 世纪 80 年代就已显露无遗，“过去一个茶季的获利结果使中国商人更坚定了无需改革的信念。他们不愿正视中国茶叶在英国消费量持续下降，以及要恢复其地位的唯一希望是改进制造方法这一问题”[②]。

毕竟获取暴利的机会总是极少的，更多的情况下是招致亏损。例如 1923 年茶叶市场开市价格处于高位，引起茶商对国际市场上需求强劲的误判，于是大量买进原本销售国内的低劣茶叶进行囤积，结果招致至少四万箱低劣红茶因没有买者而滞留手中，“这（投机）不是意味着茶叶贸易的新特征，而是不能确信他们不是获利的群体”[③]。投机带来的最大害处，即扭曲市场价格，产品与要素价格体系作为市场调节的基本经济信息手段的功能丧失。茶叶价格波动幅度大，从事茶叶生产、交易的人们无法对未来市场形成稳定的预期，以致影响人们对茶叶质量改进的投入，正如舒尔茨指出的那样：“我们已经仔细地考察了在农产品价格大幅度波动时必然是特别低效率这种情况。”[④] 投机带来的后果是：一方面使人们漠视质量的提高，有时根据自己的需要掺假作伪，使茶叶质量变得更为低劣；另一方面抬高了市场价格，造成市场有效需求严重不足。

四 造成市场分割

近代中国是一个转型的社会，且市场是分割的，并以血缘、地缘和行业为主要特征，这造成经济要素流动成本高。在华茶对外贸易中，行栈分为很多帮别。以上海茶栈为例，他们分为徽帮、广帮和平水帮，不同的帮别在大多数时间里，只能经营固定区域的茶叶。为实现和维护既有利益，不同帮别的茶栈与不同国家的洋行进行业务和资金绑定，形成稳定的贸易关系。业务关系的捆绑，造成市场分割，同时也极大地限制了市场的扩张。洋行、买办和行栈等中间商将市场的交易规模牢牢地控制在自己能力范围之内。表 3-3 是笔者依据相关资料整理得出的上海港茶叶出口的量、

① 《北华捷报》1914 年 8 月 8 日，第 418 页。

② 李必樟编译：《上海近代贸易经济发展概况：1854—1898 年英国驻上海领事贸易报告汇编》，上海社会科学院出版社 1993 年版，第 736 页。

③ 《北华捷报》1924 年 3 月 22 日，第 436 页。

④ ［美］西奥多·W. 舒尔茨：《改造传统农业》，梁小民译，商务印书馆 2006 年版，第 111 页。

值情况，同时算出每家茶栈平均的交易规模。

表 3-3　　1883—1909 年上海港和每家茶栈茶叶出口情况

（量：担；值：海关两）

年份	总出口量	总出口值	栈家数	每家平均量	每家平均交易值
1883	460037	7585964	15	30669	505731
1884	479798	8440041	18	26655	468891
1885	459230	8319744	18	25513	462208
1886	486849	8184084	18	27047	454671
1887	500083	7452670	18	27782	414037
1888	519452	7551865	16	32466	471992
1889	513812	8302939	19	27043	436997
1890	403100	7242712	15	26873	482847
1891	448577	7995617	16	28036	499726
1892	420492	7536377	15	28033	502425
1893	464958	8804899	16	29060	550306
1894	456569	8704578	18	25365	483588
1895	549258	9596846	18	30514	533158
1896	352500	8691781	17	20735	511281
1897	477718	10741675	18	26540	596760
1898	434738	8092335	16	27171	505771
1899	408203	7713937	15	27214	514262
1900	641877	11498586	15	42792	766572
1901	531619	8708899	15	35441	580593
1902	497703	9836180	17	29277	578599
1903	738756	14155091	16	46172	884693
1904	565563	15566286	11	51415	1415117
1905	424322	11457031	14	30309	818359
1906	666424	14160467	14	47602	1011462
1907	805602	17508904	14	57543	1250636
1908	684910	15868135	13	52685	1220626
1909	619987	16472006	14	44285	1176572

资料来源：1. 上海外销茶量、值是依据历年海关贸易报告整理所得，中国第二历史档案馆和中国海关总署办公厅汇编：《中国旧海关史料》，京华出版社 2002 年版。

2. 茶栈家数依据上档：《光绪九至三四年、宣统元年茶叶会馆的清单》，1883—1915，上档：S198—1—2。

需要说明的是，将上海港茶叶出口量均摊到每一家茶栈身上，是因为南京国民政府全国经济委员会发布的《中国茶业之经济调查报告》一书中，亦是如此处理的。通过表3-3我们可见，在统计的相关年份中，每家茶栈每年所经营的交易规模多在三至五万担，对应各家茶栈固有资本及放贷能力，此等规模基本上是一致的。依据上海储蓄商业银行对各家茶栈的调查，约80%的茶栈，其资本约为三四万两上海银，正常年份转放贷款能力一千多万元，售卖箱茶三四十万担。① “所有的贸易均被公会的十四个成员所把控。”② 茶栈不仅按地区组织供货，各有固定客户，而且在茶栈内部实行一种专营某种茶的“保证金制度”，即茶叶公会要求不同的茶栈承诺只能经营各自申请的茶叶品种，并缴纳一定的保证金，违者将没收保证金。缴纳保证金也是茶栈加入公会的重要条件之一，“自明年起，入会费需交三百两，保证税三百两存会馆，向章周息六厘”③。如果茶栈不遵守承诺，其所缴纳的保证金将会被罚没充公。从所缴纳的保证金数额，可以看出相对于茶栈资本额而言，具有相当比重。所以，笔者在查阅公会档案时并没有发现违反承诺的茶栈，可见该项制度具有很强的震慑作用。

茶业公会不仅通过帮别、地区将一些茶栈的业务与洋行进行绑定，而且将所有茶栈的业务与洋行进行整体性绑定，以实现完全垄断和排斥外在竞争。例如，合中公司不是公会会员，与俄罗斯洋行协助会秘密谈盘交易被发现，茶业公会对协助会提出了警告。郑鉴源既是源丰润茶栈的股东，又是合中公司的茶务负责人，不得不在公会会议上道歉，并且合中公司也给予道歉，保证以后不再有私自交易的发生，协助会也申明绝不与非本会会员交易。④ 我们还可从1936年皖赣两省推行“祁红统制”政策时遭到上海茶业公会的极力反对，看出垄断茶叶交易对茶栈的重要性。该年皖赣两省试图推行“祁红统制”直接运销出口以求“打破中间商者之剥削制度，而谋茶农之真正利益，以达到整个复兴计划”⑤。立即遭到茶栈、洋行的集体抵制，茶栈通过停兑、游行等手段予以对抗，洋行也给予各方责难。运销委员会不得不做出让步，风波才告息。由此可见茶栈与洋行通过业务绑定，极力打击非会员的竞争，将茶叶交易控制在自己手中。并将整

① 《上海市商业储蓄银行之茶叶调查报告1934—1940》，上档：Q275—1—1996—3。

② 《北华捷报》1936年5月6日，第234页。

③ 《茶业会馆议事录一》，1925年6月7日，上档：S198—1—12。

④ 《洋庄茶业公会议事录二》，1935年6月18日，上档：S198—1—17。

⑤ 施克刚：《皖赣茶业统制的检讨》，《中国农村动态》，1936年第2卷第6期，第42—51页。

个上海茶叶贸易的容量长期控制在自己有限资金能力的范围之内，从这个意义上讲，茶栈通过控制货源、垄断交易权制约了市场的扩张。

通过上述分析，不难发现，在世界市场主导中国茶叶出口的背景下，洋行、买办与茶栈在牺牲中国茶业整体利益的基础上结成了利益共同体，他们决定了交易规则，成为制度构建的主体，实现了利益共赢与均衡。由此可见，该共同体为维护既有利益，在阻碍茶叶质量改进、分割细化市场、排斥外部竞争、阻碍制度变革等方面作出了特殊的“贡献”。茶业公会不仅与洋行、买办构成纵向交易关系的利益共同体，而且在横向上实现了同业的利益共同体。他们主导构建的交易秩序，在一定程度上给市场提供了交易规则，但是，这种交易秩序对行业的发展并不能起到促进作用，相反起到巨大的阻碍作用。近代华茶在“茶商所抱的绑茶主义，制茶者所抱的抢茶主义，茶农所抱的糟茶主义之下，弄得不可救药”①。

第六节　华茶贸易中的利益分配考察

在本章第五节已对近代华茶贸易制度对中国茶业的发展所起到的影响做了考察，应该说华茶贸易中的利益分配也是华茶对外贸易制度重要影响的一个体现，本应放在上一节做考察，但是，由于要对不同业茶业者利益分配分别予以述说，篇幅较长，为了章节协调，笔者将其单独成节。接下来，笔者考察洋行、买办和茶栈共同主导构建的华茶贸易制度对茶业利益分配的影响。之所以研究这些问题，是因为华茶贸易主体间的利益分配失衡与否从根本上决定了近代华茶贸易制度失衡与否。如果贸易制度导致利益分配失衡，表明洋行、买办和茶栈等中间商主导的华茶贸易制度是失衡的，那么，需要政府出面主导制度重构，也就是重新分配利益。

一　洋行、买办和茶栈收益考察

要对洋行、买办和茶栈的收益进行详细数据说明，是非常困难的，甚至可以说是不可能的。原因很简单：缺乏相关数据的详细记载。因此，笔者只能依据相关史料做出一些定性研究。洋行、买办和茶栈等中间商在操纵近代中国茶业过程中，享有很多派生之“好处”，即一些不公平的收费

① 吴觉农：《中国茶业的病原》，《社会经济月刊》1934 年第 10 期。

标准和陋规。这些收费标准和陋规，绝大多数都以商业条文被规则化。这些“好处”的获取，是通过洋行、买办和茶栈在茶叶交易中具有的强势地位推行的，也有的是依赖向茶号放款，进而控制运销实现的。笔者整理了相关史料，将洋行与茶栈收取的主要收费标准及陋规列于表3-4。需要说明的是，下列各项收费细目虽有细目用途说明，但是从更多史料中可以看出，这些收费细目除了少数几项是茶栈实际垫付之款，大多数收费细目多为没有实际发生之费用。另外，洋行所收取之费用中，包含洋行开设茶楼里的买办所收的费用。

表3-4　洋行与茶栈收费情况

收费者	收费细目	收费标准	说明
洋行	打包	每箱银8分	洋行改包装的费用
	洋行例（佣金）	照茶价收取即1%	
	码头捐	每箱取洋六七厘	
	修箱	每箱洋8分	茶箱残破之修理费用
	茶楼	每箱洋2分	洋行茶楼看样之费用
	磅费	每箱洋2分	洋行茶楼过磅之费用
	钉裱、焊口	每箱银7分	样箱重新钉、裱费用
	九九五折扣	1000两折扣5两	洋行货款扣现
	吃磅	每箱1磅	洋行扣磅
茶栈	力驳、堆折	每箱银2钱	人力费用和堆放亏折
	出店	每箱银1钱	栈司收、发样茶费用
	栈租	每箱洋2分/每月	茶商存放
	商务律师	每箱洋1或2分	
	通事	每箱银7厘	本应包含在茶栈佣金内
	各堂捐	每箱银2分6厘	
	补办	每一笔茶多收茶20斤	多开的样茶数（归自己）
	保安	值即0.3%抽取	茶栈雇的安全人员费用
	佣金	值即2%	茶栈代茶商售茶之佣金
	保险费	值千抽二，共2月	箱茶保险由茶栈代买
	样茶	每批一二箱不等	

资料来源：1.《上海茶业会馆规条》，1870年；彭泽益：《中国工商行会史料集》，中华书局1995年版，第19页；2.《上海之茶业》，《社会月刊》1930年第2卷第1期；3.《祁门茶业缴纳洋行及茶栈用费等》，《湖北省政府公报》1934年第41期。

表3-4中所列的大多数收费为“虚开”，对这些“虚开”近当代人多已作出批评，在此笔者不作多述。19世纪80年代之后，因为印度茶的崛起，伦敦市场上的中国茶价连年下降，很多时候甚至低于外商在华购茶的价格，所以，从事华茶贸易似乎是无利甚至亏本的投资，但是，事实上并非如此。通过“虚开”获取各项“好处”和操纵茶叶贸易，洋行、买办和茶栈等中间商经营华茶还是能获取可观利益的。例如，英国驻汉口的领事报告曾指出：“茶被认为已称量有多少担，已以每担多少两之价被购买，并已支付多少运输费、税、保险费和佣金，于是价值每磅多少，但没有注意到事实之估计，即：所称量之茶可能比所陈述的多5%，成交价格上可能减少6%，在运费和保险费上，可能有些税并没有支付，并且酌留费和佣金自然地都是在有利可图的基础上被计算的。”① 通过克扣茶叶重量以及逃避茶叶税厘的缴纳等手段，洋行、买办和茶栈经营华茶贸易，收益依然是相当可观的。

由于与洋行有亲密关系，买办和茶栈也能依据信息灵通和市场优势获取可观和稳定之利。例如，“本年茶商因洋庄不旺，至五月间始行开盘，各商又致亏本。惟旗昌洋行买办黄维泰存茶六千余箱不售。黄维泰乃将存茶售脱，获利万余金。说者谓其操奇计赢，固非他人所匪及也”。② 总之，买办与茶栈能够“藉洋商势，昂私价，贬客价，以肥己”而获利匪浅。③ 通过克扣重量和不公平交易等手段，洋行和茶栈经营华茶贸易的收益依然是相当可观的。在茶栈各项收益中，佣金和放款利息是最主要的两项，这两项收入都与茶栈发放贷款有密切关系。茶栈收益之大小，与其放贷规模成正比，放款规模越大，越能获取更多的代售权，这样就意味着茶栈有更大的获利空间，“茶栈家收其栈租，得其行用，沾其子金，坐享其利，生意之大小以放汇之多寡为数”④。所以，开设茶栈“须求接号客多，而箱额始广，乃可以获利”⑤。对茶栈盈利情况的记载有限，只有为数不多的报道。总体而言，在绝大多数年份，茶栈获利是十分可观的。例如，“栈

---

① 陈慈玉：《中国近代茶业之发展》，中国人民大学出版社2013年版，第303—304页。

② 《茶商获利》，《申报》1884年9月14日。

③ 《劝中国茶商整顿茶务说》，《申报》1901年5月23日。

④ 《茶业有关国课议》，《申报》1889年11月22日。

⑤ 俞燮：《拟改良徽州茶叶意见书（续）》，《中华实业界》1915年第2卷第4期。

家获利如上年最巨者不下十数万金"①。1923 年和 1924 年茶叶外销困难，但是在上海 15 家茶栈中，仍有获利数千两以上者一半居多。② 1925 年，更有至少 9 家茶栈盈利 1 万两之上。③ 考虑到出于隐瞒盈余之心态，茶栈获利可能更普遍。

二 茶号收益考察

表 3-4 列出了洋行及茶栈的收费标准，那么，这些收费对茶号和茶农的收益与成本有着怎样的影响？众所周知，数据统计史料十分欠缺，是中国经济史研究的最大障碍，茶业自然不例外。20 世纪 30 年代之前，关于茶号经营的成本与收益的相关统计很缺乏，只有 30 年代方有零星统计。但是，鉴于近代中国茶叶对外贸易市场的运作情况并没有根本改变，费用构成比例亦基本延续，这并不妨碍我们考察问题。

(1) 经茶栈之手售卖茶叶的茶号收益考察

表 3-5 是 1915 年安徽祁门某茶号制销一担红茶成本构成情况：笔者依据材料整理如下。

表 3-5　　1915 年祁门茶号经营成本

（单位：银两/箱；一箱以精制茶 45 斤计）

项目	费用：银两	每项费用所占成本比例%
收茶	10.86	53.21
制茶	3.14	15.38
税厘	0.93	4.55
转运	0.62	3.04
洋行	3.42	16.76
茶栈	1.43	7.06
合计	20.41	100

资料来源：谢恩隆：《调查祁浮建红茶报告》，《农商公报》，1915 年 10 月 15 日，第 15—16 页。

① 《茶业有关国课议》，《申报》1889 年 11 月 21 日。

② 《旧历壬戌年各业盈余之调查（七）》，《申报》1923 年 2 月 26 日；《甲子年茶业盈余之调查》，《申报》1925 年 2 月 25 日。

③ 《乙丑年茶栈盈余之调查》，《申报》1926 年 2 月 20 日。

由表 3-5 可见，在该茶号的每箱祁门红茶成本构成中，洋行和茶栈所收取“好处”约占 23.76%。如果这些“好处”没有发生，茶号获利将大增。该年祁门红茶每箱售价在 22.5—40.5 两，中间价在 31.5 两。依据中间价，祁门茶号每箱可获利约 15.94 两。但将洋行和茶栈的“好处”考虑进去，茶号每箱只能获利约 11 两。洋行与茶栈从该批茶叶售卖中，共获得 4.85 两，约占卖价（按中间价 31.5 两/箱计算）的 15.4%，这就是当时茶业界所谓的茶价八折。茶价八折，一直被视为中国茶叶对外贸易的习惯。通过上例可见，洋行与茶栈所获“茶价八折”的“好处”的确很大程度上挤压了茶号的获利空间。那么，我们就能以此认为在一般年份，洋行和茶栈所获得的“好处”使茶号和茶农总是亏本吗？要回答这个问题，我们有必要先考察茶号经营茶叶的成本构成。从为数不多的售卖清单中，笔者整理了茶号经营茶叶的成本构成情况，见表 3-6。

表 3-6　　1935 年祁红和宁红精制茶制销费用百分比情况（每担）

名目＼地名	1915 年祁红	1935 年宁红	1935 年祁红	祁宁红茶制销费用比例（平均）
毛茶	53.24	61.60	46.72	53.85
制造	15.39	21.80	23.34	20.18
捐税	4.50	2.20	1.83	2.84
运输	3.03	8.60	3.65	5.10
洋行和茶栈收费	23.84	5.80	24.46	18.04
合计	100.0	100.0	100.0	100.0

说明：1935 年祁门红茶费用一栏里的毛茶费用是依据《祁门平里茶叶运销合作社报告书》一文中记载比例折算而成：一担毛茶产一箱精制茶，即 100 斤毛茶可制 46 斤精制茶。

资料来源：1. 南京金陵大学农业经济系：《江西宁州红茶之生产制造及运销》，1935 年；

2. 李焕文：《安徽祁门婺源休宁歙县黟县绩溪六县茶叶调查》，《工商半月刊》，1935 年纪念刊；

3. 子良：《祁门平里茶叶运销合作社报告书》，《国际贸易导报》1934 年第 6 卷第 8 期；

4. 谢恩隆：《调查祁浮建红茶报告》，《农商公报》1915 年第 15—16 期。

由于“各地茶商之经营方针，类多秉其数十年来之传统习惯，得失不愿轻易示人。故虽欲从数字上加以说明（茶商盈亏情况），亦苦于无从根据”困难的存在，[①] 我们很少能拿出直接的数据来说明茶号经营的情况。

① 吴觉农：《民国二十二年茶业之回顾》，《社会经济月报》1934 年第 1 卷第 2 期。

但是，基于经营传统，可视茶号制造和销售茶叶成本结构为基本固定不变，其盈亏主要取决于售卖价格和毛茶价格之高低。祁门红茶市场价格数据相对丰富一点，因此笔者以祁红为例，来估算一下经营祁红的茶号的盈亏情况。假定表3-6中所列的成本比例是历年祁红制销成本比例，保持不变：毛茶大致占53.85%，制造、捐税和运输大致占28.12%，洋行和茶栈所收费用大致占18.04%。由于缺乏历年毛茶价格，笔者作如下估算：毛茶成本，依据1915年生产一担精制祁红需要19.94上海两的毛茶成本作为历年生产一担精制祁红成本，该项约占总成本的53.85%。理由是这一年是外销祁红价格非常好的一年，自然毛茶价格也会随市场价格走高而走高，故笔者以此作为祁红制作中所需毛茶成本的上限。假定成本构成不变和制造一担祁门精制红茶所需毛茶成本为1915年所需毛茶成本，笔者估算了1894—1922年经营祁门红茶的茶号的盈亏情况，见表3-7。

表3-7　　1894—1922年祁红成本构成及盈亏情况估算

项目 年份	(1)	(2)	(3)	(4)	(5)	(6)
1894	25.50	100.00	6.53	12.50	4.19	2.29
1895	20.27	104.25	6.28	11.99	4.02	-2.02
1896	21.31	102.89	6.34	11.76	3.94	-0.74
1897	27.79	97.33	6.71	12.32	4.13	4.23
1898	26.84	88.08	7.41	13.85	4.64	0.94
1899	20.92	79.58	7.94	14.06	4.71	-5.79
1900	26.12	85.09	7.36	13.15	4.40	1.20
1901	29.75	91.42	6.96	12.41	4.16	6.21
1902	30.72	76.33	7.65	16.38	5.49	1.21
1903	25.72	71.91	8.12	17.38	5.82	-5.61
1904	29.43	74.80	7.92	16.18	5.42	-0.09
1905	34.39	66.76	9.78	17.97	6.02	0.63
1906	32.94	74.07	8.81	16.46	5.52	2.15
1907	31.28	71.27	8.87	15.70	5.26	1.46
1908	34.48	67.30	9.31	16.62	5.57	2.98
1909	27.15	66.76	9.54	17.00	5.69	-5.08
1910	47.00	72.54	8.05	17.23	5.77	15.94
1911	56.67	69.83	8.36	17.90	6.00	24.40
1912	34.22	69.83	8.48	17.33	5.81	2.60
1913	33.35	74.07	8.81	16.20	5.43	2.92
1914	39.71	69.83	9.35	17.46	5.85	7.04

续表

项目 / 年份	(1)	(2)	(3)	(4)	(5)	(6)
1915	51.33	62.69	10.41	19.94	6.68	14.30
1916	43.00	62.69	10.41	19.94	6.68	5.97
1917	28.00	60.70	10.75	20.59	6.90	-10.24
1918	29.84	60.16	10.50	20.12	6.74	-7.53
1919	22.50	61.16	10.24	19.61	6.57	-13.92
1920	38.50	56.10	11.35	21.74	7.28	-1.87
1921	25.38	56.10	10.41	19.94	6.68	-11.66
1922	39.82	56.91	10.26	19.66	6.58	3.31

说明：1. 数据（1）代表每担祁红市场中间价格（上海两/担）。2. 数据（2）代表中国银购买力指数，以1894年为基期折算而成。3. 数据（3）代表制作、运输和捐税费用之和，根据购买力指数折合而成；这些费用之和约占祁红制销总成本中的28.12%；1915年每箱所需该项费用之和为4.69上海两，折合每担所需成本为10.41元。笔者假定此费用为历年每担祁红在制造、运输和捐税的成本。4. 数据（4）代表制作一担精制祁红所需毛茶成本，是根据购买力价格指数调整所得。5. 数据（5）代表洋行和茶栈经售一担祁红所收取的费用，根据购买力价格指数调整所得；6. 数据（6）代表茶号经营一担祁红所能获取的盈余。

资料来源：1. 数据（1）来源《北华捷报》（1894—1922年）。

2. 数据（2）转引自王玉茹《近代中国价格结构研究》，陕西人民出版社1997年版，第52—53页。

由表3-7可见，在笔者考察的年份中，经营祁红茶号的成本构成及盈亏情况呈现几个特点；①在大多数年份，茶号是能够盈利的，只是盈利数额较小；②洋行和茶栈所收取的各种“好处”，的确挤压了茶号获利的空间；③在亏损的年份，除个别年份之外，茶号亏损额度一般大于盈利数额，即平时盈利数额较小，而一旦亏损，则亏损数额较大。以上即为1894—1922年间经营祁红茶号盈亏估计情况。结合史料，可看出笔者估算的结果基本为史料支撑：一是在19世纪末至民国初年这段时期里，祁门红茶对外贸易最为兴旺，[①] 这一点可说明茶号在大多数年份是有利可图的，尽管利润微薄；二是笔者在统计祁红价格时发现，在1894—1916年间，祁红交易活跃（从相关报道频率中有所体现），这一点也可支撑笔者对估计结果的支撑；三是在1917—1921年，华茶对外出口陷入危机（由于往年市场存货很多、对苏俄出口受阻、往欧美航道短缺等原因所致），

① 张堂恒：《祁红毛茶山价之研究》，《中农月刊》1942年第3卷第11期。

经营华茶的中国茶商受亏普遍，“在过去的整个三年（1918—1921），中国茶业完全处于亏损状态”①。

那么，到了20世纪二三十年代，经营祁红茶号的盈亏情况呢？首先，还是要从占成本数额比重最大的毛茶价格开始分析。这一时期，中国社会各界对祁门红茶经营状况的调查和统计相对较多，但是，由于各种调查口径不一，有关祁门毛茶的价格出入较大。综合当时针对祁红毛茶价格做出的调查统计，1929—1937年祁红毛茶比较靠谱的实际价格为表3-8所示。

表3-8　　1929—1937年祁红毛茶均价　　（单位：每担/元）

年份	1929	1930	1931	1932	1933	1934	1935	1936	1937
均价	13.36	24.26	35.22	36.27	22.30	25.43	23.14	26.00	27.14

资料来源：张堂恒：《祁红毛茶山价之研究》，《中农月刊》1942年第3卷第11期。

表3-8所列1929—1937年祁红毛茶均价为25.90元/担，笔者大胆将这个均价视为祁门红茶毛茶往年正常价格（通过比较这些年份毛茶价格，可见25.90元/担偏高于大多数年份价格）。假定祁宁精制红茶成本构成不变，我们以25.90元/担毛茶价格作为原料成本计算，一般年份生产一担精制红茶，所需毛茶成本约为56.30元。根据祁宁精制红茶成本构成比例，则大多数年份生制销一担精制红茶大约104.56元。以此作为成本线，与祁红在上海市场售卖价格相比较，即可大致看出经营祁门红茶的茶号盈亏情况。表3-9为祁红在上海市场趸售价格与104.56元每担成本比较情况。

表3-9　　1923—1932年经营祁红茶号盈余情况

年份	1923	1924	1925	1926	1927	1928	1929	1930	1931	1932
售价	64.2	64	109.5	127.7	127.6	104.7	132.2	102.10	217.8	183.9
盈余	-40.4	-40.6	+4.9	+23.1	+23.1	+0.10	+27.7	-2.46	+113.2	+79.3

说明：售价单位为上海两/担，图表里价格是根据1上海两=1.3986元折算。

资料来源：祁门红茶售价依据《上海上等祁门红茶之趸售市价》，《中国最近物价统计图表》，1933年第初版期折算而成。

由表3-9可知，在1923—1932年十个年份里，共有三个年份茶号处于亏损状态，其余年份多为盈利，这一情况基本符合祁门红茶在这个时期

① Boria. P. Torgasheff, China as a tea producer, The Commercial Press. Limited. ShangHai, China, 1926, p. 223.

的市场表现。由表3-9也可知，在这十年中，洋行与茶栈所收取的一些不合理陋规，的确挤压了茶号获利空间。如果去掉大约必要的开支，洋行和茶栈在正常情况下，大概要挤压茶号售卖价格15%的空间。除了1931年和1932年这两个茶市特别好的年份之外，在大多数年份里，茶号获利的空间变得特别狭窄，只能获取些许微利。

（二）能否享受茶栈“正常手段”对待的考察

洋行、买办和茶栈利益的实现，基本是建立在不公平的贸易规则之上。内地茶号不得不接受这些不公平的贸易规则，根本原因在于不能自行组织茶叶出口直销，同时，也由于资金短缺，不得不接受茶栈的放款。因此，对茶号而言，能否得到所代售茶叶的茶栈的“照顾”，是其获利的重要因素之一，甚至是最重要的因素。能否被特殊“照顾”，对茶号而言，盈余情况大不相同。我们以一个例子说明这个问题。1933年，安徽省茶业改良场为避免中间商人的剥削，集中力量改善运销情况，在祁门平里和坳里两村组织茶叶运销合作社，自筹资金、自筹运销。然而，由于直接运销海外并不能一时成行，茶叶合作社所谓的自筹销售一环，仍不得不依赖茶栈等中间商代售。但是，由于安徽祁门平里茶叶运销合作社与其代售茶栈有熟人关系，受到了代售茶栈的特别“照顾”，而另一家茶栈因没有熟人关系，自然不能享有代售茶栈予以的特别“照顾”。表3-10是二者销售情况比较情况。

表3-10　1933年，平里茶叶运销合作社与祁门某茶号售卖茶叶情况比较

茶商	项目	数量	原重量	扣样	磅亏吃磅	所得重量	折合重量	卖价	数量损失	付价折扣	实得货款	数量付价损失合计
	单位	箱	磅	磅	磅	磅	斤	元/百斤	元	元	元	元
合作社	头批茶	30	2130	无	135	1996	1497	160	161（6.7%）	15（0.7%）	2379	176.7（7.43%）
某茶号	头批茶	63	4568	73	423	4072	3054	142	527.7（12.2%）	191.7（4.2%）	4145	719.4（17.36%）

说明：1. 所得重量，即茶号最后所得数量；折合重量，即所得重量，只是将所得重量单位磅，转化为斤作重量单位。

2. 数量损失为扣样、磅亏、吃磅三项加总之后，转化为“斤”作为重量单位，然后乘以每百斤卖价。

3. 实得货款=折合重量×每百斤卖价-付价折扣。

4. 付价折扣为洋行、买办和茶栈所收取的各项收费。

5. 表格括弧中的百分数是该项损失占所得货款的百分比。

资料来源：子良：《祁门平里茶叶运销合作社报告书》，《国际贸易导报》1934年第6卷第8期。

在表 3-10 中可见，平里茶叶运销合作社的头批茶销售情况特别好，主要是因为茶栈“既没有除样，又没有暗吃磅，手段正当”。如果我们将所谓的“手段正当”视为茶栈对某些茶号给予的特殊“照顾”，那么，享受不到这种特殊“照顾”的茶号销售情况，其盈亏情况就大不相同了。有一点应予以特别指出，平里茶叶运销合作社和祁门某茶号的箱茶均为同一茶栈经售。不难发现，在茶号售卖茶叶时，损失最大的是重量损失。如果按照洋行和上海茶业公会达成的交易规则进行交易而得不到特殊“照顾”，茶号的重量损失普遍占所得货款的12%以上，仅此一项就极大压缩了茶号获取利益的空间。接下来，结合制茶和运销茶之成本考察茶栈在代售茶叶时，是否采取正当手段，对茶号获利情况进行分析。由于没有找到表 3-10 中祁门某茶号的制茶和运茶等相关支出的记载，所以不能就这一茶号进行分析。不过我们找到了祁门源丰永茶号的成本构成。鉴于同处祁门一地，且同一年，该茶号经营成本应该差别甚微，见表 3-11 所示。

表 3-11　1933 年，平里茶叶运销合作社和源丰永茶号制运茶成本构成

项目	平里茶叶运销合作社（30 担）		源丰永茶号（85 担）	
	支出（元）	每担成本（元）	支出（元）	每担成本（元）
毛茶成本	2277.77	75.93	7000.00	82.36
雇员薪金	72.00	2.40	440.00	5.18
茶司工资	181.08	6.04	420.00	4.94
拣工	83.60	2.78	130.00	1.53
茶箱	36.00	1.20	121.20	2.43
铅罐	87.00	2.90	280.00	3.27
茶捐	54.32	1.81	250.00	2.94
纸张	23.32	0.78	47.00	0.56
运费	209.70	6.99	416.00	4.89
伙食杂支	222.22	7.40	598.00	7.04
借款利息	13.33	0.44	480.00	5.65
茶栈费用	15.20	0.51	93.50	1.10
总计	3275.54	109.18	10275.70	120.89

资料来源：刘润涛：《安徽平里村、坳里村无限责任信用茶叶运销合作社调查报告》，《国际贸易导报》1934 年第 6 卷第 8 期。

在表 3-11 中可见，每担茶叶经营成本，平里茶叶运销合作社为

109.18 元，源丰永为 120.89 元，转化为箱计，每箱成本分别为 58.14 元和 65.73 元。[①] 如果我们将源丰永每箱成本视为表 3-9 中祁门某茶号的经营成本，则由表 3-9 可见，每箱茶叶平均所得货款额，平里茶叶运销合作社为 79.31 元，祁门某茶号为 65.79 元。每箱茶叶平均所得净利润，平里茶叶运销合作社为 21.17 元，而祁门某茶号仅为 0.02 元。平里茶叶运销合作社之所以获利较为可观，而祁门某茶号基本无利可获，最大差异在于在售卖过程中，茶栈对它们是否采取正当手段。平里茶叶运销合作社和祁门某茶号相比，在售卖中，其在量价损失方面就少损失了约 9.93%。而这个比例足以决定茶号能否获利。正如平里茶叶运销报告书中所指出的那样，"二十二年，祁门茶号的经营不折本的，简直可以说是没有的。合作社独能例外，只是两个原因，一是经营上的浪费少，一是卖茶上的折扣少，但是前者的原因，还不是十分重要，后者就大了"[②]。

综合以上对茶号盈亏情况的考察，不难发现，洋行与茶栈凭借市场强势地位与放贷等手段攫取了丰厚而稳定的"好处"。这些"好处"的取得使茶号获利空间变得狭窄，即用当时业界的行话来讲，"茶价八折"使茶号很难获得丰厚利润。但是，这并不代表在正常年份，茶号不能获利，只是获利微薄而已。获利微薄使茶号很难进行资本积累，这使他们无力也没有激励进行技术更新和茶叶品质的提高。应该说，获利空间是近代中国传统行业能否进行现代化主要的原因之一。由于获利空间狭小，导致人们没有激励去引进化肥、种子和机器等新的生产要素和技术，去从事现代化生产。这也从一个角度解释了为什么近代中国茶业无法实现现代化产制的表现。这也说明洋行和茶栈等中间商主导构建的华茶对外贸易制度是近代中国茶业无法推进现代化的主要原因之一。

三　茶农收益考察

有关茶农经营情况的调查资料，相比茶号来说更为稀少，时间也相对更晚。直到 20 世纪 30 年代才有一些机构和个人对茶农经营状况做了一些

① 运销合作社每箱茶重 71 磅，用七五折转化为斤，即为 53.25 斤，即 0.5325 担，故每箱成本约为 58.14 元；源丰永每箱重 72.5 磅，用七五折转化为斤，即 54.375 斤，即 0.54375 担，故每箱成本约为 65.73 元。

② 子良：《祁门平里茶叶运销合作社报告书》，《国际贸易导报》1934 年第 6 卷第 8 期。

调查和统计。就他们统计的情况而言，总体上呈现出零碎化特点，即调查多局限于局部地区和个别年份。使用这些材料，很难对近代中国茶农的经营情况作相对全面的考察。但是，基于有限的材料，我们只能量米下锅，以求有所体察。表 3-12 和表 3-13 是笔者依据吴觉农在 1933 年对安徽、浙江和湖南茶农做的一点调查整理所得，以此来考察部分年份茶农经营情况。

表 3-12　　1933 年皖浙两省茶区每亩栽培费收支情况　　（单位：元）

地名＼收支	支出	收入	盈余
祁门	38.77	40.00	1.23
歙县	24.50	32.00	7.50
休宁	30.20	35.00	5.30
婺源	31.30	42.00	1.70
黟县	17.20	21.40	4.20
绩溪	21.00	25.50	4.50
绍兴	9.64	17.72	7.18
嵊县	15.50	15.50	0
新昌	12.92	12.54	0.38

说明：除祁门数据为 1932 年调查之外，其余地方均为 1933 年调查所得。

资料来源：吴觉农：《湖南省茶业视察报告书》，《中国实业杂志》1935 年第 1 卷第 1—6 期。

由表 3-12 可知，即使在中国农村经济十分困难的 1931—1934 年（这几年，因为世界性经济危机的缘故，农产品价格非常低廉，毛茶自然也不例外），在皖浙等重要茶叶产区，茶农生产茶叶尚能占得若干微利。那么，在一般年份，其他重要茶叶产区的茶农情况如何呢？吴觉农等人对湖南茶业进行了考察，认为湖南各县的茶农，也与其他重要茶叶产区的茶农经营状况有同样结果。

表 3-13　　1910—1933 年湖南茶农普通春茶价格和盈亏情况　（每百斤单位：元）

地名＼年份	1933	1932	1931	十年前	二十年前	1933 年盈余
安化	40	45	40	45	40	4.58
湘乡	30	30	30	40	40	3.80

续表

年份 地名	1933	1932	1931	十年前	二十年前	1933 年盈余
宁乡	30	35	36	35	70	1.50
武冈	20	20	20	36	36	6.44
邵阳	34	34	34	36	36	12.88
新化	30	30	30	34	36	5.60
辰谿	60	60	60	40	40	4.50
桃源	15	10	25	15	20	2.20
益阳	60	60	60	—	—	3.40
沅江	30	30	26	—	—	2.90
平江	30	28	30	30	31	1.84
浏阳	33	28	31	34	33	1.66
临湘	27	21	21	29	33	2.55
湘阴	28	28	28	25	30	2.10
湘潭	20	20	30	15	15	1.35
衡山	30	30	30	20	20	2.00
攸县	30	30	30	20	20	1.90
耒阳	20	20	20	15	15	2.55
衡阳	30	30	30	25	25	0.55
常宁	40	40	40	30	30	4.00
郴县	32	32	32	30	32	2.01
江华	30	30	30	20	20	2.89
长沙	28	22	22	28	32	2.70

说明：十年前和二十年前是指 1933 年而言。

资料来源：吴觉农：《湖南省茶业视察报告书》，《中国实业杂志》1935 年第 1 卷第 1—6 期。

由表 3-13 可知，1933 年湖南各县茶农通过产茶尚能获得些许利润。考虑到近代中国茶农对茶业投入以及技术基本没有改变的前提下，我们比较每年春茶价格会发现，至少在 1910—1933 年间，在大部分年份，湖南茶农尚能在茶叶生产中占有微利。由于有关茶农收支情况调查的缺乏，学界一些学者通过考察华茶出口数量逐年递减的情况，认为华茶出口不振，最终导致茶农入不敷出。华茶出口不振，诚然会影响茶农的收入，但是，我们并不能以此来断定茶农必然长期亏损。因为在近代中国市场越来越发展的背景下，他们依据比较利益的原理，开始为市场工作，而不是像以前那样只是把茶叶生产作为不计成本的家庭副业。当种植茶叶没有种植其他农作物收益更高时，茶农就会根据比较收益情况，安排生产结构。吴觉农对湖南各县茶农收支调查之后也认识到这一问题，“在此有为吾人所当注意者，即湘茶出口数量虽逐年减低，而据调查之历年春茶价格尚可勉维20年前之旧态”①。但是，相较种植其他农作物，产制茶叶收益则是不多的，为此，茶农开始转向其他生产。

为说明茶农根据比较利益来组织生产情况，在此举一例子。《徽州千年契约文书》（清·民国编）里有清末安徽祁门胡廷卿的茶产账本一册，上面登记了他拥有的各块茶地的历年记录。复旦大学博士邹怡对该茶产账本给予了整理。胡廷卿共有7块茶地，其中2块茶地系承祖辈，通过阄分的方式获得，另外有4块茶地系通过购买和顶受而得。需要说明的是邹怡博士没有计算这七块茶地的面积，这恰是笔者更为关心的，因为通过每亩土地收益情况比较，才能对茶农家庭经营情况有所考察。为此，笔者只能依据表中信息，对每亩茶地收益情况进行估算，具体见表3-14。

表3-14　祁门胡廷卿各块茶地年平均茶草产量

地名	来源	产量（斤）	备注
徐家坞	承祖阄分	67.00	1885年一年的产量
祠背后	承祖阄分	17.90	1886—1906年平均所得，缺1898年的数据
汪郎冲	1885年自五松兄弟处买得	87.77	1886—1905年平均所得
新徐家坞	1886年自云耕处买得1亩，并入原徐家坞	153.07	1886—1905年平均所得
蒋家坞	1891年自汪记能处买得	55.71	1886—1906年平均所得，缺1899年的数据
山枣弯	1897年经阳开手买得	42.69	1897—1906年平均所得
枫树坦	自金和处顶受而得	35.17	1899—1906年平均所得

资料来源：邹怡：《明清以来的徽州茶业与地方社会（1368—1949）》，复旦大学出版社2012年版，第261页。

在表3-14中，1886年胡廷卿从云耕处买一亩茶地并入原来的徐家坞。我们假定每亩茶地产量是稳定的，那么，新徐家坞比原来的徐家坞茶草增量即为新增一亩茶地的产量，即每亩茶地可收茶草86.07斤（153.07-67=86.07）。笔者以每亩茶地平均产量为86.07斤来折算土地

① 吴觉农：《湖南省茶业视察报告书》，《中国实业杂志》1935年第1卷第1—6期。

亩数，见表 3-15。[①]

表 3-15　　胡廷卿 7 块茶地亩数大小情况

茶地名	徐家坞	祠背后	汪郎冲	新徐家坞	蒋家坞	山枣弯	枫树坦
亩数	0.78	0.21	1.02	1.78	0.65	0.50	0.41

依据胡廷卿所得茶地时间，笔者核算了胡廷卿历年拥有茶地的亩数情况见表 3-16。

表 3-16　　胡廷卿在不同年份拥有的茶地亩数情况

年份	1885	1886—1890	1891—1896	1897—1898	1899—1904
亩数	1.80	3.01	3.66	4.16	4.57

通过表 3-16 所列数据，不难发现胡廷卿茶地的一些信息。邹怡博士对此有很好的总结：胡廷卿父辈的茶地在分家时因为均分而变得更加细碎，所置办的新茶地也很细碎。[②] 我们可依据胡廷卿历年茶产收入折算出每亩茶地名义收入情况，见表 3-17。

表 3-17　　祁门胡廷卿每亩茶地历年平均名义收入

年份	收入（英洋：元）	历年拥有茶地亩数	每亩茶地名义收入（元）
1885	8.000	1.80	4.44
1886	11.200	3.01	3.72
1887	8.220	3.01	2.73
1888	5.310	3.01	1.76
1889	11.226	3.01	3.73
1890	8.034	3.01	2.67
1891	9.135	3.66	2.50
1892	9.848	3.66	2.69
1893	15.013	3.66	4.10
1894	16.700	3.66	4.56

① 说明：下表中的新徐家坞亩数里，包含原来徐家坞茶地 0.78 亩。

② 邹怡：《明清以来的徽州茶业与地方社会（1368—1949）》，复旦大学出版社 2012 年版，第 261 页。

续表

年份	收入（英洋：元）	历年拥有茶地亩数	每亩茶地名义收入（元）
1895	32.610	3.66	8.91
1896	缺	3.66	缺
1897	缺	4.16	缺
1898	缺	4.16	缺
1899	33.179	4.57	7.26
1900	25.305	4.57	5.54
1901	25.830	4.57	5.56
1902	23.051	4.57	5.04
1903	30.051	4.57	6.58
1904	24.283	4.57	5.31

资料来源：第二列收入，系引邹怡《明清以来的徽州茶业与地方社会（1368—1949）》，复旦大学出版社 2012 年版，第 262 页；其余为自己折算。

由表 3-17 可见，在绝大多数年份，胡廷卿经营的茶地是盈余的。不过，至于盈余可不可观，是看不出来的。因为表 3-17 中所列出的胡廷卿每亩茶地名义收入，很难说明他通过种茶得到怎样的实际收入，也不利于考察实际收入的变动趋势。为此，需要通过购买力指数进行折算，才能明了情况。

表 3-18　　祁门胡廷卿每亩茶地历年实际收入情况

年份	银购买力指数（1885 年为基期）	实际收入（元）	实际收入指数（1885 年为基期）	米价指数（1885 年为基期）
1885	100.00	4.44	100.00	100.00
1886	95.47	3.55	79.98	123.90
1887	91.31	2.49	56.15	123.27
1888	90.01	1.58	35.68	108.80
1889	88.70	3.31	74.52	117.61
1890	84.01	2.24	50.52	134.59
1891	88.70	2.22	49.94	118.24
1892	95.47	2.57	57.84	126.41
1893	88.70	3.64	81.91	128.30
1894	85.09	3.88	87.39	127.03
1895	88.70	7.90	178.00	132.69

续表

年份	银购买力指数（1885 年为基期）	实际收入（元）	实际收入指数（1885 年为基期）	米价指数（1885 年为基期）
1896	87. 55	—	—	177. 35
1897	79. 78	—	—	167. 45
1898	74. 94	—	—	207. 53
1899	67. 22	4. 92	110. 73	170. 28
1900	72. 41	4. 01	90. 34	158. 22
1901	77. 79	4. 32	97. 41	168. 15
1902	64. 87	3. 27	73. 64	236. 26
1903	61. 18	4. 03	90. 67	223. 85
1904	63. 64	3. 38	76. 11	194. 41

资料来源：1. 银购买力指数折算依据王玉茹：《近代中国价格结构研究》，陕西人民出版社1997 年版，第 52—53 页。2. 米价指数折算依据彭凯翔：《清代以来的粮价：历史学的解释与再解释》，上海人民出版社 2006 年版，第 174 页。

近代中国农民从事生产的第一目的是维持生存，在市场尚不发达的条件下，粮食作物是农民的首选，这就决定了茶叶生产在茶农经济结构中居于副业地位。种植茶叶最大目的就是获取收益，以此收益来购买生存必需品粮食。当种植茶叶获取的实际收入不断下降，而粮食实际物价上升时，农民更倾向于直接种植粮食，从而不断减少茶叶种植和投入。由表 3-18 可见，在笔者考察的 1885—1904 年间，茶叶给茶农带来的实际收入是降低的，而茶区茶农赖以生存的大米实际物价指数不断上升，由二者实际购买力指数变化趋势，可见它们真实的变动趋势，见图 3-3。

由表 3-18 和图 3-3 可见，茶农植茶的实际收入在不断降低，而生产大米所得的实际收入不断增高，这就决定了茶农依据比较收益来做出理性生产安排。这一时期，有关茶农弃茶而改种别的物产的报道，不断见诸报端，“近日因茶务不见佳，故建宁、延平等处，皆改种水稻，临境亦多种山薯”①。

通过对洋行、茶栈、茶号与茶农收益情况的考察，洋行和茶栈等中间商主导构建的近代华茶贸易制度确保了洋行、买办和茶栈获取了稳固而丰厚的利润，但是，他们获取的这些“好处”大大挤压了茶号获利的空间。

① 《福州茶务》，《时务报》，1898 年 6 月 1 日，第 67 册。

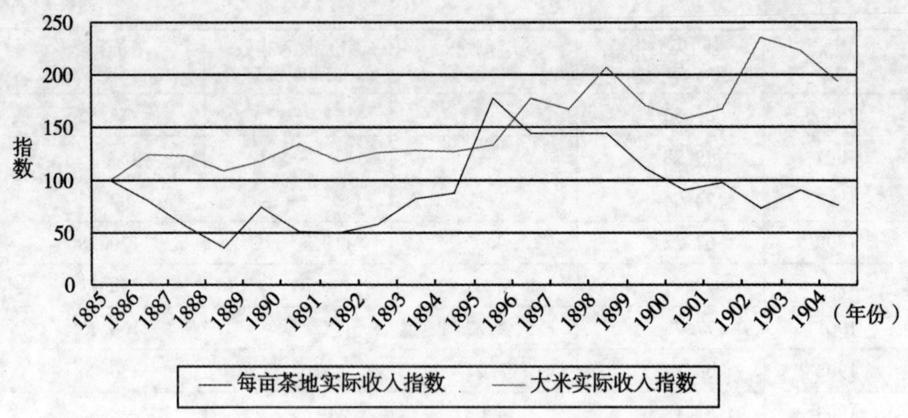

图 3-3 1885—1904 年大米和茶叶实际收入变化趋势

说明：1896—1898 年这三年数据是缺的，为保持趋势连贯性，笔者按 1895 年和 1899 年这两年每亩茶叶实际收入指数的平均数作为这三年的指数数据，这样处理可能导致这三年每亩茶叶实际收入指数偏高，但是更能体现出低于大米物价指数的趋势。

在大多数年份，茶号仅能获取微小的利润，这从根本上制约了它们进行茶叶现代化产制所需的必要资本积累，也无法激励社会资本对茶业现代化进行投资。茶号为了降低生产成本，通常在制作精制茶叶成本构成中的大项——毛茶收购中压低价格，使茶农在正常年份仅能获取微利，然而，这些利润远不能抵消物价上涨带来的生活成本，出于比较利益的选择，茶农更多采取的策略是弃茶而改种收益更高的其他农作物，这就解释了为什么茶农不愿在茶叶生产中进行更多投入而采取粗制生产的历史现象。

综观近代中国业茶者的利益分配关系，可见在华茶贸易出口达到出口量高峰之后，洋行、买办与茶栈等市场中间商主导构建的近代华茶对外贸易制度，造成了茶业利益分配的失衡。从上文的分析可以得出这样的结论：在南京国民政府实行茶业统制之前，中国的茶叶对外贸易市场和贸易制度是失效的，制度失衡反映了利益失衡。在洋行、买办与茶栈等市场垄断力量控制下，市场本身难以解决这种失衡，需要政府出面主导制度的重构。然而，在晚清和北洋政府时期，政府对经济的控制和干预能力极为微弱，它担负不了制度重构的历史责任。

第七节 华茶衰落的实证检验

究竟何种因素对华茶衰落起显著作用，一直是研究近代华茶贸易衰落原因的学者最为关心的问题之一。本书尝试通过计量实证来检验过去的结论。近代中国茶叶出口中，红茶在其中占有最重要地位，近代中国茶叶出口的衰落，严格说来，主要是指红茶的衰落。从出口数量上讲，绿茶并没有太多衰减，从1863年至1917年，绿茶出口数量，在大多数年份，基本维持在20万担左右。但是，如果从绿茶在国际市场上所占的份额看，则绿茶衰败更为严重。1863年，中国绿茶尚占市场份额的约80%，至1917年仅占了21%强。① 鉴于数据的可得性，以及红茶占出口华茶的最大比重，因此，笔者主要针对红茶用计量模型检验近代中国茶叶出口衰落的情况。

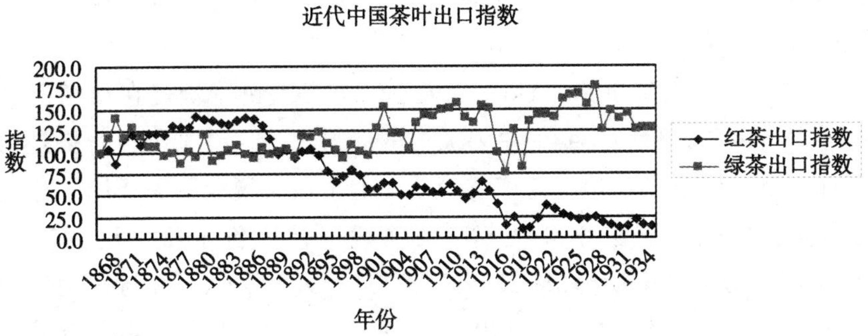

图3-4　1868—1934年中国红茶、绿茶出口指数变化趋势

资料来源：根据吴觉农、范和钧《中国茶业问题》，商务印书馆1937年版，第156—157页的红茶和绿茶出口量折算成指数。

一　红茶衰落的计量检验与历史分析

（一）变量选取和说明

影响红茶出口的因素很多，受限于数据的可得性，在实证分析中我们对影响红茶出口的主要因素进行考察。其中以下六个因素最为重要：

1. 其他国家红茶出口量（wht）。外国茶竞争是否意味着华茶的必然衰落，是学界比较关心的问题之一，因此，选取其他国家红茶出口量作为一个解释变量。中国红茶主要面临印度红茶和锡兰红茶的竞争，本书用二者之和替代其他国家红茶。

① 依据陈慈玉《近代中国茶业之发展》，中国人民大学出版社2013年版，第241、322和323等页相关绿茶数据估算所得。

2. 汇率（ex）。汇率水平是影响进出口贸易的一个重要因素。就汇票和通货而言，外商在西方买进时是以黄金为核算单位，在中国卖出时是以白银为核算单位。洋行常常利用汇率进行投机，汇率的变动对洋行的盈亏起重要作用。以购茶为例，如果中国的茶价不变，而银价折合金价下跌，茶价折合金价也下跌，那么购茶洋行就能从汇率中获利；反之，则亏损。所以，洋行十分注意抓住金银比价变动的机会为自己创造收益。因此，汇率对华茶出口具有重要影响。茶叶贸易具有季节性，如果用年平均汇率进行回归，有可能会抹平其对茶叶交易的影响。在近代中国出口的茶叶中，头道茶和二道茶最多，它们绝大部分在5—8月份完成出口，所以，笔者用5—8月的平均汇率代表年平均汇率。这里的汇率比价是英镑与海关两的比价，即直接标价法。

3. 中国红茶出口价格（chp）。从一般意义上讲，价格在市场上具有导向作用。因此，价格是我们主要关注的变量之一。红茶出口价格是指海关统计价格。红茶出口价应为市场价格加上出口关税及相关费用（相关费用主要包括力钱与报关手续费，这两项费用在售价中所占比例较少）。1904年前，海关以市场价格作为出口价格，1904年后关税与相关费用被计入出口价格。为统一数据，1904年后的出口价格减去每年对应的茶叶关税，即大致可视为与此前数据一致。

4. 税厘（cht）。税收和厘金是茶叶出口成本的主要组成部分之一。部分学者认为其是造成华茶衰落的主要原因之一。税厘包括出口正税和厘金两部分。在笔者考察的年份中，每担茶叶出口税，1902年之前为2.5海关两，1902—1913年为1.25海关两，1913—1918年为1海关两。由于国内厘金每个地方征收口径不一，很难统计出厘金在茶叶贸易成本中所占的具体比例。从总的情况来看，在笔者考察的时期内，大部分主要产茶省份的茶商所缴纳的厘金多在1.25—1.4海关两/担，① 与1902年之前征收的子口半税（是洋行在购买华茶时享有的一种内地优惠税，为出口税的一半）相差不大，故笔者1902年之前征收的用子口半税替代笔者考察时期内征收的厘金。

5. 英国人均红茶消费量（enav）。在影响华茶出口的因素中，世界茶叶市场的需求是学界较为关心的。英国是红茶最大消费国，即使到了20

① 《华茶公所节略》，《申报》1887年11月26日。

世纪二三十年代，全世界的红茶每年仍约有半数运往英国。英国市场的红茶消费变化，基本可以反映世界红茶消费的变化情况。因此，笔者用英国人均红茶消费量替代世界人均红茶消费量。

6. 制度变量（v）。贸易制度无疑对华茶出口起着更为基础性的作用，这也是本书的主旨之一。因此，我们选取制度作为解释影响红茶出口的一个变量。制度成熟需要一个过程。在复杂的制度结构中，很难用某一个制度所对应的具体数据去刻画整个制度结构。对制度影响的考察，在大多数情况下，只能检验制度的实施或成型前后所产生的影响。1883 年发生了诸如汉口茶业公会“联合抵制”等深刻影响近代华茶贸易的历史事件（这一年汉口、上海和福州等重要茶叶输出港的茶业公会会章基本形成），因此，笔者将其视为茶叶贸易制度的成型节点，考察近代中国茶叶贸易制度的构建。

（二）资料来源

1. 中国红茶出口量（*chte*）：1859—1862 年数据摘自陈慈玉《中国近代茶业之发展》一书的第 278 页和第 241 页；[①] 1863—1918 年数据摘自该书第 322 页和第 323 页的附表一。

2. 其他国家红茶出口量（*wht*）：1859—1918 年数据摘自陈慈玉《中国近代茶业之发展》一书的第 278—280 页。

3. 汇率（*ex*）：1859—1861 年和 1867—1918 年数据根据该时段《北华捷报》报道的每一周汇率的平均数；由于缺乏 1862—1866 年每周汇率变化情况的报道，1862—1866 年数据只有用年度汇率替代这几年的季度汇率，数据摘自陈慈玉《中国近代茶业之发展》一书的第 311 页。

4. 红茶出口价格（*chp*）：1859—1862 年数据摘自陈慈玉《中国近代茶业之发展》一书的第 83 页和第 84 页；[②] 1863—1918 年数据摘自该书第 322 页和第 323 页的附表一。

5. 税厘（*cht*）：1859—1918 年出口税数据摘自托马斯·莱昂斯《中国海关与贸易统计（1859—1948）》一书的第 31 页。[③]

---

① Ukers, William H. All about tea. ［M］. New York: The Tea and coffee trade journal company press, 1935.

② 按同期汇率折算而成。

③ ［美］托马斯·莱昂斯：《中国海关与贸易统计（1859—1948）》，毛立坤、方书生、姜修宪译，浙江大学出版社 2009 年版，第 31 页。

6. 英国人均茶叶消费量（*enav*）：1859—1918 年数据摘自威廉·乌克斯《茶叶全书》一书的第 350 页。①

7. 制度变量（v）：依据前文对近代中国茶叶贸易制度构建过程的考察，将 1883 年作为制度的变节点。1883 年之前 v 值为 0，1883 年（包括本年）以后 v 值为 1。

（三）模型设定

为了考察上述变量对近代中国红茶出口的影响，我们根据样本特征，使用多元线性回归模型：

$$chter_t = c + \beta_1 v_t + \beta_2 whtr_t + \beta_3 exr_t + \beta_4 chpr_t + \beta_5 cht_t + \beta_6 enavr_t + \varepsilon_t$$

其中，被解释变量 $chter_t$ 为第 t 年的中国红茶出口量年增长率；解释变量 v_t 为第 t 年的制度变量；$whtr_t$ 为第 t 年其他国家红茶出口量的增长率；exr_t 为第 t 年中国茶季汇率的增长率；$chpr_t$ 为第 t 年中国红茶出口价格的增长率；cht_t 为第 t 年的税厘；$enavr_t$ 为第 t 年英国人均茶叶消费量的增长率。每个变量当年的增长率，由该变量相对于上一年的增量除以该变量上一年的值计算得到，所有增长率数据从 1860 年开始计算。

模型之所以如此设定，基于以下两个原因：

一者，用相关变量的增长率对红茶出口量的增长率进行回归，能够反映哪些因素的变化影响中国红茶出口量的变化；

二者，由于原始的历史数据有很强的长记忆性（有单位根），直接在原始数据间进行回归可能出现伪回归的情形。相关变量的增长率数据共有 59 组，它们的基本统计量见表 3-19。

表 3-19　　华茶贸易相关数据年增长率基本统计量

变量	均值	标准差	最大值	最小值
chter	-0.0077	0.1514	0.2577	-0.6292
whtr	0.1218	0.2015	0.8254	0.2015
exr	0.0097	0.0909	0.2469	-0.2312
chpr	0.0103	0.1378	0.5462	-0.2608
cht	3.3940	0.5913	3.7500	2.2500

① Ukers, William H. *All about tea*. New York: The Tea and coffee trade journal company press, 1935, p. 350.

续表

变量	均值	标准差	最大值	最小值
enavr	0.0187	0.0194	0.0850	0

为了避免出现伪回归的情形，在回归之前，对相关变量年增长率的时间序列数据进行单位根检验。单位根检验的 *ADF* 统计量值见表 3-20。由于单位根检验的 1%临界值和 5%临界值分别是-3.55 和-2.91，表中 *ADF* 值都小于临界值，表明在 95%的置信水平下，所有增长率的时间序列数据不存在单位根，为平稳序列。制度变量 *v* 和税率 *cht* 仅在某些年份发生变化，可看作虚拟变量，故没有对它们进行单位根检验。

表 3-20　华茶贸易相关数据年增长率单位根检验的 *ADF* 统计量值

变量	*chter*	*whtr*	*exr*	*chpr*	*enavr*
ADF 值	-4.73	-9.86	-5.60	-9.19	-2.94

表 3-21 给出了变量间的相关系数，从中可以发现解释变量间都没有很强的相关性。基本可以表明解释变量间没有较强的多重共线性。

表 3-21　华茶贸易相关变量间的相关系数

变量	*chter*	*exr*	*chpr*	*whtr*	*v*	*cht*	*enavr*
chter	1	0.41	0.08	0.18	-0.29	0.21	0.26
exr	1	0.03	0.05		-0.03	0.38	0.06
chpr		1	0.01		0.12	-0.15	0.07
whtr			1		-0.22	0.25	0.19
v					1	-0.50	-0.43
cht						1	0.24
enavr							1

（四）实证结果与分析

表 3-22 报告了 1859—1918 年中国红茶出口增长率与影响因素的增长率回归结果。从回归结果看，其他国家红茶出口量的增长率（whtr）的系数不显著，说明其他国家红茶出口量的增长率对中国红茶出口量的增长率影响不显著。汇率的增长率（exr）的系数显著为正，说明汇率增长率上

升时，中国红茶出口量增长率也上升。国内红茶出口价格的增长率（chpr）系数不显著，说明红茶出口价格的增长率对红茶出口量的增长率没有显著影响。中国红茶出口税厘（cht）的系数不显著，说明税厘的变化对红茶出口量的增长率影响不显著，从动态角度来看，中国茶税并非在长期时间内对华茶衰落有重要影响，而只是随着外部环境的变化对红茶出口起负向作用，而且是短期因素。英国人均茶叶消费量的增长率（enavr）的系数不显著，说明市场需求的增长对中国红茶出口量增长率没有显著影响。制度变量（v）的系数显著为负，说明洋行与茶栈建立的贸易制度导致了红茶出口量增长率的减少，该制度的构建的确妨碍了红茶对外贸易。

表 3-22　　1859—1918 年中国红茶出口增长率与影响因素的增长率实证结果

变量	系数	标准误	t-值
c	0.14	0.15	0.94
whtr	0.11	0.19	0.39
exr	0.82***	0.24	3.36
chpr	0.07	0.13	0.59
cht	-0.04	0.04	-0.98
enavr	0.90	1.03	0.87
v	-0.09**	0.05	-1.93

说明：*** 和 ** 分别表示在 0.99 和 0.95 的置信水平上显著，共有 59 组观测值，$R^2=0.285$，$adj.\ R^2=0.203$，$F=3.457$。

（五）回归结果的历史分析

由以上实证分析结果可知，在影响华茶出口衰落的主要因素中，洋行与代表茶栈利益的茶业公会主导构建的贸易制度对华茶出口增长变化率的衰落具有显著且负向作用，其他因素如其他国家红茶出口量、华茶税厘等因素对华茶出口增长变化率的作用，在计量检验意义上讲，并不显著相关。其中，其他国家红茶出口量（外茶冲击）和华茶税厘对华茶出口的影响已在本书第二章第五节已有论述，在此不再作重复分析。接下来，基于史实，笔者对影响华茶出口的其他因素，予以逐项分析。

1. 汇率与华茶贸易

这里所指的汇率，正如笔者在变量选取时所言的，是指英镑与中国海关两的比价，图 3-5 是二者 1859—1918 年间，5—8 月份的比价变动趋势。

由图 3-5 可见，大致在 19 世纪 70 年代初开始，英镑与中国海关两的

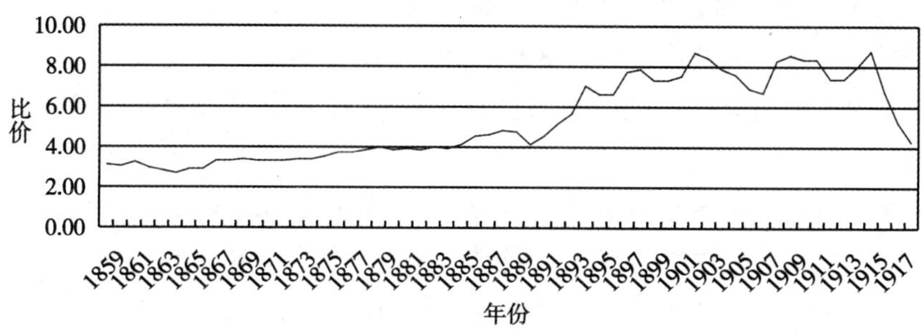

图 3-5　1859—1918 年英镑与中国海关两比价走势

比价呈上升趋势，大致到 1916 年之后才有短暂的回落。每一年茶季汇率的变动都影响着华茶对外贸易。在一般贸易理论中，一国货币贬值有利于本国商品出口。但是，当一国不能直接对外出口而需要假手他国商人之手时，他国商人就会根据汇率变动是否对自己有利，进行相应的贸易选择。近代华茶对外贸易情况就是这样的。70 年代初中欧海底电缆的铺设，使与贸易方式相对应的金融周转方式也发生了相应的变化。外国银行汇票在中外贸易中很快被普遍使用，汇票通常以六个月为支付期限，因此汇率的变动必然影响中外茶商的成本与收益。

信息灵通的洋行十分注意利用汇率变动的机会创造利益。例如，1876 年 5 月中旬，汉口与九江茶开市，由于高汇率的缘故，致使大量茶叶被交易，洋商购买一担茶叶的价格比前一年的价格约低了 2 便士。6 月 1 日上海开市价和汉口的市价相同，成交量也稳步上升。接下来，汇价变得异常和过多波动，以致用银两价格表示交货成本是毫无意义的，在这一年茶季最忙碌的几个月里，汇价波动幅度两度高达 16%—18%，汇价到过的最低点和最高点见表 3-23。①

表 3-23　　　　伦敦付款的 6 个月期票先令便士涨幅

7 月 15 日	5	0. 75	
8 月 19 日	5	10. 5	即上升了 16%强
9 月 23 日	5	1	
12 月 14 日	6	0	即上升了 18%强

① 《北华捷报》1876 年 7 月 15 日、1876 年 8 月 19 日、1876 年 9 月 23 日、1876 年 12 月 14 日。

汇价如此剧烈波动，对购茶洋商极为有利，“只要指出低级普通工夫茶到高级普通工夫茶曾按每磅 8 便士到 11 便士的价格在伦敦出售，较高级茶叶的价格相应提高这一情况就够了”。[①] 却使中国茶商遭受到了巨额亏损。

外国商人也凭借信息灵通的优势，经常在交易时利用汇率的波动投机，即他们在海关两升值时，以当时中国银两价格赊买，等到海关两贬值到他们期望的程度时再付款。1879 年中国海关两升值，同时运费降低，非常有利于外商购茶，他们用更少的中国银两即可买进。在上海的外国银行又要求以四个月为期限的汇票替代原先的六个月的汇票，以致信用贷款紧缩。“本年六月期之汇票改为三个月（应为四个月），而各银行又知茶商亏本者多，故必令银数少汇，如去年一万银价，可汇九千两，今或七千五百两或八千两矣。故本银又须加添，恐断无争先恐后以买茶矣。”[②] 洋商的确没有争先恐后买茶，而是利用这个时机，“在汉口开市之前，达成一项协议，即在第一批茶叶到达市面后的 10 天内不作任何购进。该协议确实达到了洋商的期望，以致茶价空前低廉”。[③]

金贵银贱在近代中国汇率变化过程中是基本趋势，银价下跌，外国商人可在中国市场以较低的费用购买茶叶，使华茶输出量有增长的可能性。正如陈慈玉总结汇率对华茶时指出的那样：“对外汇率之下跌使在中国通商茶市场的外国购买商更居于优越之地位，更有利于消费国，这也是由于中国茶商无法直接输出茶到外国的缘故。汇兑之低与中国银两之低虽使外国购买商能以较低之成本收购，并在伦敦以较便宜之价出售，但由于印锡茶的竞争力能力太强，他们仍无法得到高利润，银价下落虽对中国茶贸易有利，不过促使中国茶贸易衰微的力量太大，前者之利显然不能抵消后者之弊。”[④] 总之，银价下落虽有利于华茶出口，但这种优势并不能转变为胜势。这种优势不能得到充分发挥，只能更进一步地说明导致华茶衰落的根本原因不是外部因素，而是近代华茶对外贸易制度使然。计量结果也支

---

① 李必樟编译：《上海近代贸易经济发展概况：1854—1898 年英国驻上海领事贸易报告汇编》，上海社会科学院出版社 1993 年版，第 412 页。

② 《茶市可虑》，《申报》1879 年 3 月 26 日。

③ 李必樟编译：《上海近代贸易经济发展概况：1854—1898 年英国驻上海领事贸易报告汇编》，上海社会科学院出版社 1993 年版，第 536 页。

④ 陈慈玉：《近代中国茶业之发展》，中国人民大学出版社 2013 年版，第 299 页。

撑这一观点。

2. 茶叶出口价格与华茶出口

当市场失灵时，价格不一定能够真实地反映市场的供求关系。1870年以后，中国不再是世界茶叶市场供给的唯一货源地，同时，经营外国茶的洋行为了打开外国茶在国际市场上的销路，常常宣扬华茶不洁，有损消费者身体健康，以此诋毁华茶声誉，这些因素最终导致华茶在国际市场上不得善价，致使经营华茶的外商亏本。另外，外国银行、洋行操纵着近代中国的国际汇兑业务。外国茶商、洋行往往利用汇率的波动进行投机，严重扰乱了茶叶市场价格，"外国商人，亦抱着投机心理来从事茶贸易，例如他们在各茶港所展开的鲁莽而具有毁灭性的购茶竞争，更加重了茶贸易的不稳定性"①。

1878 年，中国海关两升值，外国商人在福州用较低的银价购进茶叶，但不付款，到汇价出现下跌时再付款（福州茶业公会推行"往来赊欠制度允许外国商人可以延期付款）。加之，该年运费低廉，刺激了外国茶商收茶的欲望。他们不断扩大收买茶叶，导致大量低劣茶叶被产制出来。"本来该年伦敦的交货量比从全中国的到货总数还多出了三百万磅，如果中国对发货量再加节制的话，前景就会是非常鼓舞人心的。"② 该年茶季，外国商人在福州的积极购茶，结果导致在上海、汉口两港出口总量比 1877 年减少了 300 多万磅的情况下（这两个地方外商购茶需付现款），福州的出口总额多了 1200 万磅。而中国茶叶在国内售卖价格总体比 1877 年降低了约 9.3%（中国每磅茶平均单价，1877 为 15.6 便士，1878 年为 14.5 便士）。③

外商投机也助长了中国茶商投机热情。普遍盛行的投机，常常使茶叶价格偏离合理的价位。因此，茶价不能反映市场真正的供求关系，而失去市场导向作用。尽管实证结果显示华茶出口价格的变化与中国红茶出口的变化率呈正相关关系，但已不再有显著关系。因此，可以认为中国茶叶市场价格的变化已失去市场导向功能，即近代华茶出口价格已被洋行、买办

---

① 陈慈玉：《近代中国茶业之发展》，中国人民大学出版社 2013 年版，第 300 页。

② 李必樟编译：《上海近代贸易经济发展概况：1854—1898 年英国驻上海领事贸易报告汇编》，上海社会科学院出版社 1993 年版，第 489 页。

③ 陈慈玉：《近代中国茶业之发展》，中国人民大学出版社 2013 年版，第 84 页。

与茶栈主导的交易机制所扭曲。

3. 英国人均茶叶消费量与华茶出口

从回归结果可以看出，英国人均红茶消费量的增长与中国红茶出口量的增长呈正相关关系，但是表现得并不显著，英国人均红茶消费量的增长并没有带来中国红茶出口量的显著增加。这一结论与需求增加而供给增加的市场基本规律不一致。这只能说明中国红茶的质量和口味在国际市场上缺乏竞争力。实证结果为史实所支撑。

近代华茶贸易制度导致掺假作伪、低劣产制的盛行，使华茶在国际市场上不受欢迎，“这个茶季的失败，最主要的原因就是几乎全部的中国茶叶充满浓烈的烟熏味道”①。消费国家的消费者遂转移去消费其需要之茶，一位伦敦商人给驻上海总领事许士写信说道：“对印度和锡兰的浓味粗茶所培养起来的爱好使人们已习惯于这种味道，因而现在没有别的茶叶能使他们感到满足了。这就像一个人习惯于白兰地酒后，如果给他端上一杯高级白葡萄酒或红酒之类的饮料，他是不会感谢你的。我相信迟早会出现喝中国茶的反应，但我们要的是比前一年产品质量要好的茶叶。依我看来，前一年运到的茶叶是我们从中国进口茶叶以来质量最差的一批。”②

伴随着茶叶消费国消费者口味的转变，更由于华茶质量变得越来越低劣，华茶在传统市场销量迅速下降，1886 年输往英国的红茶为 108 万担，输往俄国的为 53 万担，仅仅 3 年以后，输往英国的红茶就剩下 65 万担，俄国为 48 万担了。③ 相反，印度茶、锡兰茶输往英国的数量迅速增加，因此，华茶所占的市场份额越来越小，“溯光绪五年，中国茶在英畅销占英国输入总额之八成有余，印度茶占一成六七分，乃至近时，则迥异从前，印度茶占五成八，中国茶仅占二成六分。又按英国输入额中有四千万磅系辗转输出，除去此项输出额，知英人所消费者实有二亿六千万磅，盖每人所消费者平均有六磅，可谓消茶最多之国矣”④。由此可见，虽然 19 世纪下半叶世界茶叶消费市场旺盛，但是由于华茶质量低下，并没有因此而实现增长。

---

① 《北华捷报》1890 年 2 月 7 日，第 150 页。

② 李必樟编译：《上海近代贸易经济发展概况：1854—1898 年英国驻上海领事贸易报告汇编》，上海社会科学院出版社 1993 年版，第 747 页。

③ 《北华捷报》1890 年 2 月 7 日，第 150 页。

④ 《海外茶市》，《商务官报》1907 年第 24 册。

二　绿茶衰落的历史分析

和红茶衰落一样，洋行、买办和茶栈等市场中间商构建的华茶对外贸易制度对绿茶出口的增长起着巨大的制约作用。本应对绿茶衰落进行模型构建，以此进行计量检验和分析。然而，鉴于数据的可得性以及中国绿茶与红茶在国际市场上面临着不同的市场结构和竞争对手，用同一模型进行分析，有失适宜之处。笔者也曾进行尝试和努力，但模型检验的效果并不理想。不过，通过对史料的解读，我们依然可窥见中国绿茶的衰落之状和导致其衰落的因素。有关中国茶叶出口税厘和价格对中国绿茶出口的影响与中国红茶基本相同，在此不多作分析。接下来，针对可能影响绿茶出口的其他因素，结合史料进行逐项分析。

（一）日本绿茶与中国绿茶的衰落

在国际绿茶市场上，中国绿茶最主要的竞争对手是日本绿茶。绿茶最大消费市场为美国。为争夺市场份额，日本人在美国茶叶市场上采取的销售策略与印度、锡兰等国在伦敦红茶市场上的销售策略不同，即印度、锡兰等红茶在伦敦市场上主要依靠成本低、质量好的优势取胜华茶，而日本在美国市场则是凭借卖价低、质量好而取胜华茶。就竞争激烈程度而言，日本绿茶与中国绿茶在美国市场上的竞争“达到了一个更高阶段”①。这种竞争的激烈程度，表现在价格上“至于日本绿茶之价，在 1875 年以后亦下落，1868 年为 1 先令 1 便士，1875 年为 1 先令，1877 年降为 5.6 便士，仅为 1868 年之半，1882 年为 6.7 便士，1887 年为 5.8 便士，1892 年为 3.7 便士，1897 年为 4.3 便士，几乎仅值 1868 年的三分之一”②。相较华茶，日本绿茶卖价较低，价格优势使日本茶在美国市场上颇有竞争力。除此之外，日本茶商非常注意对本国茶叶的市场推销，“我日本茶商，从速努力改良制品，研究广告之法，投美人之所好，以图销路之推广，而中国茶叶比年落后人之原因，未始非品物不精选，装饰不雅观，广告不注意也”③。

然而，日本茶取胜中国绿茶更主要的原因则是其品质优于华茶。自

---

① 姚贤镐：《中国近代对外贸易史料》，中华书局 1962 年版，第 1198 页.

② 陈慈玉：《近代中国茶业之发展》，中国人民大学出版社 2013 年版，第 244 页。

③ 日本伊藤农产课：《对美制茶贸易善后策》，《东方杂志》1914 年第 10 卷第 11 期。

19世纪70年代初，日本茶业界就努力在茶叶的产、制、销等环节中提高和保证茶叶品质优良，以图在国际茶叶市场上击败中国绿茶。相反，中国绿茶质量极差，大量混入低档茶叶，因而泡出的茶淡而无味，以致美国消费者抱怨道："给我们日本茶，我们不要那平淡无味的绿茶。"① 这些努力，使日本绿茶战胜了中国绿茶，逐步夺取了中国绿茶原有的市场份额。早在1877年，英国驻上海领事达文波就窥测到中国绿茶在美国市场上的失败，"我只能把经常提到的原因重复如下：它们在美国已被日本茶所取代，在英国也很不受欢迎"②。

综观中日绿茶在美国市场上的竞争过程，不难发现，日本绿茶虽对中国绿茶带来了极大挑战，但并不能简单地认为日本绿茶强有力的竞争是华茶失败的主要原因。中国绿茶自身品质的不断下降则是其失败的最主要原因之一，"假定绿茶是老老实实地制造的，日本茶产量就决不会在短短几年内，由800万磅提高到2400万磅。(中国) 绿茶如果在品质方面不求改良，昔日贸易恐难维持"③。中国绿茶虽然在绝大部分年份，尚能保持原有的出口规模，在一些年份甚至略有增长，则是在世界绿茶消费市场有了更大规模的需求背景下，实现了有限度的贸易转移。但是，这种转移带来的增长非常有限，远远不能与中国绿茶产量的规模所对应。

(二) 中美汇率变动与中国绿茶出口

美元与海关两的汇率变动情况，与英镑和海关两的变动情况大致相同，这主要是因为当时美元也是实行金本位制度。笔者整理了1859—1917年美元与海关两汇率的变动趋势（1美元兑换一定数额的海关两，即直接标价法），见图3-6。

由图3-6不难发现，海关两相对美元而言，呈现出不断贬值的趋势，这也符合近代中国外汇变化的基本趋势，即金贵银贱的趋势。在汇率处于有利的贸易条件下，中国绿茶对外出口有增长的可能。从汇率的增长率和中国绿茶增长率的相关关系也可看出汇率对中国绿茶出口的有利性，r=0.331。从相关性上讲，美元与海关两之间的汇率变化，的确有利于促进

① 姚贤镐：《中国近代对外贸易史料》，中华书局1962年版，第1199页。

② 李必樟编译：《上海近代贸易经济发展概况：1854—1898年英国驻上海领事贸易报告汇编》，上海社会科学院出版社1993年版，第445页。

③ 姚贤镐：《中国近代对外贸易史料》，中华书局1962年版，第1199页。

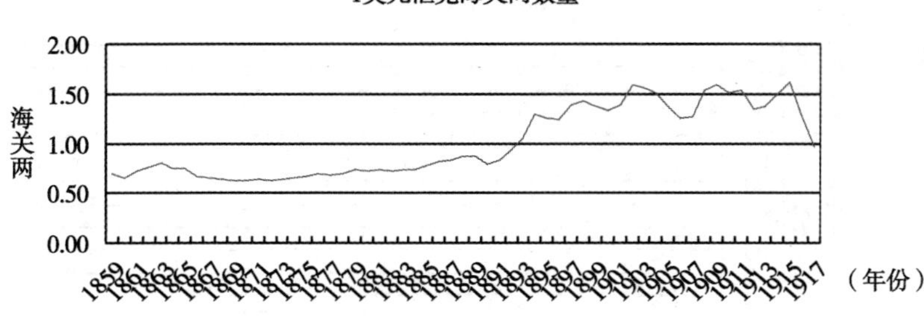

图 3-6　1859—1917 年美元与海关两的汇兑变化趋势

中国绿茶的增长。然而，中国绿茶在美国乃至世界绿茶市场上，并没有呈现出大幅的增长，即有利的汇率优势，并没有促进中国绿茶的大幅度增长。这一点和笔者在红茶检验一节中关于汇率与红茶出口关系的历史分析情况基本相同，不多赘叙。

（三）美国绿茶消费和中国绿茶出口

在影响中国绿茶出口的各种原因中，世界绿茶市场的需求也是不可忽视的因素之一。美国一直是绿茶最大的消费国，美国市场的绿茶消费变化，基本可以反映出世界绿茶消费的变化情况。1890 年前，美国市场的消费者对茶叶的需求，尽管有所增长，但增长不大，如每年人均消费量仅从 19 世纪 70 年代的 1. 32 磅，增长到 19 世纪 90 年代上半期的 1. 34 磅。①1895 年后，美国人对绿茶的嗜好被红茶所取代，以及对咖啡等其他饮料的嗜好增强，这些变化都使美国消费者人均消费的茶叶开始降低，到 1930 年，美国人均茶叶消费仅为 0. 75 磅左右。但是，随着美国人口的不断增长，美国市场对茶叶需求的总量，尤其是绿茶消费的总量，还是有了较大增长。美国作为最大的绿茶消费国的地位依然没有改变。依据美国历年人口和人均消费数量，可得美国每年消费的茶叶数量，见图 3-7。

由图 3-7 可见，美国对茶叶的需求总量，每年呈现出不断上升之态势。

依据图 3-7、图 3-8，不难检验出，中国绿茶出口增长率与美国茶叶消费增长率之间的相关系数 r=-0. 083。从这个角度而言，美国茶叶市场需求的增大，并没有促进中国绿茶在美国市场上的增长，从中国对美国出

① Ukers, William H. All about tea. The tea and Coffee trade Journal Compay. NewYork, 1935, p. 351.

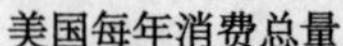

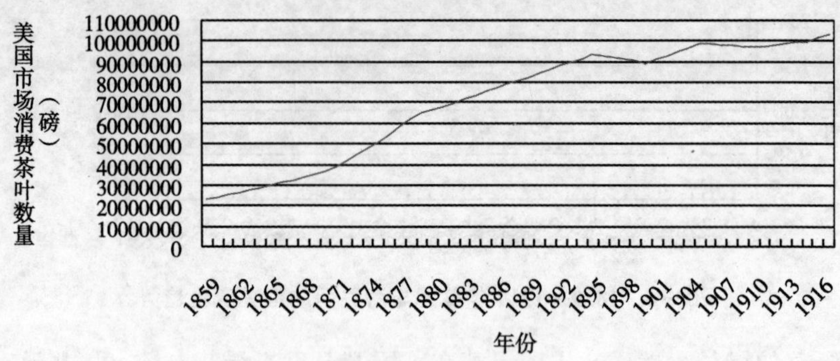

图 3-7　1859—1917 年美国茶叶消费总量变化情况

说明：美国每年茶叶消费量=美国人口总数×美国人均消费量。

资料来源：1. 美国人口总数，引 Http//EH. net/wp－content/uploads/2013/11/Uspop. txt. 2. 美国人均消费量，依据 Ukers，William H. All about tea. The tea and Coffee trade Journal Compay. NewYork，1935，p. 351.

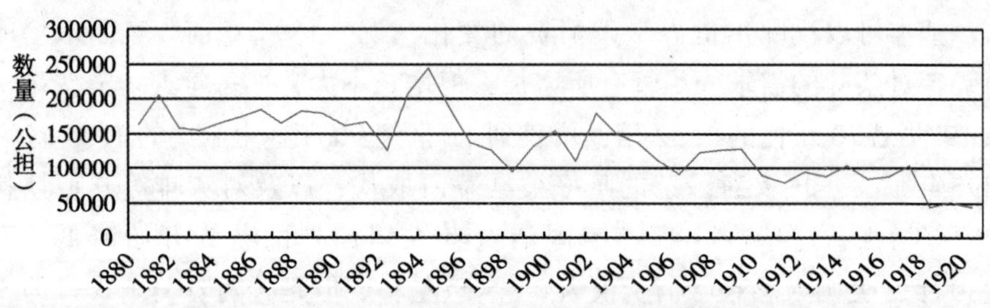

图 3-8　1880—1920 年中国对美国出口茶叶数量变化情况

资料来源：陈慈玉：《近代中国茶业之发展》，中国人民大学出版社 2013 年版，第 324—325 页。

口数量来看，也基本反映出这样的情况。这一认识与需求增加会导致供给增加的经济基本规律并不一致，只能说明中国绿茶因质量问题而越来越不受美国市场的需要。

（四）北非等新消费市场与中国绿茶

中国绿茶出口数量并没有显著衰减，然而，从竞争力而言，与日本绿茶相比则大为下降。中国绿茶销路，向来以美国、加拿大、俄国和北非洲为主顾，1894 年前，输往美国的绿茶常在二三十万担之间，约占绿茶出口总量的96%。然自1897年，美国颁布“粗茶不正茶叶禁止进口条例”以后，中国绿茶输往美国的数量大幅度下降，而日本绿茶则趁机夺取了中国绿茶在美国原有的市场。由于从美国市场上退出的中国绿茶数量十分巨大和美国市场对绿茶消费总量的上升这两个有利因素，使日本绿茶在此时期得到了足够广大的市场，也正基于此，日本绿茶逐渐独占了美国市场。

尽管中国绿茶丧失了美国这个最重要的市场，但其出口量并没有出现大幅度下降，甚至还有所增长，最大的幸运之处在于北非洲等绿茶消费市场的出现。由于北非洲等地人们口味等原因，对绿茶拥有特别嗜好，印度、锡兰等地红茶不为当地人欢迎，英国人不得不继续贩运中国绿茶，以应对这些新兴消费市场的需求。

（五）洋行、买办和茶栈等中间商主导构建的贸易制度与中国绿茶

中国绿茶外销与红茶外销，同为洋行、买办和茶栈的主要业务，必然受他们主导构建的贸易制度的深刻影响。如同中国红茶对外出口衰减一样，洋行、买办和茶栈等中间商主导构建的贸易制度是导致中国绿茶对外出口不振的主要原因之一。

本章总结

本章结合近代华茶对外贸易的过程，考察了近代中国对外贸易制度的构建过程、内涵、逻辑和影响。研究表明，在华茶对外贸易制度中，外国洋行始终控制着茶叶出口权和定价权，作为与洋行博弈最有效的手段，同时更是实现最大利益的保障——垄断货源——成为茶栈最有力的武器。在洋行、买办和茶栈三者之间，他们通过“合作”实现“共赢”，通过“妥协”形成“共识”，以此形成了一个稳定的“利益共同体”。这个“利益共同体”的参与者通过把持华茶出口权、定价权、业务捆绑和垄断茶业金融等手段把持了近代华茶对外贸易，以实现他们最大利益。但是，为追求利益最大化，他们主导构建的华茶贸易制度仅对他们利益实现具有效率，却造成整个行业利益分配失衡。在这种贸易制度下，茶业的主要参与者——茶农和茶号——获利的空间被大大挤压，这造成他们很难通过茶叶贸易积累进行现代化生产所需的必要资金，也造成他们不愿对茶叶生产和制作投入更多，相反，进行粗制生产、掺假作伪，以及改种别产成为他们的理性选择。

作为华茶贸易制度的主导构建者洋行、买办和茶栈为维护稳固的既有利益，固守他们制定的交易规则，阻碍有利于茶业发展而有损于它们利益的一切革新；而茶农、茶商在这种制度下，没有动力去提高茶叶品质；而近代中国政府受限于财政、外交和现代意识等能力的不足，在相当长时间里无力重构华茶贸易制度；这些因素叠加在一起，致使近代中国茶业被锁定在这个制度结构中，无法突破窠臼，始终在传统产制的水平上止步不前，无所作为，最终导致了华茶在国际市场无法战胜现代化生产、制作和销售的外国茶叶，从而衰落下来。本书尝试着运用计量实证的方法，检验了这一结论，结果获得史料和经验证据的支撑。

第四章

中间商制度和茶业金融

近代中国经济的发展是传统经济向新式经济转变的过程，在此过程中，由于财力不足的约束，政府对工商业和贸易发展所提供的资金支持非常有限。工商业和贸易发展所需的资金，一小部分是以发行股票、债券和吸引储蓄等方式向社会直接融资，绝大部分则是向银钱业借用贷款，“我国普通工商业资本短绌者多，诚非贷款不为功”。[①] 由于近代中国金融业分布很不均衡，资金多集中于城市，因此，城市的工商业者可获取相对便利之借款，而沟通农村和城市之间商品往来的资金需求者，却不像城市工商业者那样能获取便利的贷款。这主要是由于商业银行等新式金融机构几乎全部设在都市之中，以及保障城乡资金往来安全的信用制度缺失所决定的。城市金融机构向内地农村放款，多重抵押贷款，而少信用贷款，这对普遍缺少可靠抵押品的中小企业主和商人而言，门槛无疑是高的。即使到20世纪30年代初，有中国农工等极少数银行涉足农村金融，也少有成绩可言。而作为农村传统的金融机构（除银行与合作社外）的放款多具有高利贷性质，这类贷款不但起不到扶持农业生产的作用，反而加速了农民的破产。[②]

由此观之，位于都市里的新式银行和位于农村里的传统金融机构，都不能为都市与农村之间商品流通所需的资金提供支持。而都市与农村之间的商品流通在国民经济又占据极为重要的地位，据有关研究，农业产品在国内市场流通的市值，1920年为39.08亿元，是手工制造品的1.31倍，是新式工矿产品的3.33倍，是进口洋货的3.29倍；1930年为75.33亿元，是手工制造品的1.72倍，是新式工矿产品的2.26倍，是进口洋货的

---

① 荧：《对于钱庄信用放款之意见》，《钱业月报》1923年第3卷第9期。

② 郑起东：《转型期的华北农村社会》，上海书店出版社2004年版，第355页。

4.83 倍。[①] 由上述数据足见都市和农村之间商品流通的巨大规模，这尚不包含很大部分在农村生产而销售都市和国外手工制造品之价值。

然而，在近代中国，由于保障内地农村和城市资金安全流通的信用制度非常不健全。向内地农村放款，需要长期稳定的社会、经济和货币条件，需要有自律廉洁的政府，近代中国是不具备这些条件的。直接向内地农村放款存在风险大、成本高等不利因素，然而，农副产品市场流通所需要的大量资金蕴含着获取巨大利益的可能。城市中的银钱业因农村借款者缺乏可靠抵押品鲜有直接涉足农村金融的。它们向农村的放款，有相当的比例是通过口岸城市中的具有较强自我管理、商业网络和信息优势的行业公会及其会员转放出去的。

在本章，笔者以上海茶业公会及其会员茶栈转放贷款为例，来说明近代中国内地与城市贸易往来中所涉及的金融问题，包括风险管理、利率考察以及对贸易的影响。需要说明的是，由于有关贸易金融方面的资料相对稀缺、零碎和分散，这给研究外贸金融带来了不小困难。所幸的是笔者在上海档案馆找到了上海茶业公会的部分档案资料，其中有华茶对外贸易资金融通的章程、风险防范措施等记载。另外，笔者结合《申报》《北华捷报》等资料，对大家关心的一些问题，结合茶叶对外贸易历史进程进行一些探讨，以为抛砖引玉。

第一节　茶业资金的供求关系

近代华茶对外贸易结构是由中间人、代理商组成的一个复杂的等级集团。这个集团是由不同环节构成的，其中包括茶贩、茶号、茶栈、买办与洋行等中间商，“在中国其他商品化农业的市场体系中也同样存在类似的科层制集团，这被认为是中华帝国晚期国内贸易的重要特征”[②]。这样的贸易结构，一方面，阻隔了中国茶叶生产者与外国买主之间的关系；另一方面，又通过各级中间商的市场运作，实现茶叶生产与消费的连接。在近

① 许涤新、吴承明：《中国资本主义发展史》第三卷，人民出版社 2003 年版，第 23、227 页；1936 年的数据不包括关内和东北。

② ［美］罗威廉：《汉口：一个中国城市的商业和社会 1796—1889》，江溶、鲁西奇译，中国人民大学出版社 2005 年版，第 165 页。

代华茶对外贸易中，存在着不同的资金需求者和供给者。在他们长期交往的过程中，逐渐形成了一定的资金流通往来关系，并渐次形成了一套资金融通的制度安排和操作规程。在说明茶业金融关系和制度结构之前，先对资金关系做一番必要的考察。

一 茶商和茶农：资金的需求者

近代中国农村是贫困的，国内外学者对此已有较为深入的考察。在中国近代化过程中，尤其是在早期商业化、工业化初期阶段，资本积累是通过农产品价格与工业品价格之间巨大的“剪刀差”来实现的，这造成了农村在与城市贸易时处于入超的局面，农村资金流向城市。同时，农村地租赋税沉重，加之自然灾害及强势力量的掠夺造成了农村金融的枯竭。居于茶叶生产一端的茶农、茶商亦不例外，他们普遍缺乏资金。对近代中国茶农家计调查资料较少，直到20世纪30年代，国民政府经济部资源委员会对湖南安化等地做了一点调查，资料虽然不尽丰富，但并不妨碍我们对茶农家庭收支情况的了解。在本次调查中，湖南安化98家茶农平均每家负债额为26.68元，负债家庭占调查家庭的70.41%，平均借款年利率为30.03%。[①] 茶农的生活和生产，基本依赖高昂的借款来维持，这种情况体现在近代华茶对外贸易的整个过程中。

从事茶叶加工和贸易的茶号的资本亦普遍不足，“借本谋利”成为普遍的经营方式，其资本来源大致分为贷款、附本和私资三部分，其中附本、私资很少。维持茶叶加工及运销的资金基本依赖茶栈放款，“每岁茶客入山多有到汉者，除自备资斧外，大半向茶栈拉扯”[②]。能否获得茶栈贷款，对茶号至关重要，否则“必难设厂制茶”[③]。另外，如果茶号不能获得茶栈贷款，即没有资望吸收附本。附本不设额度限制，零星资本也可临时加入，也有若干茶农，将毛茶折价附股。总之，茶号“资本不多，重息假贷”进行经营是普遍现象。[④]

① 经济部资源委员会：《湖南安化茶业调查》，1939年。

② 《茶栈近闻》，《申报》1891年3月15日。

③ 吴寿康：《中国茶业金融问题》，《农行月刊》1937年第4卷第4期。

④ 《制军申劝商人购机制茶札》，《申报》1901年1月12日。

二 外资企业：资金的决定者

1. 外国银行：外国银行进入中国较早，当上海还仅有三名外国医生，而律师们的脚步尚没有踏上这块土地的时候，英国的丽如银行就已经在上海挂起了营业的招牌。[①] 19 世纪 60 年代后，外国银行在中国广泛设立。19 世纪 70 年代之后，随着电报时代的到来，外国银行开始广泛涉足中国的进出口业务。服务于中外贸易的外国银行的普遍设立，为从事贸易的中外商人融资提供了便利。例如，汇丰银行的主要股东大部分是在中外贸易中具有重要影响的洋行老板，他们全是“本地利益集团的业主和股东”[②]。这样，具有双重身份的洋行老板，能够从这些外国银行获取低廉而方便的贷款，即使原本不具备雄厚资金的洋行，也能获取外国银行贷款。结果在“过去十年中，原为少数人经营的贸易，已经转到很多人手中，以往资本为商业的一个重要因素，现在则不然，因为银行对装出的货物办理押汇，代替了资本（的作用）。其结果，来中国的任何人都可以经营贸易”[③]。外国银行向洋行贷款，主要采取汇票的形式，汇票的期限则是依据市场资金紧缺情况而定。放款利率多遵西方利率，约为当时中国市场利率的一半，即月息 6 厘，因此洋行都乐于借用。[④]

外国银行也向中国商人提供贷款，早在 19 世纪 60 年代，便有了外国银行以票据贴现的方式对中国商人进行资金融通的记录。例如，在汉口的外国银行对中国茶商提供贷款，使经营茶叶的广东商人有力量“和外国人进行竞争”[⑤]。1872 年茶季，在福州的外商银行几乎都对中国商人贷款，使每一个能提供充分保证的人，均能从银行借到钱，从事各种投机活动。[⑥] 不过，外国银行直接对中国商人放款并不普遍，因为近代中国一直不能构建起确保城市与内地资金往来安全的信用制度，外国银行向中国商

---

① 汪敬虞：《十九世纪西方资本主义对中国的经济侵略》，人民出版社 1983 年版，第 185 页。

② 同上书，第 502 页。

③ 姚贤镐：《中国近代对外贸易史资料》，中华书局 1962 年版，第 406 页。

④ 严中平：《中国近代经济史 1840—1894》，人民出版社 2001 年版，第 1137 页。

⑤ 汪敬虞：《十九世纪西方资本主义对中国的经济侵略》，人民出版社 1983 年版，第 157 页。

⑥ 严中平：《中国近代经济史 1840—1894》，人民出版社 2001 年版，第 1137 页。

人直接放款有着极大风险。所以，外国银行向中国商人放款十分谨慎，例如汇隆银行在贴现票据时，规定至少要有两个保证人。与信用贷款相比，抵押贷款的条件更为苛刻。外国银行规定用以抵押的货物必须进入银行的仓库，不仅如此，借款之人还必须向银行提供商品检验员或者掮客对货物价值和质量评估的合格证明书。[①] 严格的放款条件，对缺乏有效抵押品的中国商人而言，门槛无疑是高的。

2. 外国洋行：五口通商时期，茶叶贸易所需资金，最初是由实力雄厚的洋行提供。中外茶叶贸易最初以现金交易方式进行，随着贸易规模的迅速扩张，这种方式越来越难以满足现实的需要。太平天国运动阻碍了贸易线路，福州有利的区位优势得以彰显，“内地采买制度”得到了普遍推广。“内地采买制度”盛行的主要原因之一，就是自19世纪60年代开始，福州产生了汇兑市场，外国银行在此设立分行，使洋行能够充分周转资金。但是“内地采买制度”事实上是件颇为冒险的营业，因为买办携带巨资深入内地，而当时地方并不稳定，故遭遇强盗甚至被抢劫一空之事时有发生。另外，有时买办诈取资金而从事“双重交易”（double dealing），他们利用种种技巧，损害洋商之利而谋取私利。例如，琼记洋行就曾表示：“二、三月份大笔钱送到乡下去，直到五月份才有各种茶叶送回来。这要冒很大风险。根据条约，我们无权在内地购买土产，如果发生损失，无法补救。”[②] 鉴于以上各种困难，洋行购茶开始转向拥有广泛的商业网络而又相对安全可靠的口岸茶栈。

伴随着洋行购茶转向茶栈，茶叶资金信贷、货款结算方式也随之转变。茶业贷款，变成外商银行贷给洋行，再由洋行转贷中国茶栈或茶商的方式。“查城台流通银币之总汇，多有英商汇丰、渣打两银行，然信用只及各洋行，而各洋行贷用之款又以转贷茶帮为巨数。”[③] 洋行向中国茶商贷款，有信用放款和抵押贷款两种，尤以抵押贷款为主。抵押贷款利率“无论是宏观或微观的材料，都显示这种融资（接受庄票和进行放款）的利息收入，月息都在2%—3%的水平，至少不低于1.5%”[④]。洋行向中国

---

① Daily News，1865年5月11日，第433页。

② ［美］郝延平：《十九世纪的中国买办：东西间桥梁》，李荣昌等译，上海社会科学院出版社1988年版，第93页。

③ 《福建金银机关近年消长情形》，《申报》1907年12月2日。

④ 汪敬虞：《十九世纪外国在华金融活动中的银行与洋行》，《历史研究》1994年第1期。

茶商放款多为抵押贷款，对缺乏有效抵押品而又好面子的中国商人而言，门槛无疑也是高的，同时也是有失体面的。因此，洋行向中国商人放贷，自19世纪70年代之后便不再是华商贷款的主要形式。

三　本国钱庄与银行：资金的中转者

19世纪60年代以后，中国钱庄开始被纳入中外贸易流通的融资渠道中。在此时期，洋行就自设钱庄，向中国商人提供出口商品所需要的资金和贷款。例如，1863年，怡和洋行在上海分行自设怡和钱庄“能够以低于国内百分之三至五的利率，把可动用的资金全部放在贷款业务上”①。又如，“唐景星和阿李、林钦通过泰和、泰兴和精益三家钱庄的代理，利用阿李和林钦合伙设立的谦慎安老茶栈，在产地收购茶叶方面，做了大量的生意。本年他们设立了七家茶行，每家至少提供了一千二百箱茶叶”②。丝茶为中国贸易出口大项，每开市之际“所需犹百十万，皆赖钱庄之通挪”③。

这一时期，钱庄自有资本不多，一般只有2万两到4万两。钱庄存款也不多，最多者不过百余万两，少者仅数十万两而已。这些资力无法满足不扩张的贸易和钱庄股东投机、投资所需。因此，钱庄需要向外国银行拆款，才能扩大信用。在上海，外国银行每年向本地钱庄提供的拆款数额，共计有一千几百万两之谱，每家钱庄拆进之款的数额，多者达到七八十万两。④ 借款利息一般是年息7%。⑤ 钱庄放贷资金中，也有一小部分是其向储户支付存息而吸收的存款，“有人存银于庄，月仅息银五六厘，该庄出借于人必拆息一二分不等”⑥。钱庄向外国银行借款，主要通过庄票和拆款两种途径。庄票是钱庄签发的期票，它能替代现金，作为支付手段。

钱庄向茶号贷款主要有信用与抵押两种，以信用放款为主。信用放

---

① ［美］勒费窝：《怡和洋行：1842—1895年在华活动概述》，陈曾年译，上海社会科学院出版社1986年版，第130页。

② 汪敬虞：《唐廷枢研究》，中国社会科学出版社1983年版，第89页。

③ 《论钱业败坏之由》，《申报》1883年11月7日。

④ 中国人民银行上海分行编：《上海钱庄史料》，上海人民出版社1960年版，序言第9页。

⑤ J. Edkins, Banking and Price in China，第34页；转引自张国辉《晚清钱庄和票号研究》，第112页。

⑥ 《论沪上衰象》，《申报》1883年12月6日。

款，多具有季度性，期限较短，“申江、汉口两处钱庄所放之款，申江各庄则以四月望四月底为期，汉口各庄则以四月底五月望为期，其期之最远者，亦不过以五月底为止”①。茶叶贸易是一种风险较大的行业，19世纪70年代之后，中国茶商亏损成为常态，严重影响了贷款安全。由于城市里的银钱业对茶叶市场不熟悉，茶号没固定组织且又多在偏远内地，因此，城市中的钱庄多不敢直接贸然地向茶号放款。直接向内地茶商放款，必然会加大钱庄监管成本。否则，钱庄很难保障贷款的安全，这样的事情时有发生，“惟庆和生（茶号）倒塌至四十余万两之多，其欠汉口各款约有二十五六万金，汉镇经手之人，即于六月初三日躲避不见”②。钱庄向茶业借贷资金，普遍的做法则是假手茶栈。

1. 钱庄向茶栈提供贷款，多采取信用放款，主要有两种形式。

（1）票头放款，又称长期放款，期限大多3—6个月不等，习惯以三月和九月为转期。利率视市面银根松紧、供需程度而定，普通均为八九厘，大致不超过一分。利率根据钱业公会开出的“大盘”而定，茶业放款利息，均以此为依据，但也要视用款茶商的信用情况，酌以增减。

（2）活期放款，其利息较票头放款为低，钱庄对此项放款，均以钱业公会的“坐盘”为标准。所谓的“坐盘”，其意即指活期放款的最低限度利率。

2. 在汇兑方面，有五种汇兑办法：

（1）本庄汇票，是一种办茶商人及内地商人相互汇兑的变通方法。例如，上海某茶商赴某茶区办茶，而该茶区某商人到上海办货。办茶商人将上海本庄付款汇票，卖给该茶区本地钱庄。本地钱庄将汇票寄到上海本庄，来上海办货的商人持内地钱庄的本庄汇票，到上海本庄兑售。

（2）钱庄汇票，为上海钱庄付款的汇票，即所谓的“申票”。钱庄汇票，必向素有往来的上海钱庄兑付。茶商可将该票卖给茶区的钱庄或银行，以换取现款或庄票。其余使用方法，与本庄汇票大致相同，只是钱庄汇票或庄票的信用较本庄汇票为高，贴现也方便。

（3）信汇，是茶栈汇兑的普通办法，由汇款者将汇款原信，交给银行或钱庄，代为寄出；银行或钱庄收到款项后，即将原信编成汇款保单，

---

① 《论中国茶业之疲》，《申报》1886年6月18日。

② 《茶号倒塌》，《申报》1876年8月2日。

由邮局汇寄付款银行或钱庄，由付款银行或钱庄将原信送交收款人，领取款项。

(4) 票汇，其办法与邮局汇款相仿。

(5) 电汇，非于急要时，一般不采用。

中国本土银行成立较迟，而且成立之初比较缺乏与商业资本和产业资本的联系，它们在一般的商业银行业务中一时还不能打开局面，为此将业务对象定位于官府，企图寻求官款的扶持。直到20世纪第二个十年，中国本土银行才开始普遍涉及商业信贷。但是，银行放款注重抵押放款，对于“爱面子”的中国商人而言，并不喜欢从银行借款。尤其是对于风气开化较晚的内地，情况更是如此。另外一点则是，银行在内地乡镇分支机构并没有普遍设立，不能够提供押汇服务。更制约银行直接向茶商直接放款的则是“华茶品质太多，价格悬殊特甚，则以之作押款或押汇颇感不便”[①]。总之，中国银行在茶业放贷中扮演的角色并不显著。

四 茶栈：茶业放贷的主体

在近代中国，沟通乡村与城市资金流通的金融机构很不健全、信用制度则是基本缺失的，因此，城市金融机构对农村直接贷款存在很大风险。为了给资金寻找出路，它们向拥有广泛商业网络的行栈提供资金。在茶叶贸易中，“大凡新创一栈，各钱庄知该东实有家资，莫不纷纷送折，每庄往来动以一二万或三四万，少亦数千金。故一半月之间，数十万庄银应接不暇”[②]。对茶栈而言，转放贷款给内地茶商，“既获盈余之利，又得先定之茶”[③]。正是凭借金融中间商地位，茶栈成为近代茶叶贸易中的一种特殊势力，“茶之有栈，犹各业之有行。山客挟资贩茶，其血本自数百以至数千，大都不及万，而货本则盈万累千，全赖茶栈放汇行运”[④]。因此，口岸茶栈成为向内地茶号放款的主体。每年春季，钱庄对丝茶行栈贷款，丝茶行栈到丝茶产区对丝茶商人放款。于是，“从茶栈到茶庄、茶客，再到山头、茶农，这一不断伸展的商业网络是由贸易金融惯例所支撑的。在

① 《上海商业储蓄银行之茶叶调查报告1934—1940》，第91页，上档：Q275—1—1996.

② 《茶业有关国课议》，《申报》1889年11月21日。

③ 《茶栈近闻》，《申报》1891年3月15日。

④ 《茶业有关国课议》，《申报》1889年11月21日。

经纪人货栈这一环节中，茶叶的流通越来越依靠信贷方式进行"[①]。

茶栈自营茶叶贸易及转放贷款给内地茶号所需资金规模较大。出于资力不足及分散风险起见，往往会形成几家钱庄或银行对某家茶栈进行"银团放款"，如"英公堂据延生安兹恒吉、裕昌、延大、阜丰、泰来、恒康等八家钱庄联名具禀，声称业等素与江裕昌茶栈往来，现共被欠银约十余万两"[②]。上海和汉口两市常年茶栈家数共计不过二十多家，放款总额却较大，"闻各栈放出头银亦湧于前届……沪汉两处共核三百万有奇，银期三五个月"[③]。茶栈"营业范围广在每家垫款六七十万（元），营业小者则在二三十万不等"[④]。由此可见，口岸茶栈对内地茶号放款额度颇大，也说明在当时的社会经济环境下，茶栈转贷对茶业的重要性，若"栈家无庄款，即不能放汇，则山客既乏巨本，又无栈款，尚能入山收茶乎"[⑤]。

茶栈放款有两种：（1）信用放款，是茶栈放款最主要的形式。即使到了20世纪30年代，信用放款仍占茶业贷款总额的90%以上。[⑥] 茶栈大抵于每年清明节后新茶上市时，在产茶区域内，设立分栈，专营接客放款事务，也有茶商自赴各商埠接洽贷款事务者。茶栈之信用放款手续极为简便，既不需要抵押，也不用担保，完全依赖于借款人信誉，"栈房须视市况如何，及号家信用如何以为放汇之标准"[⑦]。所需手续只需借款者出具一个借据，在借据中订明金额、利息及偿还办法，即能领到款项。虽为信用放款，却含有抵押意味，因为茶号一经向茶栈借得贷款后，将来箱茶，即须归债权者茶栈一手经售，不得另投他栈求售。虽名为信用放款，实则为"期货抵押"。[⑧]（2）抵押放款，则以茶商已制成箱茶作为抵押，以栈单作为抵押形式。栈单由茶栈保存，栈租及保险费等，则概归茶商负担。

---

① ［美］罗威廉：《汉口：一个中国城市的商业和社会（1796—1889）》，江溶、鲁西奇译，中国人民大学出版社2005年版，第168页。

② 《合控倒帐》，《申报》1881年1月15日。

③ 《汉皋茶务》，《申报》1889年3月13日。

④ 《谈谈上海的茶市》，《上海商业储蓄银行之茶叶调查报告》，1935年，上档：Q275—1—1996—4。

⑤ 《茶业有关国课议》，《申报》1889年11月21日。

⑥ 吴寿康：《中国茶业金融问题》，《农行月刊》1937年第4卷第4期。

⑦ 傅宏镇：《皖浙新安江流域之茶业》，1934年第6卷第7期，第5页。

⑧ 《婺德茶商反对更章》，《申报》1918年12月7日。

就上海茶栈的抵押放款而言，茶商将茶运至九江或上海市场上栈后，即以栈单抵与茶栈，开始成立借贷关系。以所抵之茶，可以获取货物价值七八成的贷款。

茶栈贷给茶号的期限，并无一定。一般情况下，需要等到茶栈与洋行交易妥当，过磅成交后，贷款即在货款内连本带息一并扣除。规定利率为月利一分五厘，但有时也随银根的松紧、信用的孚欠、茶件的多少而定。利率常有较一分五厘为低者。茶栈放款办法，以“放申票”为最重要形式。“申票”，也称山票，是茶栈本身向茶号发出的汇票。

茶栈放款在茶业放款中占据最为重要地位，即使到了20世纪30年代，钱庄对茶业的放款仍占据较大比重。“内地茶号，赖茶栈予以放款之便利，茶栈则赖钱庄银行予以金融之调节，大抵本市茶栈茶行与钱庄往来甚多，与银行往来甚少。据某茶栈领袖言，茶栈与钱庄往来约占四分之三，与银行往来约占四分之一。”① 但是，近代中国茶叶生产由于自然和市场风险的双重影响，茶农、茶商收入稳定性差，往往因自然或市场的因素产生亏损，造成被动性违约；茶叶生产、加工分散加大了放款机构进行前期信息采集、信用评定，后期信贷管理及贷款回收的成本；同时，由于近代农村变现能力强的抵押品缺失等因素造成钱庄直接对内地茶商、茶农进行放贷的困难。正如吴觉农总结：“茶号为非永久性组织，并无固定资产可言，最重要之生产工具如房屋、焙炉、茶筛等物，亦莫不由租借而来。掌号又为茶区山乡缙绅，其所有产业不外土地、房屋等不动产。一旦茶价跌落，茶号亏本，既不能处置茶号生财，以为抵偿，又不能将掌号之破屋荒田搬走，结果惟有划入坏账了事。”②

那么，向内地茶商放款的风险如何控制？为何口岸茶栈对茶号转贷成为近代中国茶业金融的主要内容？或者说茶栈在放贷方面具有哪些优势呢？服务于近代中国茶叶外贸需要的金融制度有怎样的内涵？基于史料，笔者针对这些问题进行了分析。笔者认为口岸茶栈具有城市金融机构——银行和钱庄——不具备的市场地位和商业网络，凭借这些优势，各地茶业公会做出了一系列制度安排，能够在一定程度上降低信息不对称程度，所作的制度安排成为近代中国茶业金融制度的主要内容之一。

---

① 中国人民银行上海分行编：《上海钱庄史料》，上海人民出版社1960年版，第176页。

② 吴觉农、范和钧：《中国茶业问题》，商务印书馆1937年版，第240页。

第二节　茶栈的商业网络与贷款风险规避

茶栈之所以成为近代中国茶业资金流通的主要中转者，根本原因在于其拥有广泛的商业网络优势，以及基于此网络而拥有的信息优势。正是拥有专业和信息优势，茶栈及其公会才能建立起一系列制度安排来规避、降低放款中的风险。正是这个缘故，茶栈不仅成为撮合交易的贸易中间商，而且成为信贷中间商。他们通过信息优势，开发专业技能筛选贷款和评价项目，设计贷款合约来降低信贷风险，从而沟通放款者和借款者之间的资金盈缺关系。

一　茶栈的商业网络

（一）茶栈聚集了一批商人在自己周围

在华洋行之所以委托行栈进行商品购销，很重要的原因之一就是行栈有一套商业圈子或网络。如怡和洋行买办林钦为收购茶叶设立的福兴隆号，与11家茶行建立了收购关系；[①] 福州宝顺洋行的茶叶生意，由领有道台执照的金记号行栈商王召廷承办，而金记号直接联系的内地茶商多达100家。[②] 鸦片战争之后，上海很快成为安徽茶叶外销的主要港口，而在上海开设茶栈者则以徽商为多，如洪源永、公兴隆、汪裕泰、老嘉泰等茶栈都是徽商开设的，而“徽茶运抵春申，素投（茶栈），然后由茶栈转售与西商。此栈并不储茶，专为代客买卖。东伙人等，素识西商，兼晓茶务，又能购付水脚，接济资本”[③]。一家茶栈往往与数十家内地茶号有着长期固定的联系，“汉镇河街晋昌源茶栈系粤人所开，素与通田、咸宁两邑茶客往来，运茶到时，皆归其经售，栈主复以息银转放山头茶客，数年以来咸通两邑之土庄茶客，归其经售”[④]。上海亦是如此，十几家茶栈与附近产茶区四五百家茶号或茶行保持着长期的业务关系。[⑤]

---

① 《北华捷报》1860年10月13日，增刊。

② 《北华捷报》1860年6月9日，增刊。

③ 《安徽何润生大令徽属茶务条陈》，《时务报》，1897年第55册。

④ 《茶客妄控》，《申报》1887年7月1日。

⑤ 《北华捷报》1915年5月15日。

（二）茶业公会成为茶栈商业网络的核心

19 世纪五六十年代，随着中西茶叶贸易的兴盛，居于中间商地位的茶栈重要性日益突出，并成立了自己的同业组织——茶业公会（或公所）。罗威廉认为汉口的同业公会分为三种：（1）共同的职业类型（同业）；（2）共同的地理来源（同乡）；（3）在生产和市场层次——经济阶层——中处于相同的地位。每一个公会在这些标准中采用一个或者一个组合起来的标准来界定其成员，按照它们觉得适合的原则确定或窄或宽的限制。[①] 若以此为标准，对上海、汉口、福州茶业公会进行考察，不难发现这几个茶业公会，都是依据上述三个标准的组合（即罗威廉所谓的复合结构）来确定其成员资格的。上海茶业公会主要由徽帮、广帮、平水帮组成，汉口茶业公所由湖南、湖北、广东、安徽、广西、山西和安徽帮组成，福州茶业公所由京、津、茅茶、广潮汕、洋茶帮组成。这些茶业公所的组成，印刻着地缘、业缘等特征。这些特征映射出茶叶贸易中的商业网络，无疑，这个网络使身处其中者易于从地缘、业缘关系中得到更多的业务与信贷。

（三）茶栈的集体组织走上了买办化道路

19 世纪 60 年代，中外贸易的经营方式发生了巨大的变化，中国商人已经能够胜任各项经纪人的业务。第二次鸦片战争后，洋行在贸易上的直接投资日益下降，中国人在商业上的竞争势头逐渐加强。凭借商业网络的优势，60 年代后，口岸茶栈在埠际贸易和口岸与腹地贸易领域中形成了较强的控制能力，遍布各个茶叶市场的活动以及与内地茶商网络的特殊关系，一定程度上阻断了外商试图直接与内地茶商贸易的做法。汉口华商长时期控制着上海输出茶叶的生意，“中国商人垄断了向上海输出茶叶的生意，他们宁可在上海，而不在汉口，通过他们已经建立起来的经纪人行会推销茶叶。外商不能和货主接触”。[②] 这种做法，进一步使新开设的中国商号经营得十分成功，使外商的活动越来越局限于只向海外附属公司提供各项所需的东西，而外港的大部分进口业务，1867 年时已转而为中国人

---

① ［美］罗威廉：《汉口：一个中国城市的商业和社会（1796—1889）》，江溶、鲁西奇译，中国人民大学出版社 2005 年版，第 309 页。

② ［美］勒费窝：《怡和洋行：1842—1895 年在华活动概述》，陈曾年译，上海社会科学院出版社 1986 年版，第 45 页。

所控制。这里所说的中国人，主要指洋行的买办。

买办还广泛介入茶业公会，使整个茶栈行业走向买办化道路。例如，创办上海茶业公所的七名董事中，至少有三人是洋行买办。除了怡和洋行的唐廷枢以外，还有宝顺洋行的徐润和汇丰的唐翘卿。而汉口茶业公所的创办人盛恒山，则和徐润同是宝顺的得力买办。他不但要拉拢汉口的买办商人，而且还要"会同上海董事，互为维持"①。所谓的互为维持，即要求各地茶业公会或公所，常常就某些关键性交易条款互为一致，实现垄断货源，以此把控茶叶贸易。

二 降低信贷风险的机制安排

一般金融理论认为，在信贷市场上，信贷中间商有更多的激励去了解借款人的信息。它们可以开发专业技能来筛选贷款和评价项目，设计贷款合约来对付逆选择，以降低信贷风险。正因为这种价值的存在，金融中间商因为能够降低逆向选择和道德风险问题而有所回报。② 信贷中间商降低逆向选择和道德问题存在的风险，这必然要求信贷中间商具有比借款人和贷款人更多的信息优势。那么，作为近代中国茶业中的借贷中间商，茶栈具有哪些信息优势？而这些信息又是如何获取的？又做出怎样的制度安排，以降低信息不对称程度的？基于史料，笔者认为茶栈降低信贷中不确定性因素，正是发挥自己所具有的网络优势而做出的制度安排来实现的。

（一）构建放款和惩罚机制

1. 构建放款机制

每年初春，口岸茶栈派人到产茶区，携带银票向茶号贷款。放款规模越大，越能获取更多的运销权，意味着茶栈有更大的获利可能，"茶栈家收其栈租，得其行用，沾其子金，坐享其利，生意之大小，以放汇之多寡为数"③，所以"开设茶栈，须求接号客多，而箱额始广，乃可以获利"④。因此，放款茶栈为了争夺更多的货源，常会私自降低放款条件，对茶号信用良好与否、家资多寡并不过问，以致导致放款太滥。这样常会造成两种

① 徐润：《徐愚斋自叙年谱》，江西人民出版社 2012 年版，第 21 页。

② ［美］丹尼尔·F. 斯普尔伯：《市场的微观结构：中间层组织与厂商理论》，张军译，中国人民大学出版社 2002 版，第 343 页。

③ 《茶业有关国课议》，《申报》1889 年 11 月 21 日。

④ 俞燮：《拟改良徽州茶叶意见书（续）》，《中华实业界》1915 年第 2 卷第 4 期。

可能：一是会使一些茶号同时接受多家茶栈的放款，出现同一批箱茶“一女多嫁”的情况，即一批箱茶承诺给不同放款茶栈经售。二是导致“赤手空拳亦敢开庄采办或自刻图票赊欠山户或买低茶，攒足箱额无非图骗汇款”①。这两种可能的存在造成茶栈所放之款风险较大，同时也会引起相关茶栈的业务冲突和矛盾。

为解决上述可能存在的风险，上海茶业公会在最初的会章中即做出了非常重要的制度安排，“客商到申，其用水脚，及更欲用垫款等银两者，必须先估该茶时值若干，不得过期。如或用多，该客先设法找归。若不找归其茶，只限两月为期，经茶董禀官，昭市发售，偿栈银两。倘不敷款，向客追补。该客不得攀价留难，延宕归款。各栈亦宜慎重，毋得滥放”②。该条会章明确了对内地茶商资金预付情况，即茶栈派人携款到产茶区向茶商预付茶价时，茶号被要求只能接受一家茶栈的贷款。如果茶号违背了规定，接受两家以上茶栈的放款，那么，代售权为第一家放款茶栈所有。

由于茶叶贸易风险大，茶号经常发生亏损，致使他们无力偿还欠款，隐匿、躲避还款行为时有发生。为降低贷款风险，茶业公会做出了如下所述的制度安排，“由会馆刊印茶号投栈贴三联式，分交各栈转发，各该支栈经手放汇接客时，由该茶号执事亲签领到，栈银若干，全帮概投栈，由申出售，其三联单一寄会馆，一寄申总栈，一存该经放支栈为据。每一茶号既领一家茶栈银两所有，该茶号箱茶勿论签字全帮，概投该栈，不得另向他栈领银，亦不得私将箱茶另投他栈。各茶栈亦不能再揽已领他栈汇票之号；如冒昧付款与已领他栈汇票之茶号，是故违定章，其茶仍归最先付款之栈所有。违者罚银1000两，并摈出会馆”。茶号一旦接受某家茶栈的放款，该家茶栈即获得合约所签订的茶叶结售权。借款单据上一般明确地记载着“小号遵照上海茶业会馆丁卯年（1927年）新章，无论小号箱茶签字一概投交××宝栈出售，所用汇项月息一分五厘算”③。这一制度安排的执行，降低了多家茶栈向一家茶号同时放款可能引起的风险，同时，为各茶栈业务冲突的解决捋顺了交易秩序，降低了茶号投机的可能性。

---

① 《整顿茶务示》，《申报》1892年2月15日。

② 彭泽益：《中国工商行会史料集》，中华书局1995年版，第590页。

③ 《茶业会馆议事录二》：1927年11月1日，上档：S198—1—13。

2. 建立违约惩罚机制

茶栈放款给茶号的主要目的之一是获得茶叶的未来结售权利。但是，由于信息不对称，常常会出现茶号隐匿或“改牌”，另投别栈结售的情况，以致造成茶栈所放款项的损失或坏账。为此，在经常性交易中，上海茶栈要求接受放款的茶号进行信息披露。在丁卯新章里明确规定：有欠栈款未清之客，由该栈开报告，由会馆通告各栈勿得放垫招接，如故违者，其箱茶仍由被欠之栈出售，扣清前欠，总之“前不清后不接”永以为例。[①] 这项规定不仅要求放款茶栈对未结清茶号进行信息披露，而且也制约着其他茶栈对未结清茶号的放款，促使茶号不敢轻易不结清货款，否则不能得到上海茶栈进一步的资金支持，更不能通过上海茶栈结售自己箱茶进行未来的交易。

针对茶号通过改牌、注册虚假出资人姓名、地址等信息企图欺骗茶栈，逃避还款义务的情况。茶业公会制定了“代扣货款”制度，即一家茶号通过改牌另投别的茶栈，如果被发现，公会要求另投的茶栈出售该茶号的箱茶之后，先将款项交付给先放款茶栈，其次才能扣留自己的款项。例如，公升永茶栈函称屯溪裕兴茶号在其处领有巨款，乃第六帮箱茶，改牌昌义大另投慎源茶栈。茶业公会形成决议：“该号头二三帮箱茶售价，除归还早于公升永放款的忠信昌茶栈垫款及正当开销外，如有余存，忠信昌应如数扣留，送交本会交付永、慎两栈，归还旧欠，以儆效尤。再通告各栈转致婺栈，如有来历不明及改头换面之箱茶概须报告本会，查明来历后，方准出样。”[②] 对违约的茶号，公会一旦认定其有骗取放款或不偿还欠款者，会要求所有茶栈不准经售其茶。例如，“查同昇公号主陈馨亮存心不轨，欠款甚巨，类于脱骗，并通知各业栈永远不接此客。如查有陈馨亮有股之茶号及其经手代售箱茶之茶号，亦永不招接”[③]。

（二）加强督导和惩戒

茶业会章具有对会员茶栈进行督导功能。其中重要一项，就是对会员茶栈放款情况的督导。正如上述，茶栈对内地茶号放款是其获取货物专售权利的保障。各自为政的放款行为，会造成茶栈之间业务的冲突。造成茶

---

① 《茶业会馆议事录二》：1927 年 11 月 1 日，上档：S198—1—13。

② 《洋庄茶业公会议事录二》，1934 年 9 月 29 日，上档：S198—1—17。

③ 《茶业会馆议事录二》：1927 年 6 月 19 日，上档：S198—1—13。

号通过改牌、不清所欠等行为，进行投机。为此，上海茶业公会形成决议对会员进行督导："公议丁卯年放汇接客章规共同遵守，违者罚银1000两，并摈出会馆。"① 公会还对违反会章的茶栈进行惩戒、协调功能。在放款方面，公会充分发挥督导、惩戒与协调功能以促使会员茶栈积极进行信息披露。源丰润向公会报告，声称婺源天昌祥茶号上年箱茶归其结售，而该年尚有旧欠，改牌福茶公司，别投洪源永。公会决议：天昌祥售给洪源永的箱茶交给公会处理。但洪源永声称如果天昌祥改牌属实，箱茶仍归源丰润经售，但如果查明福茶公司并非天昌祥改牌，对源丰润如何议罚？公会决议："源丰润如有害诬，赔偿客方损失1000元，并由源丰润立据交洪源永。"② 同年，仁德永报告称去年茶号同兴隆结欠款项，本年改牌椿义昌，另投源丰润结售。茶业公会转咨源丰润，令其停止对该号的付款，并将余款代扣在案。仁德永则称，源丰润仍在继续付款，其将箱茶扣留，提单送交公会。公会议决："椿义昌是否同兴隆改牌，既无相当证据，应调查真相，未据扣箱是于他人名誉及权利，均有妨碍。"③

（三）利用商业网络全程控制货物

茶栈为确保所放之款的安全，"向于旧历二月初间出发，前往各省产地，设立庄口"④。茶栈到产茶区设立分栈有两个目的：一是放汇接客；二是对借款茶号进行监督。对茶号进行直接监督乃是茶栈规避放款风险最主要的手段之一。茶栈在产茶区对茶号放款，虽为信用放款，实则是抵押贷款。茶号领用贷款后组织生产，茶栈派人随时查看货物。茶栈挟其贷款关系，凡有债务的茶号，所出箱茶，运达九江等城市安全区域之后，转运售茶，均经茶栈代理，茶号不得有任何过问。"茶栈茶客交易自有定章，茶客借本于茶栈。该茶栈内顾本银外顾税厘，岂能听茶客之任意延宕，自便私图。"⑤

除了制定以上各种制度安排确保贷款安全外，茶业公会还充分利用异地同业组织和其他商会组织，共通生气，互为联络。例如，"前询恒益茶栈有祁茶22件出样，是何号之茶样，复由谦吉祥来，系毛茶烘制并无提

① 《茶业会馆议事录二》，1926年11月30日，上档：S198—1—13。

② 《洋庄茶业公会议事录一》，1933年6月21日，上档：S198—1—16。

③ 《洋庄茶业公会议事录一》，1933年8月28日，上档：S198—1—16。

④ 《茶栈集议收购新货办法》，《申报》1921年3月10日。

⑤ 《府宪批词》，《申报》1893年1月16日。

单，复据祁浮茶商公函声明此茶确是来历不明，请为彻底查究”[①]。又如，“茶业公会委托总商会致函奉化商会，要求亏欠震和茶栈欠款的正华（茶号）与恒春（茶号）还款。当然，茶业公会及其会员茶栈也通过司法途径，为贷款寻求法律的保护。不过，茶业公会很少采用法律途径进行追款，更多采用同业间构建的关系网络和制度安排。其理由，正如阿维纳什·迪克西特指出的那样，“坚持运用私立秩序解决纠纷的显著原因就是，借助于正式法律机器的成本远没有前者来的低廉。实际成本，尤其是时间成本，经常大大超过可供选择的私立秩序”[②]。

三　小结

综观上海茶业公会为降低放贷风险而制定的规章制度，以及这些规章制度在具体案例中取得的良好效果，可以认为相较钱庄、银行等放款机构而言，代表茶栈利益的上海茶业公会做出的制度安排的确是有效的。我们从大多数茶栈普遍获利的报道中可看出这一点。有关茶栈盈利情况的报道和记载非常有限，但是这不妨碍对问题的考察。例如，“栈家获利如上年最巨者不下十数万金”[③]。1923 年和 1924 年茶叶外销困难，但是在上海 15 家茶栈中，仍有获利数千两以上者一半居多。[④] 考虑到出于隐瞒盈余之心态，茶栈获利可能更普遍。从时人对茶栈放款的认识，也可推断上海茶业公会为降低放贷风险而制定的规章制度的有效性，“各栈家对于放款上谨慎从事，尚少被控情事发生”[⑤]。这说明茶业公会及其会员凭借商业网络和有效制度安排的确比银钱业更能有效降低放款风险。

第三节　放款的利率与贸易操控

如何认识贸易金融在近代中外贸易中的作用，是研究近代中外贸易不

---

① 《茶业会馆议事录一》，1926 年 4 月 24 日，上档：S198—1—12。

② ［美］阿维纳什·迪克西特：《法律缺失和经济学：可供选择的经济治理方式》，郑江淮等译，中国人民大学出版社 2007 年版，第 12 页。

③ 《茶业有关国课议》，《申报》1889 年 11 月 21 日。

④ 《旧历壬戌年各业盈余之调查（七）》，《申报》1923 年 2 月 26 日；《甲子年茶业盈余之调查》，《申报》1925 年 2 月 25 日。

⑤ 《茶栈营业之调查》，《申报》1924 年 1 月 20 日。

能回避的问题之一。对此，近代和当代国内外时人和学者做了探讨。彭雨新认为，外国人控制的外国银行使西方商人相对中国贸易伙伴而言占据了不公平的优势地位，并最终导致西方人全部控制了当地的市场。[①] 罗威廉认为，在19世纪90年代之前，中国的钱庄和票号占据着汉口等口岸城市金融世界的主导地位。[②] 西方学者的观点多与罗威廉观点一致，认为中国钱庄和票号在19世纪晚期，仍然占据中外贸易的主导地位。[③]

究竟谁在服务于进出口贸易的近代中国金融制度构建中占据主导地位？经过本章前两节研究发现，无论是外国银行还是中国本土钱庄，都无法单独对中外贸易所需的资金流通实现完全把控，外国银行无法解决放贷风险，钱庄和茶栈缺乏充足的资金。应该说服务于对外贸易的金融制度是外国银行、在华洋行、本土钱庄和行栈在19世纪六七十年代开始共同主导建构的，而不是一些学者强调的外国银行或者中国钱庄独自主导的。在它们共同主导构建的贸易金融制度里，对贸易有怎样的影响以及有怎样的利益分配结构？这些问题很值得我们做一番探讨。笔者结合华茶对外贸易的金融关系，做一些引申与探索。接下来，笔者重点讨论茶业金融中的贷款利率。

一　茶业贷款利率考察

学界关于茶业金融对近代中国茶业影响的考察，已有的研究基本倾向于两种认识，即一种观点认为近代茶业金融是以服务洋行搜罗中国茶叶为中心而形成的高利贷剥削网，制约了中国茶业发展；[④] 另一种观点从市场自发及选择的角度肯定茶业资金流动，“为货物交易和贸易增长提供了资金支持，也为各类商人降低借款资金的使用成本”[⑤]。罗威廉也认为“汉

① 彭雨新：《抗日战争前汉口洋行和买办》，《理论战线》1959年第2期。

② ［美］罗威廉：《汉口：一个中国城市的商业和社会（1796—1889）》，江溶、鲁西奇译，中国人民大学出版社2005年版，第197页。

③ ［日］西里善行：《关于清末的宁波商人——浙江财团的起源研究》，《东洋史研究》，1967年第26卷第1期。

④ 汪敬虞：《唐廷枢研究》，中国社会科学出版社1983年版；陶德臣：《近代中国茶业中的高利贷金融资本》，《中国农史》2001年第20卷第3期。

⑤ 庄维民：《中间商与中国近代交易制度的变迁：近代行栈与行栈制度研究》，中华书局2012年版，第423页。

口历史上没有史料支持这样的论点，即认为金融体系与个人依附关系必然导致对小农与小商人的盘剥”①。那么，茶业金融对近代中国茶业有着怎样的影响？要弄清楚这个问题，有必要从茶业贷款利率分析开始。因为贷款利率是经营成本的主要构成之一。

在考察茶业贷款利率之前，有必要考察高利贷这一概念。学界关于什么样的借贷属于高利贷，各抒己见。经济史学者在研究高利贷时，多以政府规定的利率上限为标准，认为超过此利率上限的贷款即为高利贷。例如，李金铮在他的博士学位论文《借贷关系与乡村变动——民国时期华北乡村借贷之研究》中对高利贷的概念做过论证，认为一笔贷款能否被归类于高利贷范畴，可以参照南京国民政府对借贷利率的法律规定。南京国民政府相关法律规定，当一笔贷款超过年利20%或月利1.67%时，就可认为该笔贷款是高利贷②。张忠民教授从经济形态的角度对高利贷做了考察，不过他也认为年利在20%的利率是衡量一笔贷款是否归类于高利贷的主要标准之一，“在前近代社会中，凡不是在资本主义生产方式意义上（或者说是在传统经济意义上）进行的，年利息又在20%以上的赢利性借贷即是高利贷”③。甚至有学者认为：“从中国的实际情况看，中国封建社会各种借贷只要具有谋利性质便都是高利贷资本的组成部分，而不必考虑其具体的利率究竟有多高。”④

以上各种衡量标准，存在很多缺陷。例如，仅从经济形态的角度考察高利贷的内涵，并不能反映市场资金供求真实关系和所处的制度环境，不能反映实际利率的高低等现象。关于近代中国高利贷的认识，理论界尚没有形成一个能为大家普遍接受的共识。至于多高的利息才能认为是高利贷，在相关的立法和司法中，均没有统一的规定和解释。在实践过程中只能按照相关法律、法规规定的精神，本着保护合法借贷关系，有利于生产和稳定经济秩序的原则，然后根据具体借贷关系做具体分析，认定一笔贷款是否构成高利贷。为高利贷下一个可被学界广泛认可的定义是件困难的事情，笔者能力有限，在此也不敢妄论。仍采纳学界普遍做法，即依据近

① ［美］罗威廉：《汉口：一个中国城市的商业和社会（1796—1889）》，江溶、鲁西奇译，中国人民大学出版社2005年版，第169页。

② 李金铮：《民国乡村借贷关系研究》，人民出版社2003年版，第153页。

③ 张忠民：《前近代中国社会的高利贷与社会再生产》，《中国经济史研究》1992年第3期。

④ 刘秋根：《明清高利贷资本》，社会科学文献出版社2000年版，第4页。

代中国政府和官方比较认可的利率年息20%作为高利贷的上限，作为衡量一笔贷款是否为高利贷的标准。接下来考察茶业贷款各环节中的利率水平情况。

外国银行对中国的钱庄与银行放款多为拆款：拆款利率折合年利为6%—12%；而借款“一般由银行买办经手，银行按年息7厘计息”[①]。当时西方国家借款利率，以英国为例，短期利率在1860—1900年间平均为3.50%，而外国银行在本国吸收存款支付的利息较低，从为数不多的资料显示，在19世纪最后十多年，英国的存款利息约为2%，存贷差为1.50%。[②] 外国银行在华吸收存款支付的年利约为3.50%，如汇丰银行“利息每百元每年计洋三元五角”[③]，而拆放及贷款利率在正常年份多在7%—8%，存贷差为3.50%—4.50%。两相比较，外国洋行的确在华能够取得相当丰厚的利润。这也是以往学者“批评”外国银行在华获取暴利的原因所在。然而，仅看到外国银行存贷差是不够的，相较中国普遍的“利息借取大概不过一分，放借不过六七厘”[④]，外国银行获取的存贷差并不能算作高利。相反，外国银行及资本的到来，客观上有利于中国利率的走低。19世纪70年代中期，时人对钱庄向外国银行拆款带来的利率变化有如下认识，“查各西国之利息每常以五厘为常。既与中国大开通商，则以两境相较，自渐相平应为势所致也。近以银行自华人索利息者已减二厘，而亦已见一斑，若今价又不能得，其后日又减价亦必矣”[⑤]。于是中国城市的利率，“乃受先进工业国低利贷款之影响，而利率减低”[⑥]。

有学者认为钱庄向茶栈贷款，利率过高，大多数年份达到年息12%。[⑦] 年利12%是钱庄放款给茶栈的利率上限。一般而言，钱庄向茶栈放款年利“普通均为八九厘，大致不超过一分”[⑧]。如果我们以年利12%

① 陈明光：《钱庄史》，上海文艺出版社1997年版，第157页。

② ［美］悉尼·霍默、理查德·西勒：《利率史》，肖新明、曹建海译，中信出版社2010年版，第192、200页。

③ 《增立行规》，《申报》1881年4月21日。

④ 《论沪市今年情形》，《申报》1875年2月3日。

⑤ 同上。

⑥ 熊正文：《中国历代利息问题考》，北京大学出版社2012年版，第138页。

⑦ 聂宝璋：《中国买办资产阶级的发生》，中国社会科学出版社1979年版，第121页。

⑧ 吴寿康：《中国茶业金融问题》，《农行月刊》1937年第4卷第4期。

作为钱庄向茶栈放款利率的正常水平，这样的利率水平是否合理呢？由于钱庄的文档和账册极为缺乏，笔者不能考察钱庄的资产负债情况。对晚清钱庄而言，不存在准备金的概念，但是既然作为吸纳存款和放款的机构，必然涉及存款准备金的实际问题。表 4-1 是根据《上海钱庄史料》里关于几家钱庄的一些资金情况，整理而得的数据。

表 4-1　上海三家钱庄部分年份存款准备情况

年份	可用资金	放款额	留存额	拆出	拆息	准备金（1）	准备金（2）	准备金率（1）	准备金率（2）
福康钱庄									
1905	924211	870312	53899	120093	9555	183547	53899	19.85%	5.83%
1906	1025050	931495	93555	53869	2948	150372	93555	14.67%	9.13%
1907	1192758	1040867	151891	106458	7895	266244	151891	22.32%	12.73%
顺康钱庄									
1905	545314	453439	91875	101931	8110	201916	91875	37.03%	16.85%
1906	780057	733451	46606	67291	3682	117579	46606	15.07%	5.97%
1907	644836	489425	155411	202558	15022	372991	155441	57.84%	24.11%
恒兴钱庄									
1905	680831	402013	278818	238899	19007	536724	278818	78.83%	40.95%
1906	605867	451988	153879	148465	8124	310468	153879	51.24%	25.40%
1907	616349	526880	89469	82511	6119	178099	89469	28.90%	14.52%

说明：可用资金，包含资本、公积金、存款和同业拆进；留存额，指可用资金与放款额之差额；拆出款项，在银钱业的存款；准备金（1）为留存额、拆出数额和拆息之和；准备金（2）只包含留存额一项；准备金率，准备金额与可用借贷资金之比例；银拆为年均值，规元每千两之日息。

资料来源：1. 除所得拆息一项，其余项目来自中国人民银行上海分行编：《上海钱庄史料》，上海人民出版社 1960 年版，第 775—839 页；2. 拆息依据：《南开经济指数资料汇编》，中国社会科学出版社 1988 年版，第 478 页。

从表 4-1 可见 3 个钱庄 3 年的准备金率，因各家钱庄经营风格的不同，而呈现出较大差异。恒兴钱庄准备金率较高，这与恒兴的营业方针有关。“据我们了解，恒兴负责人的营业方针是采取比较谨慎保守的态度。”① 如果我们大胆地将这 3 家钱庄 3 年的准备金率的平均数作为钱业

① 中国人民银行上海分行编：《上海钱庄史料》，上海人民出版社 1960 年版，序言第 9 页。

普遍的准备金率水平的话，我们能粗略估计出钱庄实际的年息水平与息差水平。这三家钱庄三年的平均存款准备金率（1）约为36.2%，也就是说钱庄可用资金中至少有36.2%的比例是不生息的。那么，63.8%的资金生出的利息，一旦以全部资金加以平摊，利差就低得多了。如果我们以7%作为钱庄正常年份吸纳存款的成本，以12%的年率作为放款利率，则贷存差为5%。那么，钱庄用63.8%的资金所生出的息差5%摊到全部资金上，年息差就变成3.19%；12%的贷款年息也就变成12%×0.638=7.66%。这三家钱庄三年的平均存款准备金率（2）约为17.28%，那么这三家钱庄就有82.72%的资金比例可用于放款。同样，我们以7%的年利作为这三家钱庄吸收存款的成本，以12%的年利率作为放款利率，存贷差仍为5%。那么，这三家钱庄用82.78%的资金生出的息差5%摊到全部资金上，年息差就变成4.14%；12%的贷款年息也就变成了12%×0.8278=9.93%。不论用准备金率（1）还是（2）折算所得到的息差和利率水平都不能算是很高的。

杜恂诚教授对20世纪20年代的银行实际利率也做过同样的考察，得到的银行实际年息差为4.9%，年息为6.7%，亦认为这样的息差和年息是不高的。[①] 历史呈现出的实际情况则是钱庄营利并不是依靠较大的利差，而是依赖于精打细算、薄利多收，即通俗所说的“头发丝吊元宝”，这也是钱庄“贪多”的主要原因之一。茶栈向茶号放款利率，一般为月息1.5%，折合年息为18%，仅从数字上看并没有高出晚清、民国政府规定的利率上限。但茶栈通过放款获取的收益，除了利息之外，还具有很多“隐性”收益。对这些“隐性”收益，茶商颇有抱怨：“茶号之用栈款与茶栈之用庄款性质不同，号以茶箱投栈，虽云借贷，实是抵押取息，固无论也。更有因此押款旁生许多利益，而庄款无有也。至以押款而实行不善良之息率，尤为商律所不韪。今乃借暂时最高之度数，便出此桃僵李代之苛求，揆诸公理岂得谓乎？”[②] 如果我们将“旁生许多利益”算为茶栈从贷款收益的话，茶栈向茶号的贷款可视为高利贷。

例如，上海茶栈向内地茶号放款实行“申票”制度，即接受放款的茶商带“申票”至上海方可兑现。自贷款合同成立之日起，茶号即开始

① 杜恂诚：《上海金融功能的制度、功能与变迁》，上海人民出版社2002年版，第121页。

② 《婺德茶商反对更章》，《申报》1918年12月7日。

支付利息，但茶号往往拿到贷款时，常常迟至数月之后。贷款由售卖茶价中自行扣除，最少经过三个月。按月息1.5%，每箱茶叶成本100元计算，仅贷款利息就为4.5元，即使每箱茶叶获利20%，贷款利息几乎就占收益的25%。此外，贷款以银两为记账单位，茶号在借贷与偿还时，需折合规元，所需贴水，均由茶号向茶栈支付。茶栈向内地茶号汇款，茶号也需要支付汇息与汇水，仅此两项支出，就占精制茶叶成本的2.6%。[①]将上述分析的贷款利息以及贴水、汇息和汇水等费用相加总，茶栈向茶号贷款的实际利率是较高的，远远超过晚清及民国政府规定的利率上限。鉴于华茶在近代的获利能力，显然在正常年份无法达到如此高的成本利润率。如果按照高于20%的年利率就视为高利贷的话，茶栈向茶号所放之款即高利贷。由此茶栈通过放款给茶号获得了较高收益，正如世人所言，"任何放款，无其利益优厚"[②]。

从总体趋势来看，近代中国大城市资金较为充裕、大量游资无法找到有效的投资出路，利率较低。通过上面分析可见，外国银行、洋行及钱庄对茶业的放款利率符合城市贷款利率较低的普遍趋势，而茶栈向乡村茶号的放款利率较高。此种现象的存在，客观反映出近代中国"高利存在于农村，同时低利存在于都市，乃形成两极矛盾之现象"[③]。两极矛盾的存在，必然出现寻求两极利率带来巨大好处的"中间者"。他们利用自身的优势，固然可以促进大城市的资本向缺乏资金的农村流动，一定程度上提供了贸易所需资金，保障了贸易所需资金的基本流通，对此，我们应该予以肯定。但是，这种资金的流动常常被中间商所操纵，他们以贷款为权柄，树立自己在资金流动中不可挑战之地位。

通过上面考察可见，外国银行、洋行和钱庄等向茶业放款的利率，基本是符合近代中国城市利率总体水平的。茶栈向内地茶号放款的利率水平，总体与农村传统金融机构典当、钱庄较高的放款利率水平相当。但我们应看到，他们借助于贷款追求最大程度"好处"的同时，给近代华茶贸易带来的负向影响。在政府不能提供金融支持的历史背景下，借贷中间商将各种利息隐藏在贷款合约中的巧妙方法——从"逾期罚款"，到操纵

① 南京金陵大学农业经济系：《江西宁州红茶之生产制造及运销》，1935年。

② 冯和法、罗明均：《中国农产物贸易问题》，《国际贸易导报》1934年第6卷第8期。

③ 熊正文：《中国历代利息问题考》，北京大学出版社2012年版，第143页。

利率，再到操控贸易，都增加了茶商的经营成本，使茶商获利空间被极大地压缩。

二 茶业借贷与贸易操控

服务于近代华茶对外贸易的金融关系，可以说是以外国资本为核心的。19世纪70年代以后，外国资本加强了对华茶对外贸易的操纵，最终导致中国丧失了茶叶价格的决定权。例如，洋行常根据市场资金稀缺与否，决定是否或者何时收买茶叶，以图压低茶叶价格，推高贷款利息，“西国各茶师集于波楼馆会议，拟迟至月底开盘。华商办茶，应缴之汇款，并止各银行不准拆出，使茶客银根急迫，难以措办。茶价或可跌落，故现在西商所还之价较旧年，不及七折。而汉上各钱庄预备月底交银，拆息已飞涨至六钱”①。借款利息沉重，还款时间紧迫，中国茶商常常不得不降价求售，而“洋商深知中国近时茶商实少虚多，势难久搁，或闭盘不开，或至杀价而始买于中狡诈百出。固有令人难测，有至此则利权操诸洋人之手，而各茶栈经手通事不顾大局，从中唆怂退盘杀价，种种恶习，殊堪发指”②。买办也充分利用茶商资金不足来谋求好处，“买办乃可上下其手，垄断罔利，故当新茶上市之始，商贩行肆莫不奔走于买办之门，而买办对商贩言则谓外洋正停办，而对于大班言，则谓华茶到货拥挤，价格看低，经此两番抑遏，茶市遂受打击。资本雄厚者，犹可囤积待价，而急于脱货者不得不廉价求售，一转移间买办之腰包满，而茶商之本折”③。

茶栈最主要的两项收入，一是佣金，一是放款利息。这两项收入的实现，都要求茶栈向茶号贷放较大规模的贷款。为争取尽可能多的货源，茶栈常主动降低放贷门槛，“只要有一茶号并不问其有无资本，多少箱额，竟随意付用，甚至有未定设号与否，亦劝用劝设备至”④。19世纪70年代之后，茶商亏损的概率增大，主要原因之一则是“茶栈加放汇款，以广招徕，其中荡产倾家者为数不少，此皆汇款阶之厉也”⑤。各地茶业公会通常也会控制茶业贷款规模，实现对茶叶供应的控制，以此来维持对其有利

---

① 《茶市近况》，《申报》1879年5月19日。

② 《茶业败局亟宜减额振作论》，《申报》1887年12月7日。

③ 《茶业之弊·续》，《申报》1918年4月13日。

④ 《拟改良徽州茶业意见书》，《申报》1914年7月3日。

⑤ 《整顿茶务示》，《申报》1892年2月15日。

的茶叶价格。汉口茶业公所为维持价格，常要求茶栈不准卖二季茶叶，以努力保持住头季茶的价格，例如，“中国茶商约齐会议所有茶样此一礼拜内暂且停发，以西人还价太贱故也，至二茶则议不入山购买”①。对茶农、茶商而言，唯有低价转卖给从事国内贸易的商人，甚至不得不放弃种茶，“山价再低，则山户必思改种别产”②。

茶叶贸易具有较强的投机性质，无论洋商还是华商，均有相当人员抱着投机心理从事茶贸易。③ 造成中国茶号进行投机的主要因素之一，即为茶栈对茶号放款的低门槛。低门槛的放款条件使很多没有资本的人皆能参与到茶叶贸易的投机中去，“闻某地之茶获利群趋仿之，闻某种之茶获利又群起效之”④。茶号所需资本绝大部分是向茶栈告贷的，如果时运偶顺，“遂以为时不可失群焉，欣欣得意，浸浸乎共图大举，山户则高抬其价”⑤。而茶号以为有人放资本，于是“作孤注之一掷，而茶号加多矣”⑥。茶号向茶栈借款容易的成本，则是其常常被洋行、买办与茶栈所摆布。放款是茶栈树立权威最主要的手段之一。凭借贷款，茶栈具有不可挑战之权威，茶号对茶栈的权威从无异议，事实则是不敢挑战，如果有所挑战，必受到茶栈严厉惩罚。例如，1933 年安徽祁门一茶号的第一批 30 件箱茶交由上海茶栈售卖。该批茶成本 6500 元。每件箱茶议价 180 元，该茶号未肯服从。其后，茶市疲软，该茶号再三乞求经售茶栈求售，茶栈却置之不理。茶栈之所以不理，是因为其所放之贷款已在该茶号的第二、三批茶价内扣除。第一批箱茶积压至第二年春才售卖出去，每箱仅售卖 30 元，七除八扣之外，仅敷贷款尾数。⑦

洋行、买办与茶栈等中间商利用贷款和其他市场强权对贸易操控而获取“好处”时，却给华茶对外贸易和中国茶业发展带来巨大的损伤。他们对茶叶贸易的操纵，扭曲了市场价格，致使产品与要素价格作为调节市场的基本功能丧失。同时，由于茶叶价格波动幅度大，使从事茶叶生产、

① 《汉口电音》，《申报》1887 年 5 月 18 日。

② 《茶市丛诂》，《申报》1887 年 6 月 10 日。

③ 陈慈玉：《近代中国茶业之发展》，中国人民大学出版社 2013 年版，第 300 页。

④ 《劝中国茶商整顿茶务说》，《申报》1901 年 5 月 23 日。

⑤ 《书本报茶数详译后》，《申报》1889 年 3 月 21 日。

⑥ 《拟改良徽州茶业意见书》，《申报》1914 年 7 月 3 日。

⑦ 冯和法、罗明均：《中国农产物贸易问题》，《国际贸易导报》1934 年第 6 卷第 8 期。

交易的人们无法对市场形成稳定的预期，以致影响人们对茶叶质量改进的投入，正如舒尔茨指出的那样："我们已经仔细地考察了在农产品价格大幅度波动时必然是特别低效率这种情况。"① 洋行、买办与茶栈主导构建的茶业金融制度使他们在维护既有利益和实现新利益方面越来越具有效率。然而，这种效率却使茶农、茶商等茶叶产制者丧失了生产的积极性，使华茶对外贸易制度愈加不适应国际市场竞争之需求。这最终导致中国的业茶者：一方面，漠视质量；另一方面，投机兴盛，市场价格被人为推高，造成市场有效需求严重不足。这样的局面在整个近代华茶对外贸易的过程中一直持续存在。

第四节　茶业金融制度稳定性的原因分析

在近代中国相当长的一段时期内，国家不能为贸易提供必要的保护和金融服务，洋行、买办与行栈等中间商主导构建的非正式约束使贸易得以完成。但是，这种贸易制度概括起来具有如下两个核心特征：（1）高额的衡量成本；（2）洋行与行栈等中间商总是设法提高交易费用以谋求自己最大化之利益等核心特征，而获益所凭借的往往是比茶商拥有更多的信息和市场优势。在这样的贸易制度结构中，外国银行、洋行、钱庄和茶栈等中间商操控的茶业金融使华茶对外贸易制度得不到有利于茶叶发展的制度变迁。因为在他们主导的贸易制度机构中，任何一种改变都意味着对他们既有利益的一种剥夺，为此，他们总是极力反对一切有损他们利益的变革。要使他们主导构建的茶业金融制度得到变迁，必须从外部进行打破。但是，直到1936年南京国民政府实行"祁红统制"之前，外国银行、洋行和茶栈主导构建的金融制度结构基本仍是没有改变。近代中国茶业金融制度没有改变之原因，基于史料，笔者认为主要有以下四个因素。

一　政府金融服务能力不足

一般而言，一个国家越落后，一个具有开拓性意志的政府在经济发展中的作用就越大；而软弱的政府则不能够维持自己境内的秩序。库兹涅兹

---

①［美］西奥多·W. 舒尔茨：《改造传统农业》，梁小民译，商务印书馆2006年版，第111页。

更是指出："现代经济增长的步伐更为强调国家主权单位组织的重要性及对之的需求……主权国家单位作为执行经济活动所遵循的规则制定者，作为一个裁判和作为基础设施的提供者，是极为重要的。"[①] 然而，近代中国政府，尤其是晚清和北洋政府在经济发展中是缺位的，这一点在近代中国传统优势产业——丝茶行业——发展困境中可以明确。

美国经济学家格申克龙认为，至少在相当部分落后的国家，资本是短缺的，并且处于分散状态，人们在相当大的程度上对产业活动不信任。要谋求产业的发展，为产业投资服务的银行业领域的实践必须被视为落后国家实现工业化的特殊手段。从本质上说，这里显示了那种赋予由银行的货币创造活动产生的强迫储蓄过程以中心作用的经济发展理论所具有的历史上和地域上的价值。[②] 要发挥银行货币的创造功能以促进经济发展，要求社会、政府有能力组建适应经济发展需要的现代银行。茶叶贸易的衰落以及茶业发展的困难，已充分证明改变固有茶业金融制度的必要性。要挽救华茶，提供必要的金融服务是近代中国政府的职责之一。然而，晚清政府在财政上的困顿，以及对财政管理与政策制定上的无能，很难为茶业发展提供必要的制度支持。北洋政府无论是在财政上，还是在行政控制力上，都比晚清政府更弱。它对企业和银行都控制不住，当然更谈不上有能力去扶持经济发展了，因此，它也很难为茶业发展提供必要的资金和制度支持。关于政府能力不足，笔者在第六章第二节中还将有所论述。

二　既得利益者的阻碍

制度可以保护创新，也可以保护既得利益，扼杀潜在的创新。既得利益集团为了一己之私而践踏创新是显而易见的。[③] 近代中国茶业金融制度自发形塑过程中，形成了稳固的利益分配格局，为维护既得利益茶业金融主导者，就是扼杀潜在创新者，他们极力反对改变既有的茶业金融制度。我们从业内所说的"茶价八折"中可以大致看出洋行、买办和茶栈的利

① 转引自［美］罗伯特·J. 巴罗、哈维尔·萨拉伊马丁《经济增长》，何晖、刘明兴译，中国社会科学出版社 2000 年版，导论。

② ［美］亚历山大·格申克龙：《经济落后的历史透视》，张凤林译，商务印书馆 2009 年版，第 18、19 页。

③ ［美］赫尔普曼：《经济增长的秘密》，王世华、吴筱译，中国人民大学出版社 2007 年版，译者序第 6 页。

益分配情况。以1933年上海一家茶栈开给祁门某茶号的一纸费用清单为例，洋行得到约9%的“好处”，买办为3.9%，茶栈为4.12%。[①] 虽然洋行与茶栈获取的“好处”，不能归咎于放贷这一个因素，但放款至少是他们获取“好处”的必要条件之一。为维护这种利益分配格局，作为贸易规则制定者及受益者的洋行、买办及茶栈极力维护他们所定的规则，排斥外部对他们利益的不满与挑战。

例如，茶商抱怨茶栈放款利息沉重，希望茶栈减少利息。茶业公会表现出不可挑战的态度，“一分五厘息金乃属公定，用款与否，任客自由；如茶客不用款者，为敝会馆各栈第一欢迎，此层再不烦言辩论”[②]。对茶号放款，是茶栈垄断货源、获取“好处”最主要的手段。当外部力量试图改变这种垄断时，茶栈总是极力反对。1936年春，皖赣两省实行“祁红统制”，推出三项政策：一，茶号以前承贷茶栈款额，利率一分五厘，现在具领政府贷款八厘；二，改茶栈操控的水路运输为政府主导的公路、铁路运输，以求降低风险及费用；三，改茶栈营销为政府营销，取消茶栈不合理收费（约占茶价的15%），政府只收取2%的手续费。[③] 尚不论政府统制是“为民争利”抑或“与民争利”，至少此次行动从根本上触及了洋行、买办与茶栈根本利益。立即遭到茶栈、洋行的强烈反对。茶栈通过停兑、游行等手段予以对抗，洋行也给予各方责难。既得利益集团的阻碍，一定程度上，也制约了近代中国政府和社会提供茶业金融制度变迁的制度供给。

三 既有金融制度的局限

近代中国共存两种金融制度：一种为传统金融制度，一种为新式金融制度。传统金融制度主要存在于农村，以典当和钱庄等机构为代表；新式金融制度主要存在上海等大城市，以银行为代表。传统金融多具高利贷性质，这类贷款多属消费性信贷，少有生产性信贷，同时，因其过高的利息，不但不能起到扶持农业发展的作用，反而会加速农民的破产。[④] 传统

---

① 上海社会科学院经济研究所编：《上海对外贸易》（上册），上海社会科学院出版社1989年版，第257页。

② 《茶业会馆议事录二》，1927年12月13日，上档：S198—1—13。

③ 《皖赣统制红茶及茶栈停兑之经过》，《国际贸易导报》1936年第1卷第11期。

④ 郑起东：《转型期的华北农村社会》，上海书店出版社2004年版，第355页。

金融制度因其内在缺陷而难以为农村经济发展提供有效的金融供给。新式金融机构虽具有资金充裕、利息相对较低等优点，但直至20世纪30年代之前，城市中的新式金融机构无法广泛涉及农村金融，即使有中国农工银行等极少数银行涉足，也少有成绩可言。新式金融机构不足和信用不足，从根本上制约新式金融机构涉足农村金融的最主要因素是：保障城市资金向农村流动的安全性的有效信用制度难以构建。

信用制度是指为了降低市场经济中信息不对称程度而给交易方式或交易范围定型的一套规则。通俗地说，信用制度就是为了增加诚信度的市场规则的总和。[①] 近代中国农村借款者向新式金融机构贷款时，缺乏有效的信用度。借款者的信用度不仅含有物的信用度，包括借款者经营业绩，用于借款的抵押品是否合适等，还含有借款者的信用度在内。近代中国农村生产不振，经营农业者业绩不佳，亏损成为常态；农村借款者产业不外乎土地、房屋等不动产，当危及贷款安全问题发生时，由于变现困难等原因，城市放款金融机构很难对这些不动产处置。同时，由于信息不对称原因，仅凭农村借款者信誉放贷，很难保障贷款安全。在近代中国，将城市资金导入近代农村，唯一有效的途径则是在农村组建接受贷款的信用受体组织。然而，在20世纪30年代之前，此类信用组织相当缺乏，以致城市甚至农村流动资金得不到利用。[②] 以上这些因素长期制约着城市资金向农村流动，也从根本上窒碍城乡之间信用制度的构建，以致新式金融制度很难提供适合农村发展的金融制度供给。

由于农业生产具有季节性，周期相对较长，因此向农村所放的贷款，必须具有两个基本特质，即贷款周期相对较长和利率宜低。茶业，涉及农、工、商等领域，其中所需资金，尤其是茶叶产制者茶农、茶商所需的资金，由于保障城乡之间资金安全流动的有效信用制度的缺失，在近代中国社会相当一段时期内，都无法提供适合茶业发展所需的金融制度服务。“我国银行界，对于金融之运用，向以经营政府公债与投资城市之工商业为主要业务。而以农村放款，周转不灵，又加以农业信用，未曾普及，于安全一道，决不轻易尝试。”[③]

---

① 杜恂诚：《二十世纪二三十年代中国信用制度的演进》，《中国社会科学》2002年第4期。

② 李亦人：《我国农村金融组织之重要性》，《钱业月报》1931年第11卷第12期。

③ 徐润生：《农村金融及其调剂之刍见》，《实业统计》1933年，第1卷第5—6期。

四 近代中国产权形态的制约

在现实中，制度安排的变迁及制度结构的重组在很大程度上是通过产权演变过程发生的。在西方经济运行过程中，产权安排通过交易以影响资源的配置。如果国家施加限制性措施会削弱一项资产的私人产权，从而影响所有者对资产用途、人们对资产价值和交易条款的预期。在这些因素的相互作用下，产权都会被弱化。无论产权弱化采取任何具体形式，都意味着资产所有者选择机会的减少和资产价值的下降。为此，西方发达国家往往会形成相应的法律架构，限制和规范政府在涉及私人产权时的行为，"对统治者恣意的行为的束缚以及能成功地限制国家与自愿性组织的非人际关系化规则（impersonal rules）的发展，乃是这种制度转型的关键之所在"①。

传统中国的产权与西方不同，它以不完整的私有产权和产权交易的低效率为特征。说它不完整，主要是最高产权掌握在国家（政府）手里，国家在认为有必要时，可以任意侵犯。说它效率低，主要是产权交易的复杂性。鸦片战争以后，西方的产权制度随着中西贸易的展开被移植进中国，但是中国的产权制度仍如以往，并没有形成如同西方那样有宪法层面的制度保障，私有产权神圣不可侵犯的信念也没有在中国人的意识形态上形成。中国传统的不完全私有产权，在政治强权的形态下随时有可能遭到侵犯。中国产权"国有"观念浓厚，同时由于缺乏健全发育和法制保障的社会环境，国家及当权者可根据自己的需要随意将产权在"国有"与"私有"之间任意转换。学者王家范将中国传统社会私有产权发展的状况概括为"不充分、不独立、不完全"②。这种产权不会因为西方势力的侵入而立即终止。

中国人对产权在"国有"与"私有"之间任意转换的现实，有着深刻的认识。这种认识，妨碍社会资本的集聚。在茶叶贸易中，这种现象也充分体现出来。例如，张之洞在湖北试图筹集商人资本，设立茶叶运输和

① ［美］道格拉斯·诺思：《制度、制度变迁与经济绩效》，杭行译，格致出版社、上海三联书店、上海人民出版社 2008 年版，第 178 页。

② 王家范：《中国传统社会农业产权辨析》，《史林》1999 年第 4 期。

金融机关，“当时茶商恐官夺民利，极力反对”[①]。茶商反对的根本原因在于对政府任意侵占私有产权的恐惧。关于近代中国专制政府随意侵占私有产权的行为，杜恂诚教授对此有十分精辟的认识，“政府只要认为是它所需要的，就可以任意将私有产权变为政府产权，而且转让的价格绝对不是公平的价格，而是一种由单方面所决定的、不公平的、掠夺性的价格。这充分诠释了政府权力是最高产权的涵义”[②]。近代中国私有产权制度状况对于解释中国近代社会资金集聚困难起到关键的作用。

由此可见，服务于近代中国对外贸易的金融制度具有较强的稳定性，体现了诺斯关于制度具有稳定性原因的分析，“产生稳定性的是一系列约束的复杂组合，其中包含嵌套在（nested in）科层结构（hierarchy）中的各种规则”[③]。在近代中国，洋行、买办和行栈等市场强权者主导构建的贸易和金融制度，由于缺乏强有力的外部力量予以冲击，同时，由于近代晚清和北洋政府对中国茶业发展缺乏提供资金支撑的能力，洋行与茶栈等市场中间商既得利益者的阻碍，近代中国既有金融存在的制度局限——无力构建从城市到农村贸易流通所需的信用制度，近代中国产权形态对资金集聚的制约等因素叠加在一起，致使近代中国社会无力重构稳固的贸易和金融制度，这从根本上制约了中国传统产业，尤其是农业的变革与转型。

本章总结

由于近代中国社会始终无法构建一个维系城市与乡村资金安全流通所需要的信用保障制度，城市资金无法安全、低廉地向内地农村回流，这对缺乏资金的内地商人而言，不得不以较高的代价向居于城乡之间的中间金融机构或商人借贷。对放款的中间金融机构或商人而言，利用城乡利率之间的巨大差额空间向内地放款，虽能获取可观的利息收益，然而收益的可观是伴随较大风险的。为确保所放之款的安全性，放款机构常常利用自己广泛的商业网络，并基于这些网络之上，构建了一系列制度安排以降低所

---

① 《茶商联名请设公所》，《申报》1914 年 6 月 18 日。

② 杜恂诚：《金融制度变迁史的中外比较》，上海社会科学院出版社 2004 年版，第 16 页。

③ ［美］道格拉斯·诺斯：《制度、制度变迁与经济绩效》，杭行译，格致出版社、上海三联书店、上海人民出版社 2008 年版，第 114 页。

放贷款的安全性。上海茶业公会在此方面的做法，即是一个典型的案例。

向内地茶号放款是口岸城市茶栈长期主要功能之一，也是其存在该市场之上的合理性因素之一。一定程度上讲，茶栈的这种市场职能维系了茶叶贸易的持续进行，整个近代中国茶叶对外贸易没有因为缺乏最低限度的运转资金而陷于中断。然而，事情总有另一面，即茶叶贸易中的金融中间商洋行、茶栈又常常借助于贷款关系，配合他们不可动摇的市场地位，将整个中国外销茶叶的产制和运销完全掌控其手中。在掌控贸易过程中，洋行和茶栈利用他们的市场主导权和控制权，设置了一系列有利于他们而不利于茶号和茶农的贸易规则和收费，这些规则和收费，使茶号失去了贸易的主动性和加重了他们的经营成本，这些成本大大降低了他们获取利润的空间，最终导致他们没有动机去改进茶叶的产制。

虽然近代中国的业茶者、一些社会有识之士和政府官员曾多次提出构建服务于近代华茶贸易所需的专业性银行的想法，甚至也曾为此努力过，但是，由于近代中国政府，尤其是晚清和北洋政府财政困窘和提供金融服务的能力不足、从茶叶贸易中获取稳定收益的洋行和茶栈的阻碍，以及中国既有金融机构和制度的局限等因素，最终导致服务于近代华茶对外贸易的金融关系始终得不到根本性变革。外国银行、洋行和茶栈主导的茶叶贸易金融制度长期而稳定地持续存在于这一行业之中，直到南京国民政府对茶业进行统制运销时，中国的各家商业银行才广泛地参与到茶业的产制和运销之中去。

第五章

中间商制度和华茶品质的降低

在近代中国出口商品结构中，农副产品始终占据绝大多数份额。考察各种农副产品出口情况时，不难发现，没有一种商品能够自始至终地在国际市场上具有竞争力。造成这一结果的原因，除了外国商品竞争之外，低劣产制导致出口的农副商品质量低下也是个重要的因素。翻开近代中国对外贸易史料，掺假作伪、低劣产制在对外贸易过程中普遍而持续地存在。这一点为研究近代中国对外贸易的人们所熟知。以出口茶叶为例，1887年，海关总税务司责令各海关调查华茶衰落的原因，各关口皆认为掺假作伪、低劣产制带来的茶叶质量低下是华茶衰落最主要的原因之一。[①] 那么，为什么会发生如此普遍而持续的低劣产制？又是在怎样的条件下发生的？产制者又是如何产制的？低劣产制给中国近代茶业发展带来的后果是什么？针对此类问题，虽有学者对近代中国出口商品中的低劣产制情况给予了考察，[②] 但总体而言，学界对此研究尚欠薄弱。

已有研究大多认为低劣产制或掺假作伪普遍而持续存在的缘由在于小农或商人的短期寻利，市场的残酷竞争和商人的盘剥，以及缺乏对此行为的有效监管等。这种观点是对市场运行表现的总结，有一定的概括性，但并未刻画掺假作伪行为背后的市场逻辑。从市场角度而言，我们不禁作出这样的反思：如果整个贸易制度结构不存在掺假作伪的土壤，何来长期的掺假作伪？掺假作伪的长期存在，恰恰说明了近代中国对外贸易制度出了问题。本书结合洋行、买办和茶栈主导构建的华茶对外贸易制度来对上述问题予以解答。基于对史料的解读，以及结合经济学分析方法，笔者认为

---

① China. Maritime Custom：*Tea. 1888*，上海，1889年刊，上海徐家汇藏书楼：009/T22。

② 陶德臣：《伪劣茶与近代中国茶业的历史命运》，《中国农史》1997年16卷3期；彭南生：《欺诈行为与近代乡村手工业经济的衰变》，《江汉论坛》2006年第10期。

掺假作伪的盛行，根本原因在于近代中国社会和政府对出口华茶的生产、制造和销售等环节的监管不力，而洋行、买办和茶栈主导构建的贸易制度助推了华茶的长期掺假作伪行为。

第一节 贸易主体、信息与茶叶质量

要论述洋行、买办和茶栈主导构建的贸易制度助推了华茶贸易中的低劣产制或掺假作伪行为，需要对华茶对外贸易流程进行剖析。近代中国茶叶对外输出至少要经过茶农→茶号→茶栈→洋行→外国购买商等环节，茶栈、洋行作为最主要的中间商而存在。对中国茶商而言，所谓的出口即将茶叶售卖给在华洋行。为此，在中国市场上，可将洋行视为贸易的终端购买者，那么掺假作伪者存在于前三者。理论上讲，如果茶号收买毛茶能够进行有效甄别，严把质量关，茶农就不会普遍存在掺假作伪之机会；茶栈作为代售者，如果能够对茶商提供的箱茶进行有效的质量把关，茶商亦不可能有太多机会进行掺假作伪。由华茶出口流程可见，茶栈对保障茶叶质量负有最为重要之责，这也是洋行假手茶栈的初衷之一。在华茶对外贸易过程中，掺假作伪长期普遍泛滥的主要原因在于茶叶市场存在严重的信息不对称，业茶者有充分的动机和条件利用自身的信息优势谋取私利。

一 洋行：无力有效鉴别茶叶品质

信息在交易中非常重要，它可区分为私人信息、可观察信息和可证实信息这三个关键性概念。① 信号发送和信息甄别是两个交易人之间达成合约的关键内容，如果行动发生在只有交易一方当事人能观测的环境下，另一方当事人必须采取成本高昂或效率低下的行动，才能对交易对手的商品做出有效鉴别。否则，对交易对手的商品鉴别总是困难的。“内地收购”（up-country purchase）曾是洋商一直梦寐的事情，因为他们坚定“愈接近产地，价格就愈便宜，质量就愈有保证”的想法，终于在 1861 年第一次得到实现，“但接下来的痛苦经验却表明他们对任何一种中国茶叶的品质

① ［美］阿维纳什·迪克西特：《法律缺失和经济学：可供选择的经济治理方式》，郑江淮等译，中国人民大学出版社 2007 年版，第 28 页。

作出鉴定都是困难的”①。洋行对茶叶质量鉴别的困难，根本原因是他们不能有效地掌握华茶产制的相关信息。

（一）华茶品种极其繁杂

中国茶叶品类繁多，通常依据制法之不同、形状色泽之不同、口味香气之不同，而产生各种不同的名称。或以地名，或以时名，或以形名，或以物名，如一一列出，则有数千种之多。故在中国茶业界有句老话：“茶叶卖到老，名字认不了。”仅以制法不同的分类为例，就足见华茶品种之繁杂。外销华茶的名称不下数十种，以关税上之分类，有红茶、绿茶、乌龙茶和砖茶四大类，此外有茎茶（Stalk Tea）、粉茶（Dus Tea）、香茶（Scented Tea）等，这几类在贸易中不占重要比例，不作述说。仅就四大类作简要介绍。

外销红茶中占主要出口的大概有八种，（a）工夫茶（Congou），制造时最费工夫而得名，以福建所产最为著名；（b）小种茶（Souchong），因采摘和拣选时去掉大叶而留下小叶而得名，主要销往欧洲大陆；（c）白毫茶（Pekoe），茶叶柔软如绵而有白色的细毛而得名，制法之善否与品质关系甚大；（d）彩花白毫（Flowery Pekoe），配合香花于白毫中而得名；（e）橙花白毫（Orange Pekoe），白毫中配合橙花而得名；（f）花香茶（Scented Oranged Pekoe），配合桂花于茶叶中而得名；（g）珠兰茶（Scented Caper），茶叶中配以珠兰或茉莉而得名；（h）双龙茶（Caper），别名松制。

绿茶主要分三种，分别是珠茶（Gun power）、雨前（Young Hyson）和熙春（Hyson）。（a）珠茶又分为小珠（Green Power）和大珠（Imperial）两种。小珠茶，指摘叶后用手揉搓成圆形，形状如珠子故得名，有大、中、小之差别，分别为麻珠、宝珠和芝珠；大珠茶，与小珠茶制法相同，只是形状大一些，也分大、中、小三种，即熙珠、圆珠和珍珠；（b）熙春，以最初制造者而得名，从摘取叶子之期，也有一号、二号和三号之区别，分别对应名称为眉熙、正熙和副熙；（c）雨前茶，在阴历谷雨前采摘而得名，有眉雨、娥眉、芽雨和熙雨等，此外还有凤眉、秀眉、针眉和风眉等品种。

① 李必樟编译：《上海近代贸易经济发展概况：1854—1898年英国驻上海领事贸易报告汇编》，上海社会科学院出版社1993年版，第153—155页。

乌龙茶（Oolong Tea），其制法介于红茶和绿茶之间，为半发酵之茶，以福建为主要产地，尤其以沙县所产者最优。

砖茶（Brick Tea），以红茶和绿茶碎末为原料，蒸热之后，放入模具中，以机器压制成型，为砖块形状，故而得名。此茶有红砖茶和绿砖茶之分，在汉口、九江、福州和汉口等地区制造，全部输往俄国。

由上所述，可见“我国茶叶品类繁多，颇不一致，异名同种者有之，异种同名者有之，非独于贸易上有碍，于学术研究上亦多不便”①。对仅凭感官识别茶叶品类的洋行而言，是很难有效鉴别的。

（二）洋茶师并不知作伪之茶如何完成

出口华茶的制作，需要经过一系列程序，主要包括分类（将收买来的毛茶依据种类而拣选筛分）、再制（即将筛分出的茶放入热锅）、调和（根据市场需要，将再制成的各类茶叶加以调和，以制作适当品质的茶）、包装（将调和妥当的茶叶装箱）等过程。每一个程序都有掺假作伪之可能。精制茶叶程序的繁杂，使来华收购茶叶的洋行茶师很难辨识出来，因为他们不知道中国茶商是如何掺假作伪的。正如江汉关税务司裴式楷申呈总税务司时所抱怨的那样：“洋商茶师人等可惜皆系在汉经手买茶之人，其茶之受病系于造作之时，由何法受病，不得而知之，即造作之时，所用各种分法之意亦均不知。”② 中国茶商掺假水平达到十分高明的地步，“将树叶掺入精选的香茶中，即使专家也很困难去发现”③。

（三）洋商总是无法对样茶与大帮是否一致作出有效的甄别

中国茶商卖茶须由茶栈代售，而不能与洋行直接进行交易。一般交易程序，首先是茶栈“先送小样于各家洋行，经茶师看样，由茶栈通事直接与洋商论价。如卖价议妥后，再发大样过磅”④。可信的资料表明，在各口岸开埠的最初一段时期，很少发生样品与批量货物之间不相符合的问题。可是，随着世界市场需求的迅速扩大，从事茶叶贸易的中国商人数量不断增加，在他们之间形成了日益激烈的竞争。激烈的竞争导致“那些不稳定的中国商号就努力想方设法增加其边际利润。其做法一般是伴随着高

---

① 羲农：《吾国之茶业》，《银行周报》1919年第3卷第38期。

② China. Maritime Custom：*Tea. 1888*，上海，1889年刊，上海徐家汇藏书楼：009/T22。

③ China. Maritime Custom：*Tea. 1888*，上海，1889年刊，第103页，上海徐家汇藏书楼：009/T22。

④ 建设委员会经济调查所编：《浙江之平水茶》，1937年版，第25—27页。

品质的样品之后，所提供的大宗货物或者以次充好，或者掺杂次品茶叶，或者用其他地方出产的茶叶替代"①。早在1868年外国商人就曾向福州茶市的茶商们提出抗议，但是抗议总是无效的，因为只要外国商人汲汲于购茶，中国茶商仍会如此继续下去。

自19世纪70年代开始，洋行逐渐控制了中国土货的收购和出口，但是即使到了20世纪二三十年代，他们还是必须依赖买办和中国的中间商，还是必须依靠钱庄，"虽然中国商人处于被动地位，但是将从内地收集所得之货品，运输至沪，交付洋商这一系列环节的实现却仍然非中国商人莫属"②。洋行之所以离不开买办和中国的中间商，其中最为主要的原因之一，即是中国的中间商比洋行拥有更多的信息优势和商业网络。

二　茶栈：漠视质量而重视数量

洋行在中国购买丝茶等土货，"不得不尊崇一批没有资金或地位，但实际上却是中间人的丝、茶行业的勤杂人员和买办作为当事者的情形，使中国的生产者和英国的商人双方都被置于那些既无身份和财产又完全沉湎于极其恶劣的商业投机之中的人们的摆布之下"③。在华茶贸易中，茶栈为何有如此能力操纵贸易？这主要取决于茶栈对内地茶商贷款，从而控制货源和间接改变交易价格的能力。时人对此有着深刻的总结："茶栈对于洋行及茶厂（茶号），站在矛盾而又统一的关系上。在进行独立的商业高利贷资本的剥削中，和洋行是站在对立的地位。洋行对于茶价的垄断，是相当阻碍茶栈利益的。但对茶厂发生中间剥削上，却又是与洋行的利益相一致的。没有洋行，茶栈的买办性质即将失去作用。对茶厂方面，它利用茶厂的贫乏以起中间作用，但如茶厂整个崩溃，则茶栈亦将失去活动的依据。"④

茶栈售茶与洋行，须由通事先行配样，评定茶价，以评定之价格向洋

---

① ［美］罗威廉：《汉口：一个中国城市的商业和社会（1796—1889）》，江溶、鲁西奇译，中国人民大学出版社2005年版，第175页。

② 杜恂诚：《民族资本主义与旧中国政府1840—1937》，上海社会科学院出版社1991年版，第181页。

③ 李必樟编译：《上海近代贸易经济发展概况：1854—1898年英国驻上海领事贸易报告汇编》，上海社会科学院出版社1993年版，第116页。

④ 雨森：《战时茶叶政策论》，《茶声半月刊》1939年第9期。

行兜售。故茶栈的通事必须熟悉茶叶品质，估计准确茶叶价格，并能操英语，更主要的是要与洋行关系熟络方为合格。为什么说茶栈漠视茶叶质量的提高，而更倾向于注重代售数量？我们从下面这条信息中可以得到答案。1926 年上海地方审判所去函茶业公会，咨询茶栈开给茶商的收条中载有的价目，是否为茶商愿意出售的价格，茶栈有无减价出售之权。茶业公会回函表示："是即货主愿售之价目，惟未可据为成交之价目，须双方同意，售茶栈乃经纪人为之从中撮合，询明货主得允，即行作定。"[①] 事实真如茶栈所回复的那样吗？可信的资料表明，事情并非如此。在第一次制定的茶业会章中，就明确表明茶商委托茶栈售茶时，如遇议价太低，欲委托别栈比较，必须先向本栈说明。若使价格议高，准贴别栈通事佣金，红茶一钱四分，绿茶七厘，其余仍照栈规算还，本栈任客发售。[②] 但是，由于茶商多资金短缺，所用款项，基本上都为茶栈垫付或者借贷。垫付与借款关系决定了茶商的箱茶必须由贷款茶栈经售。

这样，茶商期望实现的价格就会形成另一种局面，即茶栈对茶号的报价与对洋行的要价之间形成价格差。如某茶号要售卖一箱优质茶，成本为 80 两，委托某茶栈代售期望售价 100 两，茶栈会事先与茶商谈价，认为不可能售卖如此高的价格，比如认为只会售卖 90 两，由于受制于茶栈，茶号往往会接受这个报价。茶栈与洋行谈判，茶栈面对各家洋行会进行兜售，如果兜售价格大于 90 两，那么，多出的差价往往由于茶商的不知情而为茶栈占有，这种行为，即茶业通常所说的"吃盘"，即会出现"茶栈售价以多报少"[③]。例如，"咸宁生员刘士元前投晋昌源茶栈代售馥茂长茶庄宝魁茶 364 件交俄商百昌洋行，每担隐吞价银一两"[④]。由于优质茶受制于成本约束，茶栈"吃盘"的空间比较小。而如果箱茶是劣质茶，成本较小，那么茶栈事先对茶商之茶进行折价时，会折扣更多。从而获取"吃盘"的机会更多，空间更大。正如茶栈汪乾记老板汪绍廷所说，茶栈与洋行进行交易的通常做法为："先送一个茶样给宝顺洋行的茶师看，如果他要了，而这批茶是我自己的，那我就和他谈价成交；如果不要，又不

---

① 《茶业会馆议事录二》，1926 年 9 月 28 日，上档：S198—1—13。

② 彭泽益：《中国工商行会史料集》，中华书局 1995 年版，第 590 页。

③ 《府宪批词》，《申报》1893 年 1 月 16 日。

④ 《告示登录》，《申报》1888 年 10 月 20 日。

是我的货，那我再去和茶商商量。”[1] 由此可见，居于交易中间地位的茶栈，并不关心茶叶质量，甚至在更多时候，他们更偏好于茶叶质量低劣，以求更大获利空间。

三　茶号：低劣产制的主体

近代中国茶号为临时设立之性质，大致每年4—9月茶季，外地商人及本地绅商士贾在产茶区，设立买卖茶叶之场所和制造箱茶之厂号。然而，开设厂号的茶商多资金短缺，所需款项大多向茶栈借贷。茶栈放贷大多在农历一二月间，茶栈派员至内地茶区开设分栈，办理贷款手续，并对放款茶号生产的箱茶去向给予监督。茶号通常需要寻觅一位素为茶栈所信赖之人作为担保，与茶栈谈妥之后，填写借款协议，即可享受贷款。能领到茶栈贷款的茶号，才有资望吸收附股。茶栈贷款额度通常占茶号运行资本的六成至八成。茶栈借款给茶号会签署一份借款合同，具体内容如下：

立投栈领银据人×××今在××县×乡×村开设××茶号，今领到××茶栈用银××××两，言明箱茶×××件，系遵照茶业会馆章程，无论小号分为几字号，全帮或逾原定箱额，一概投交×××宝栈出售，所用汇项月息一分五厘计算。

此据××年×月立

×××（茶号章）

×××（签字）

对上面贷款合同的解读，我们能明确以下几点内容：①虽没有明确箱茶等级，但依据茶栈贷款额度以及茶号自有资金，其实能够明确茶号生产箱茶的等级，不同等级箱茶需求不同的成本。受制于可用资金的额度，茶栈在与茶号签订预购箱茶时，已明确了箱茶的等级。②茶号一旦接受茶栈贷款，必将其当年生产的箱茶，无论是贷款规定的箱数，还是超额部分必须委托放款茶栈经售，并且规定不允许其他茶栈代售。茶栈之所以这样设定放款规则，一方面是出于确保放款安全，另一方面是最大化自身利益的考量。至于如何自身最大化利益，下面将给予分析。

出于投机的目的，茶号多为临时开设。对茶号而言，生产最优质的箱

---

① 庄维民：《中间商与中国近代交易制度的变迁：近代行栈与行栈制度研究》，中华书局2012年版，第228页。

茶并不一定能实现当年利益最大化。因此，茶号多在预期实现的价格和数量之间组织生产。减少制茶成本，无疑会有助于其实现利益最大化，除了压低毛茶收购价格外，茶号会选择对其最有利的箱茶数量进行生产。茶号具有制茶的“专业”知识，即知道每一箱茶的原料成本、如何生产、如何掺进适量的次品而被接受或被发现概率较小，“来自低劣水平地区的茶叶与优质茶叶的混合，在茶叶制好的很短时期内很困难被检测到，外国购买者经常被欺骗”①。

以上考察了近代中国对外贸易的流程、市场主体、各主体对商品质量拥有的不同信息。研究表明，在此贸易环境中，洋行和行栈分别拥有市场定价权和检验质量等优势。正是凭借这些优势，在近代中国政府（尤其晚清和北洋政府）缺乏制定贸易规则的权威和能力时，他们主导构建了对外贸易制度。② 为谋求最大利益，洋行和行栈对其主导制定的贸易规则，可谓是枉用三尺，而处于交易上游的内地客商和农民，在既有的贸易制度和规则下，更多通过逆向选择的行为（低劣产制、掺假作伪等不良行为）尽可能地最大化自己的收益。但是，在相当程度上，内地客商和农民逆向选择的行为，直接决定了近代中国农副产品质量的低劣。

第二节　茶叶质量基本模型

在本章第一节，笔者简述了近代华茶交易的流程、主体及各自拥不同信息优势情况，出于不同的利益考量以及拥有的不同信息，各交易主体基于实现自身利益最大化的考量，采取了对自身有利的交易方式。那么他们是如何交易的，背后有着怎样的经济逻辑？为说明这些因素是如何决定农副产品的质量，基于史料，下文将沿用 Biglaiser（1993）、Spulber（1996）以及 Liu（1998）等学者的分析思路，构建一个质量决定模型，试图解释买办、行栈等中间商对近代中国外贸品的影响，以期揭示中间商的贪占攫取，使茶商在质量选择方面做出怎么样的逆向选择，继而引发外贸品质量低劣的普遍现象。在构建模型之前，有一点需要说明，在近代中国出口贸

① 《北华捷报》1888 年 6 月 6 日，第 17 页。

② 张跃、董烈刚、陈红兵：《中间商与近代中国对外贸易制度——以近代华茶对外贸易为例》，《财经研究》2014 年第 7 期。

易中，洋行被视为产品终端购买者。因此，洋行在购买中国农副产品之后进行的掺假作伪、低劣产制等行为，并不出现在笔者构建的模型中。所有中间商统称为行栈，内地商人则称作客商。

一　模型设定

1. 三层市场结构：市场上存在三类经济主体，分别是作为商品卖家的客商，作为贷款人、贸易撮合者、产品鉴定者的行栈，作为农副产品采买者的洋行。客商不与洋行直接交易，双方交易需通过行栈居间才能实现。通过对史料的分析，发现行栈通过向内地商人发放贷款获取了产品的专售权。

2. 质量分布：农副产品的质量存在优劣高下之分。客商在产品的生产中，面临资金约束，需要贷款生产。资金投入的多寡直接决定产品的产量和质量。生产者可以决定资金投入量、产品产量及质量。

3. 交易方式：茶号与洋行不直接交易，二者买卖通过中间商茶栈实现。茶号只能委托一家茶栈售卖茶叶，茶栈凭借自身经验和能力对茶叶进行测评，并依据茶叶品质，事先与茶号协商一个卖价，即代理价格。而后，基于此代理价格，茶栈向不同的洋行询价，选择一个出价最高者出售货品（洋行所出价格必须高于茶号和茶栈约定的代理价格）。完成交易后，茶栈获得交易额的特定比例作为佣金。

4. 信息结构：客商可以决定茶叶的产量和质量；行栈凭借自身的鉴别能力，可以准确鉴定各等产品的合格率；洋行自身缺乏质量鉴别能力，需要通过行栈了解产品的质量。

二　制销背景

茶号从茶栈获取贷款 m，并将其用于茶叶制造。茶叶的品质 θ 由茶号决定，箱茶产量 q 是由所获得贷款额度及自有资本共同决定的。根据史料，茶号向茶栈贷款的比例大致为茶号用来生产茶叶费用的大部分。茶栈依据自身经验和对当年毛茶生产等情况的预期，并根据所预定的箱茶数额和等级决定放款额度。茶栈通过放款获取接受贷款茶号的箱茶专售权。茶栈替代茶号售卖茶叶之前，会对茶号售卖的箱茶进行品级鉴定。市场中的洋行存在多家，尽管洋行具有定价权，但是茶栈可以向多家洋行询价，洋行之间的竞买使茶价处于一个竞争性均衡水平，该价格水平接近洋行的支付意愿。茶栈根据自身利益最大化之目的，决定预定茶叶的等级和数量。茶栈利润主要取决于从交易中抽取的佣金和发放贷款所取得的利息。茶号在茶叶经营中，考虑到借款是无限责任的，需要顾及所投入的成本，其中包括从茶栈获得的贷款。茶栈与茶号的利益不一致之处即在于此。根据激励相容的原则，茶栈关注放款额度、预定箱茶的数量与质量，而茶号依据自身利益最大化的考虑，决定茶叶的质量高低。

三 模型分析

在上述交易背景下，近代中国茶叶出口的市场均衡具有如下特征：

F 表示一批茶叶中的质量分布，是茶号的选择变量，$F \in \mathbf{F}$。$\mathbf{F}$ 是由所有可供选择的质量分布 F 构成的集合。任意两个质量分布 F_1 和 F_2，可根据一阶随机占优进行排序。由于不同质量分布 F 具有不同的期望值，我们可以用不同质量分布的期望值 θ 刻画 F。

茶栈根据自身利润最大化原则，决定放款的额度 m 和箱茶数量 q，茶号决定茶叶质量分布 F，洋行对茶号售卖的箱茶进行抽样，抽样比例为 α，以此来评价箱茶质量，并从而决定最终交易价格。洋行的定价规则为 $P(\theta)$，$P'(\theta) \geqslant 0$。那么，茶栈和茶号的收益如下所示：

茶栈的收益：$\prod^{c} = \gamma P(\theta)q + m$，$\gamma$ 为茶栈从每一笔交易获取的“好处”比例。

茶号的收益：$\prod^{p} = (1 - \gamma)P(\theta)q - (1 + r)m$

根据上述分析，可知茶号的生产可行性函数为 $C(q,\ \theta m)-0$，示意图如下：

给定茶栈贷款 m，以及预定箱茶数量 q，茶号生产不同品级的箱茶。茶号依据希望得到的期望值 θ 组织的生产，满足 $C(q,\ \theta m)$。

另外，茶号的参与约束为：$\prod^{p} = (1-\gamma)\ P(\theta)\ q - (1+r)\ m \geqslant 0$

茶栈利润最大化的一阶条件：

$$\frac{\partial \prod^{c}}{\partial q} = -\gamma P(\theta)\ \frac{\partial C/\partial q}{\partial C/\partial \theta} q + \gamma P(\theta) = 0$$

$$\frac{\partial \prod^{c}}{\partial m} = -\gamma P(\theta)\ \frac{\partial C/\partial m}{\partial C/\partial \theta} q + \gamma = 0$$

以上为茶号和茶栈实现利益最大化的必要条件。但是在茶号与茶栈，

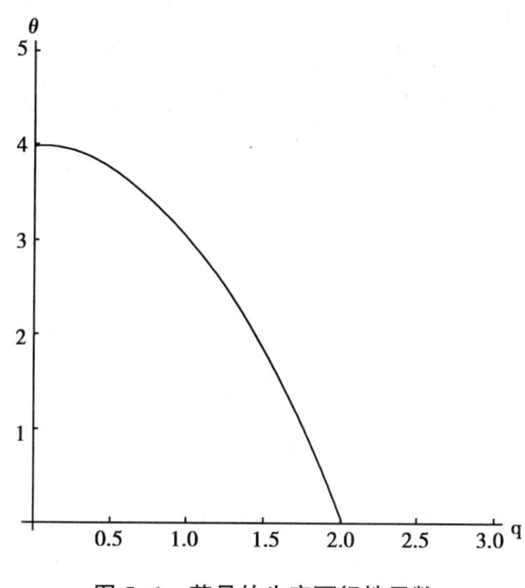

图 5-1 茶号的生产可行性函数

茶栈与洋行之间，存在着信息不对称问题，那么，茶栈是如何实现其利润最大化和风险最大化的？

（一）茶栈与茶号之间信息不对称问题

茶栈依据当年银根松紧、茶叶市场售卖前景和毛茶生产情况进行预期，以决定放款规模，进而决定预购箱茶的数量。但是，对不同品级的箱茶，茶栈无法像茶号一样能够精确鉴别。茶号依据自己利润最大化原则，会选择对自己最有利的茶叶品级进行生产。但对茶栈而言，茶号生产的茶叶品级不一定对茶栈是最有利的。基于与茶号之间的信息不对称，茶栈如何才能实现自己的利润最大化和风险最小化呢？

通过史料和运用经济理论分析，发现茶栈控制接受贷款茶号的所有茶叶，是其实现利润最大化和风险最小化的最优策略。因为茶栈在放款时，只是预定了箱茶的数量、放款的额度和利息。但依据茶栈与茶号借款的合同，我们其实能够确定茶栈预定箱茶的品级（即给一分钱，生产一分钱的货）。为了确保贷款安全和实现自己的最大利润，茶栈在对茶号放款时，会要求茶号将其所有的（包括贷款预定的和茶号生产超出的）箱茶由其一家专卖，决不允许其他茶栈代卖。问题在于，茶栈如何诱导茶号生产对自己最有利的茶叶品级？因为茶栈对茶号制茶成本并不是确定的。

依据模型设定和交易背景，当茶栈向茶号贷款额度一定时，茶号的生

产函数为 $C(\theta, q; \varepsilon)$，其中的 ε 对茶栈而言是一个随机变量，对茶号而言却是一个确定的值（这里可以把 ε 理解为茶号可以选择的制茶技术等级）。各变量与生产函数 $C(\theta, q; \varepsilon)$ 之间满足如下一阶和二阶关系：

$C_1(\theta, q; \varepsilon)>0$；$C_2(\theta, q; \varepsilon)>0$；$C_3(\theta, q; \varepsilon)<0$

$C_{11}(\theta, q; \varepsilon)>0$；$C_{22}(\theta, q; \varepsilon)>0$

其中，$C_1(\theta, q; \varepsilon)>0$ 说明茶号生产的茶叶品质越高，所需成本越高；$C_2(\theta, q; \varepsilon)>0$ 说明生产箱茶越高，所需成本越高；$C_3(\theta, q; \varepsilon)<0$ 说明茶号采用的制茶技术越先进或者收买的毛茶质量越高，所需成本越低。$C_{11}(\theta, q; \varepsilon)>0$，$C_{22}(\theta, q; \varepsilon)>0$ 说明茶号的生产函数是凹的。

（二）茶栈与洋行之间信息不对称问题

茶栈虽没有茶号拥有关于茶叶质量的更多信息，但是相比洋行却是信息占优者。这也是本书多次论述到的洋行假手茶栈收茶的重要原因之一。茶栈与洋行之间存在长期的合作关系，为此在二者之间会建立一定的互信机制（如茶栈担保交易的箱茶质量，在上海茶业公会内部就建立了一个保证金制度，即会员茶栈要缴纳一定的保证金，以保证自己经手售卖的茶叶是符合洋行要求的，如果查出来没有达到洋行要求标准，会员茶栈缴纳的保证金即被罚没充公。当然茶业公会作为质量的主要认定者），这将有助于洋行形成一个相对精确的鉴别能力，但是这种能力仅体现在对所售箱茶处于何种“区间”（如优等、中等或低等）的鉴定上，而不能精确到所售箱茶处于这一“区间”内的何种品级上（如优等上、优等中，优等下）。可用下列公式与图形刻画：

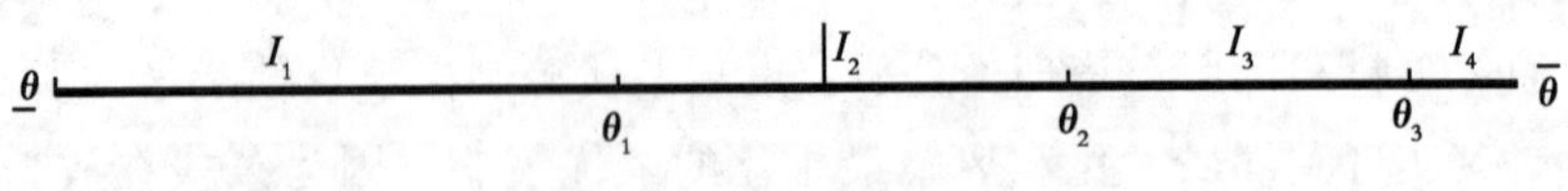

图 5-2 茶叶等级区间

其中，I_4，I_3，I_2，I_1 分别表示特等品、一等品、二等品、三等品。如果洋行是理性的，其定价原则为：$P(I_1)=\theta_1$，$P(I_2)=\theta_2$，$P(I_3)=\theta_3$。由于洋行无法精确识别每一“区间”内的具体箱茶品级，因此，无论洋行如何出价，都很难实现与真实品级一致的价格。基于这种情况，茶栈在不能确定茶号真实生产成本的前提下，为了实现自身利益最大化，必须对预购的箱茶有一个最合理的设定。首先，茶栈对茶号放款要确保预购最

低箱茶的数量 q。

茶号的目标为：$Max_{\theta_i \in \Theta}\{(1-(\alpha))P(\theta_i)q(\theta_i;\ m)-(1+r)m\}$

$$S.T: q(\theta_i;\ m) \geqslant \underline{q}$$

茶栈的收益为：$\prod^c = \alpha(\theta_i)P(\theta_i)q(\theta_i;\ m)+rm$。

$\alpha(\theta_i)$ 为茶栈取得的代售“好处”。$\alpha'(\theta)<0$ 意味着箱茶质量越差，茶栈在销售过程中起到的撮合作用越大，为此收取的“好处”比例也越高。其中，$q \geqslant \underline{q}$，最低预购量 $\underline{q}$ 起着限定质量的作用，即说明在给定资本投入的前提下，箱茶质量与数量是可以相互转化的，高质量对应着低产量，相反，高产量对应着低质量。限定最低产量，必然导致质量存在一个上限。假设质量是连续的，为实现自身利益最大化，茶号生产的箱茶品级满足：

$$-\alpha'(\theta)P(\theta)q(\theta)-\alpha(\theta)P'(\theta)q(\theta)-\alpha(\theta)P(\theta)q'(\theta)+P'(\theta)q(\theta)+P(\theta)q'(\theta)=0$$

对茶栈而言，它所期待的最优箱茶品级为 θ^c，θ^c 满足以下条件：

$$\alpha'(\theta)P(\theta)q(\theta)+\alpha(\theta)P'(\theta)q(\theta)+\alpha(\theta)P(\theta)q'(\theta)=0$$

因为 $P'(\theta)q(\theta)+P(\theta)q'(\theta)=-\dfrac{\alpha'(\theta)P(\theta)q(\theta)}{\alpha(\theta)}>0$，所以 $\theta^p>\theta^c$。

其中，θ^p 是茶号期待的最优箱茶品级，θ^c 是茶栈期待的最优箱茶品级。

茶栈基于利益最大化的考量，对预定的箱茶数量有如下三种策略，而这三种策略导致三种结果：

第一种结果，如果 θ^p，θ^c 分别属于不同的箱茶品级区间 I_i，I_j（i>j），这意味着茶栈如果不限定最低产量，茶号的最优产量和质量组合为 [$q(\theta_i)$，θ_i]，这与茶栈所期待的质量和产量不一致，因此茶栈会通过设定一个最低产量 $q(\theta_j)$。此时，给定最低产量约束，茶号的最优产量与质量组合为 [$q(\theta_j)$，θ_j]。

第二种结果，如果 θ^p，θ^c 属于同一品级区间 I_k，且茶号的最优产量和质量组合为 [$q(\theta_{k+1})$，θ_{k+1}]，茶栈依然会依据自身利润最大化的考虑，设定最低产量 $q(\theta_k)$，此时茶号所能提供的质量只能为 θ_k。

第三种结果，如果 θ^p，θ^c 属于同一品级区间 I_k，且茶号的最优产量和质量组合为［q（θ_k），θ_k］，茶栈与茶号的利益一致，茶栈则无须设定最低产量。

第一种结果刻画的是茶栈贷款给茶号，如果事先不与茶号约定代售箱茶数量的情况。在此情况下，生产较少数量的箱茶 q（θ_i），较高品质的 θ_i 是茶号利益最大化的最优策略。但是，这并不是茶栈实现自身利益最大化的策略。对茶栈而言，代售数量更大的 q（θ_j）而品质更低的 θ_j，才符合其利益最大化。因此，在贷给茶号一定数额贷款时，茶栈要求茶号必须保证最低限额的箱茶供给。

第二种结果刻画的是在给定贷款额度时，茶号根据自身利益最大化的考量，向茶栈报出生产数量为 q（θ_{k+1}）品质为 θ_{k+1} 的箱茶，尽管茶号报出的品质 θ_{k+1} 与茶栈期待售卖的箱茶属于同一等级，但与茶栈期待售卖的箱茶数量 q（θ_k）并不一致。为实现最大利益，茶栈会要求茶号必须保证最低箱茶 q（θ_k）的供给。在这种要求下，茶号只有通过降低品质来压缩成本，导致更低质量 θ_k 被生产出来。

第三种结果刻画的是在给定贷款额度时，茶号根据自身利益最大化的考量，向茶栈报出生产数量为 q（θ_k）品质为 θ_k 的箱茶，这种情况与茶栈实现最大利益相一致，茶栈则不需要要求茶号提供最低限额的箱茶供给。

由茶栈采取的上述三种策略而导致的均衡结果可知，茶栈为了实现自身利润最大化，往往在贷款给茶号时，会要求茶号必须保证最低箱茶数量的供给。而茶号依据自身利润最大化原则，在保证最低产量要求时，将箱茶的生产导向质量较低、产量较高的路径。由上述模型可见，近代华茶对外贸易市场制度助推了华茶品质的降低。在该市场售卖机制下，茶栈并没有起到外国购茶洋行期待他们把关质量的作用，之所以如此，是因为他们“由于茶叶的焙制工作如果较为细致和关注就能获得较高的价格这一问题并不是他们分内的事”①。

第三节　华茶监管的困境

在本章第二节，笔者通过构建模型对近代华茶贸易中低劣产制、掺假

① 李必樟编译：《上海近代贸易经济发展概况：1854—1898年英国驻上海领事贸易报告汇编》，上海社会科学院出版社1993年版，第724页。

作伪等不良行为存在的市场逻辑予以了刻画。接下来，几个自然的问题被涉及，即中国社会和政府对华茶贸易中的掺假作伪有着怎样的管制？历史已经证明中国社会和政府对此管制是无力的，那为什么缺乏有力的管制与约束呢？在研究中国社会和政府无法约束掺假作伪行为之前，有必要考察和中国茶叶贸易结构相近的日本茶业的做法，这有助于明确中国社会和政府无力的原因。

一　日本的成功经验

19 世纪 80 年代之前，日本茶贸易和中国茶贸易并无多大区别，无论在外销形式，抑或在产制方面。普遍的掺假作伪亦层出不穷，日本茶商“制茶不肯讲求良法，虽经制过，而色香味均逊于他国，最可鄙者以下等之茶混入上等，往往价既订成，因货物不符，致肇争论，复将原价裁减，此所以利薮徒存”[①]。掺假盛行，也导致日本茶信誉受损，“在明治七八年顷茶价甚贵，因而粗制滥造之弊亦于斯时出，甚有搀和类似之叶以图利者，于是日本茶渐失信用”[②]。这导致“西商皆裹足缩手不与交易，茶业因之大坏”[③]。为增强日本茶竞争力，日本于 19 世纪 80 年代伊始开启了茶业制度的构建过程。在政府的主导下，日本构建了“不像中国只是贪图一部分利益的商人所集合的公会或会馆，而是联合茶户、茶号、茶栈乃至出口商图谋茶业共同利益的集团”[④]。在新的茶业制度中，质量检查制度占有重要地位。日本在茶叶的产、制、运、销等环节构建了严格并互为连接的监管体系，并形成了“由茶业团体自行直接办理为主，政府但有取缔，则处在协助地位，而且政府取缔，并不及茶业团体之严”为特征的检验制度。[⑤]

为了有效监管伪劣茶产制，日本在茶叶检验关键环节做了非常详细的规定。很值得当时中国借鉴的有以下几条。

第一条，制定非常详细的取缔规条。这些规条里规定内容主要是不允许茶业公会会员：制造和买卖用黏质物、着色料生产的茶叶；输出低于出

① 《日整茶务》，《申报》1881 年 2 月 21 日。

② 余景德：《游日见制茶回忆录》，《湖北省农会农报》1921 年第 2 卷第 9 期。

③ 《日本茶信》，《申报》1882 年 12 月 3 日。

④ 《日本茶业之发达》，《中行月刊》1933 年第 7 卷第 1 期。

⑤ 农作物检验组茶叶科译：《日本茶叶检验各项规程》，《国际贸易导报》1934 年卷第 9 期。

口标准的制茶；转卖低于转口标准的品质恶劣制茶于其他口岸。这些规定均以美国政府制定的标准茶为标准。

第二条，制定非常严格的检验规条。在有必要的地方设立制茶检验所；产制者不得拒绝检验；茶货检验合格后，逐件予以检验合格证书；负责检验的公务人员有权到制茶场地临时检验；检验员有权扣留和查封违法的制茶。检验最大目的就是取缔非法产制者，以促进茶叶产制改良。

日本茶叶检验各项规程很长，此处不一一列出。规定细则之严密、执行之严格，是日本茶叶检验最显著的特点。总之，日本茶叶检验规程只有一个目的，即任何人不得买卖未经检验而贴有合格证书的茶叶，凡是获得合格证书的茶叶，品质必须符合或超过每年 3 月份所规定的标准样茶。考察日本茶叶监管规程，笔者将其成功管制掺假作伪行为之处总结以下几点：①建立了覆盖全国、全茶业范围的垂直监管组织体系；②茶业团体直接办理与政府协助监管相结合；③所有的茶业参与者和环节被纳入监管；④导向性强的公法与操作性强的私法并存。其中，垂直监管组织体系和公法、私法的建立是日本茶业发展、质量把关的保障，因为没有统一的管理组织、监察机构和法律法规，必然留下制度的漏洞，不能从根本上杜绝掺假作伪存在的空间。另外，把所有参与茶业者纳入监管范畴，在整个制度结构中兼顾了各方利益，使茶业者的利益处于均衡状态，茶业的收入分配体现出市场化导向。正是日本构建的茶叶检验制度有力的执行，保证了日本茶叶在国际市场上的成功。

二　中国监管失败的原因

由上述可见，日本通过建立有效的制度安排加强对伪劣茶的监管，从根本上杜绝了在对外贸易的初期存在的大量掺假行为，提升了日本茶在国际市场上的口碑。日本建立的适合现代国际市场竞争需要的茶叶贸易制度，为日本茶成功占领国际市场做出了制度保障。与中国社会及政府的作为相比较，不难看出中国茶业失败之根由，在茶叶质量方面，中国社会和政府的无力表现得尤为突出。笔者将近代中国茶叶质量监管的失败归于以下几点。

（一）政府无法对制度构建主导者进行有效监管

近代中国政府与西方列强签订的各项关于商业贸易之条款，同时作为传统体制的政府职能无法适应现代经济发展的需要，这些因素导致中国政府被排除出制定规范贸易各方之制度的权威之外。中国政府的作用越来越局限于阐释一般性政策（通常是与对口的行会协商之后）。当涉及中外交易行业政策制定时，中国政府只是在中外商人博弈而达成的“共识”结果给予承认。从19世纪60年代起，实力雄厚的洋行扩大了经营范围，投资于航运、银行、保险及商品检验检疫和“私证鉴定”等于贸易相关的行业。这样，作为贸易规则制定者的洋行、买办与行栈把持了近代中国外贸和商品检验。在华茶对外贸易领域，茶叶质量，要求色、香、味俱全，但当时评定的茶叶等级，没有统一的行业标准和科学可靠的检验仪器，全凭茶师的感官认知，带有很大的主观性和任意性。这为具有贸易主导权之一的买办与茶栈操纵茶叶质量以及他们自己掺假作伪提供了种种便利。

近代中国社会和政府对买办和茶栈如何掺假懵懂不知，很难对其进行检查。由于监管不力，买办和茶栈在自营茶叶时，能从掺假作伪中获取巨大利益。例如，1860年尚在宝顺洋行做帮账的徐润，“试办润生立茶号于温州白林地，方梁逸樵司事，办得白毛茶八百箱，每方箱四十斤，运申分沽与英美各洋行，得价八十两，仅敷成本。不意卖出之后，洋商验出茶箱均有水迹，一律退回……不得已寄存杨三和栈……候至次年，在宁州办得乌龙细条红茶二百箱，每担五十两，条色香味并皆佳妙，因将白毛茶掺入，售与洋商，初得银一百二十两，继竟涨至一百六十两，大得其利，经营茶业于此始焉”。①

另外，关于一笔交易的茶叶是否掺假的裁决，政府并没有最终的裁决权，最终裁决权掌握在茶业公会手中，“苟欲为茶栈而售其制茶于输出商者，非经会馆允其加入，不得为是营业也。其与输出商如有争议，仰会馆裁决。若有不服，可诉于官，然终未有实行此诉者，故会馆实最终之审判所”。② 对买办与茶栈的掺假作伪，近代中国政府可谓是“管不着”。

（二）政府对内地茶商不能进行有效监管

近代中国政府对洋行、买办与茶栈掺假作伪“管不着”，并不是说中国政府一点儿作用都不体现的。只是在没有危害贸易制度构建者利益的前提下，发挥一点儿非常有限的功能。在茶叶对外贸易领域，尽管洋行与茶栈主导构建的贸易制度，导致了整体性行业的逆向选择，茶业参与者极力

① 徐润：《徐愚斋自叙年谱》，江西人民出版社2012年版，第11页。

② 《中国制茶业之情形》，《商务官报》1906年第22期。

掺假作伪，但作为购买者，总是希望买到对自己有利的优质茶叶。为此，他们希望政府对别人茶叶进行监管而不对自己进行检验。例如，洋行也是希望中国政府对伪劣茶进行查处的，“上海城厢做还魂茶叶颇多，英领事访知已由巡捕房取得所晾晒的茶样，知照中国官宪会审”[①]。“如果要在实际上禁止这种假货，也许是不可能的，但是无论如何，为了使它受到某种控制，以使外国人能知道它的生产数量和被用于与茶叶相混合的比例，也许不久官方就必须对它进行干预；这样才能使这种假货在茶叶市场中占其应有的位置。”[②] 中国政府也意识到伪劣茶对贸易及财税产生的负面影响，屡有禁令，并对掺假作伪者进行相当严厉的惩罚，例如，“造做五百斤以上者，罪当军遣流徙，立法甚严”[③]。但是，从禁令实施的效果来看，可谓收效甚微，时人曾对此发出这样的感叹：“做造假茶久干例禁，叠经地方官出示严禁，而无如言者谆谆，而听者藐藐也。”[④] 为何听者藐藐？笔者认为理由有二。

1. 近代中国茶叶供应规模巨大，品类繁多，制定全面且具有较强操作性的检验规则、手段和质量标准具有极大的难度。而且茶叶生产、制销环节复杂，不易监管，“作伪掺杂，尤为各省之通病；茶贩本持假营生，近年庄号收茶规则废弛，或掺以水，或杂以株柳茶叶，加以铁屑、土沙、滑石粉等，或用粘物质加制，或用靛青及颜料染色，洋人愤有烦言。信用兹有扫地”[⑤]。针对掺假作伪带来的种种弊端，时人建议政府，请设立机关，检查出口茶叶，以固华茶信用，“但值此国家多事之秋，财政困乏，政府是否有此余财余力，保护实业，无论何人，不难揣测。故至今未见效果”[⑥]。近代中国政府，尤其是晚清与北洋政府受制于财政困顿，加之中国官商不相联络的传统意识观念，深刻制约政府对茶叶的检验。“中国则官与商（与西方国家相比）截然两途，商之所为，官不与知，官之所为，

---

① 《访拿作假茶案》，《申报》1873 年 10 月 10 日。

② 李必樟编译：《上海近代贸易经济发展概况：1854—1898 年英国驻上海领事贸易报告汇编》，上海社会科学院出版社 1993 年版，第 204 页。

③ 《假茶违禁》，《申报》1873 年 12 月 31 日。

④ 同上。

⑤ 张謇：《拟具整理茶叶办法并检验条例》，引上海进出口检验检疫局《上海商品检验检疫发展史》，古籍出版社 2012 年版，第 34 页。

⑥ 《论华茶失败之原因及今后茶商应行改良之要项》，《银行周报》1924 年第 8 卷第 18 期。

商不为便，商或营私舞弊大有碍于通商大局，而官则置若罔闻，或苛取多求大，为害于商贾之大局，而商亦无可告诉。”[①] 为此，晚清及北洋政府设立专门检验及监督机构的能力远远不足，所能做的大多是依赖收税厘卡对流通中的茶叶予以检验，无法做到对全行业监管。这样，就为掺假作伪留下了巨大的制度漏洞与空间，即茶商可根据这些漏洞进行掺假作伪。

2. 规制俘获、权责不一，也是监管失效的重要因素。所谓的规制俘获，即被规制者俘获了规制者，从而使行政监管失效。[②] 造成规制俘获的主因在于缺乏对监管者的有效监管，从而导致监管功效大为降低。在近代中国，肩负茶叶检验的政府人员经常被规制俘获。例如，在福建“有陈歹歹者在闽清私造假茶者，一路贩运到省，售卖与在泰茶栈林七哥处。本月初八，总局哨丁协同地保，在栈中搜出假茶十余担。林卒出方孔兄数十元，始了其事”[③]。又如，“私贩刘连成惯于走漏茶税，近又私造假茶，串通局中哨长哨丁售与各茶栈，明目张胆，毫无忌惮。前日刘贩运茶叶由水关外绕道而来，售与金春茶栈，有哨丁得风声，跟到该栈，主人急挽孔方兄为和事老，时始寝”[④]。

除了监管者被掺假作伪者规制俘获，造成监管失效之外，不同地区、不同层次的官僚监管体制紊乱和无序，造成各部门之间的权责不明，标准各异，也加剧了监管的失效。综观近代中国各级政府取缔、打击伪劣茶之举措，不难发现各自为政、各订标准之现象。规制俘获、权责不一等因素，使传统中国“官检”制度很难对掺假作伪者进行有效约束。总体而言，近代中国政府对茶号、茶农掺假作伪的监管，可谓是“管不住”。

（三）既得利益者反对加强监管

当然，近代中国政府对华茶质量的监管失败负有责任，但是如果只把政府视为整个失败的关键，那是不正确的。整个行业的从业者也负有不可推卸的责任。时人就曾对国人掺假作伪的做法提出激励的批判，“华茶在国外市场之失败，一半由于商不惜名誉，掺杂次货所致。若诈伪蒙混，则发觉之后，营业信用根本取消，非以牟利，实则害己也。有人建议政府，

① 《论莽顿茶业之法》，《申报》1881 年 12 月 4 日。

② 龚强等：《激励、信息与食品安全规制》，《经济研究》2013 年第 3 期。

③ 《闽中集锦》，《申报》1894 年 2 月 19 日。

④ 《八闽新语》，《申报》1894 年 2 月 28 日。

请设立机关，检查出口茶叶，以固华茶信用，但值此国家多事之秋，财政空乏，政府是否有此余财余力，保护实业，无论何人，不难揣测。茶商何不自动的建设，而依赖政府，甘受被动的检查？殊足为茶商之弱点"①。各地茶业公会对茶叶掺假盛行就负有不可推卸的责任，之所以这么说，正如本章第二节模型中刻画的那样，主要出于自身利益。茶业公会在追求会员茶栈利益最大化时，对茶叶掺假行为采取的是纵容和保护的态度。1887年总理衙门令海关总税务司调查华茶衰落原因时，茶业公会就极力表示华茶毫无掺假之说，"（茶商）本无从作伪弊混，且近因售货不易，格外讲究，精益求精毫无弊窦"②。

南京国民政府统一全国后，力求掌控全国经济。鉴于对外贸易的重要性，南京国民政府出于"保护国内工商利益，提高国际贸易信用，增进输出商品的价值"③ 之目的，于1928年年底在商品集中之地汉口、上海设置商品检验局，对中国大宗出口的生丝、棉麻、茶叶等八类商品实施强制性检验。1931年国民政府"为廓清茶业积弊，督促改良，并增进国际贸易信用起见，实施检验，势难再缓"④，决定从该年7月8日开始检验，实业部一方面公布茶叶检验17条规程，咨行财政部转饬江海关遵办，一方面令上海商品检验局遵照实施检验。⑤ 在实业部公布的茶叶检验17条规程里重要之项有以下几条。

第二条，凡出口之茶，应于装运和包捆前，向所在检验机关申请检验。

第四条，凡包装茶叶的箱笼、袋皮等应受检验。

第五条，检验局派员采样，每百件及不及百件，采样四筒（每筒一市斤）；百件以上之零数，每五十件采样一筒，满五十件者作五十件论。

样茶检验合格后，除留存必要试验品外，余茶概行返还。

第六条，以下各茶视为不合格者：品质低于标准茶者，着色及利用黏质物者；掺入杂草、铁销矿质或粉饰物者；微蒸烟臭、腐败品者；被1公

① 静如：《论华茶失败之原因及今后茶商应行改良之要项》，《银行周报》1924年第8卷第18期。

② 《华茶公所说略》，《申报》1887年11月26日。

③ 《商品出口检验暂行规则（工商部颁布）》，《江西省政府公报》1929年第4期。

④ 《实业部商品检验局茶叶检验规程》，《法令周刊》1931年第52期。

⑤ 《出口茶叶实施检验》，《银行周报》1931年第15卷第26期。

分 36 眼之筛子筛出粉末超过 5%者；同号货物品质不匀者或混入尾箱者；包装不良或有破损者。

第七条，标准茶按年改定，逐次提高。

第十条，茶叶合格证书以一年为有效期。

从茶叶检验 17 条的主要内容来看，很明显国民政府借鉴了日本茶叶检验成功的经验，最显著者即为制定详细的取缔条款和不合格茶叶标准，更是与日本一样都是本着合格者方准出口、不合格者予以取缔的精神，执行茶叶检验。从国民政府公布的茶叶检验标准来看，无论是程序规范、收费标准，还是检验标准的制定，都有了比较明确、相对科学的规定，适应现代国际贸易竞争的需要。

但是，茶叶检验细则刚公布出来，随即就招来洋行，尤其是茶栈的极力反对，“昨日出口茶叶实行检验一日，英商怡和、协和等行，当经召集全体会议，讨论应付方法”①。在沪的湘鄂皖浙赣等省茶商联名上书实业部，表示极力反对，“盖出洋茶叶实施检验之日，即我茶商束手待毙之时”②。茶栈更是组织请愿团请求撤销茶叶检验。他们提出的反对理由可谓牵强：“经营商业者，为自身利益计，每迎合顾客之心理，为出品之准绳，茶质优劣程度，着色程度，着色与否，搀和黏质粉末多寡，皆各视饮户之需求，而量为供给。富户颇有崇尚节俭，而贫者断不能强以奢华。商品贵有销场，岂容削足适履，既不损饮者健康于丝毫，自何有取缔可言？”③

实质上，他们反对的理由集中于质量检验涉及的相关成本与收益问题上。茶叶检验之费用和掺假作伪之好处，在茶叶检验之前已成为洋行、茶栈的既得利益，新的检验制度构建必然涉及他们这些利益的受损，他们关心的这些利益，由谁来弥补，由谁来承负。在茶叶检验之前，洋行对茶栈经手售卖之茶享有取得样茶、打包等相当可观之收益，茶栈也从茶叶检验中获取样茶等收益。国民政府检验局的设立，将茶叶检验之权收归政府所有，洋行与茶栈从茶叶检查中原先取得的部分“好处”被剥夺。南京政府对茶栈、茶商实行强制性检验，一定程度上制约了掺假作伪者进行掺假

① 《出口茶叶检验问题》，《申报》1931 年 7 月 9 日。

② 《茶商请取消检验茶叶》，《银行周报》1931 年第 15 卷第 40 期。

③ 同上。

作伪的空间，提高了华茶质量。然而，洋行与茶栈主导的对外贸易局面并没有改变，中国人自营的茶叶出口贸易受到洋行与茶栈的抑制，商品检查也几乎是洋行商检的天下，南京国民政府商品检验局检验后，仍要经洋商检验才“算数”。由此可见，不重构洋行与茶栈主导构建的贸易制度，即使茶叶检验制度被构建，也无法从根本上起到有效监管与检验之效，政府对掺假作伪者“管不着”、“管不住”的情况就会继续存在。

第四节　低劣产制的负向影响

在现实经济生活中，由于信息不对称的严重存在，产品质量差或风险大的经营者很有可能利用人们的道德问题倾向做文章，使逆向选择变得更加“合情合理”，而无可指责。如果缺乏道德约束，交易各方追求机会主义利益的行为很难避免。① 本章第二节的模型对近代华茶贸易中的掺假作伪行为进行的刻画，恰是上述观点的体现。该模型表明洋行与茶栈主导构建的贸易制度助推了掺假作伪行为的盛行。洋行与茶栈凭借强大的市场能力，为维护既有利益，竭力维护他们构建的贸易制度。当近代中国整个社会对这种制度缺乏有力的外部冲击时，茶叶贸易与发展牢牢被锁定在这种制度结构中，很难实现有利于茶业发展的制度变迁。这种被锁定的制度给中国茶业发展带来了一系列深刻而负向的影响，低劣产制、掺假作伪现象的层见叠出就是重要的表现之一，而这又进一步给近代中国茶业的发展带来了窒碍。基于史料，笔者认为低劣产制、掺假作伪的长期存在给近代中国茶业发展带来如下障碍。

一　恶化市场环境

在近代中国茶叶外销整个环节中，洋行对其支付意愿拥有私人的信息，中国茶商对其机会成本同样拥有私人的信息，这导致信息的不对称。正是信息的不对称，才使买办和茶栈扮演了华茶交易机制的主要角色之一，相较洋行与中国内地茶商，买办和茶栈拥有专业化的优势。因为他们与洋行和中国茶商打交道频繁，所以他们能够获取很多信息。正是基于对

---

① 杜恂诚：《金融制度变迁史的中外比较》，上海社会科学院出版社 2004 年版，第 287—288 页。

中间商具有信息优势的认识，比格莱斯（Biglaiser）认为向一个存在逆向选择机制的市场引入一个垄断的中间商可以增进效率。[①] 他的分析意味着，中间商比单个人有更大的动机去投资于对质量的监督，因为中间商购买了更多的产品。另外，由于中间商希望建立更高的信誉，它也会有动机准确地报告产品质量。这种观点并不适合近代中国茶叶外贸市场，因为在19世纪最后的二三十年里，茶栈不仅作为代购代销的中间商身份存在，而且自身也从事茶叶的买卖。具有双重市场身份的茶栈，一方面作为中间商有动机去获取代理费用，另一方面作为卖者有动机使自己的茶叶质量比同一等级的茶叶平均质量低一些，却能获取至少平均的市场价格，这使茶栈有激励在自营的茶叶中做手脚。徐润的掺假行为即是一个典型的例子。

作为保证茶叶质量最为重要一环的茶栈掺假作伪，在一定程度上，给整个行业带来了“示范效应”。大约自1860年开始，无论在上海，还是在福州、汉口等主要茶叶输出港，均开始出现大量的掺假作伪之现象。英国驻上海领事麦华陀在1869年度的上海贸易报告中就抱怨掺假之茶的盛行，“值得注意的是，别的茶季都没有配制过这么多的低级茶。曾有4万担以上几乎全部属于极其低劣的茶叶被投放到市场上。这还不包括大量本地制造的，一般被称为‘马驴杂茶’的劣货”[②]。而“这种商品的成本每磅不会超过2便士，但与茶叶混合后再卖给外国人时，它必然会使生产者获得巨额利润”[③]。对巨额利润的追求，茶商（茶号）也积极效仿茶栈积极进行掺假作伪。于是，“转相效尤，变本加厉，年甚一年”[④]。掺假作伪的泛滥，使注重信誉和质量的茶商很难在市场中站住脚，“夫为此等弊端者，不过一二奸商，其在正经商家自顾牌子，决不为此。然谚云坏人带坏好人，西人一见有此弊端，遂疑中国茶商莫不如是，以至不肯受买”[⑤]。为了将茶叶售卖出去，即使拥有品质良好茶叶的茶商也不得不接受洋商故意的压价，以致茶商连年亏折。由于掺假作伪之茶并不是总能够被查出，

---

① Biglaiser, G. Middlemen as Experts, RAND Journal of Economics, 1993. 24 (2), pp. 212-223.

② 李必樟编译：《上海近代贸易经济发展概况：1854—1898年英国驻上海领事贸易报告汇编》，上海社会科学院出版社1993年版，第198页。

③ 同上书，第204页。

④ 陈祖椝、朱自振：《中国茶叶历史资料选辑》，农业出版社1981年版，第199页。

⑤ 《论中国整顿茶业之要》，《申报》1886年6月20日。

加之掺假作伪十分普遍，经办华茶的洋商一定程度上默认了掺假作伪行为，1876 年 8 月洋商曾开会议定福建工夫茶可以有掺假，但不能超过本身重量的 12%，大箱不能超过 6.5 斤，二五箱不能超过 3.5 斤。[①] 作为反制及补偿措施，西方商人形成惯例，在根据样品议定单价之后，过磅时又习惯性地要求打折，而对大宗货物的品质则不再过问。

代表茶栈利益的茶业公会出于维护会员的利益，甚至保护掺假作伪的行为。1879 年茶季，在上海的某洋行购买一批优质茶叶，价格甚贵，运到伦敦售卖，发现该批茶叶中有 100 件低劣之茶。于是到上海找业内人士查验，查验结果属实，找售卖该批茶叶的华商索赔，该华商承认但并不支付赔偿。出于维护会员茶栈之利，上海茶业公所决议不执行该洋行的要求，其理由是华商买洋商之布，自运他埠，遇有低劣之洋布，洋商也不肯赔付，所以华商对此等问题也不应赔付。[②] 以华茶贸易总枢纽自居的上海茶业公会对掺假作伪的纵容和保护，进一步助推了掺假作伪的风气。由于在持续交易中，产假者掺假作伪的行为没有被禁止，甚至得到保护，无疑又进一步加强了他们掺假作伪的行动。

普遍的掺假作伪为洋行进一步操控茶叶交易留下把柄与口实，洋商常借口华商低劣茶甚多，进行随意割价，克扣磅秤。割价之狠，扣磅之重，导致“所有，或者几乎是所有主张人格清白，反对欺诈买卖的洋行，都被排斥于华茶贸易之外”[③]。这些情况综合在一起，使华茶出口市场环境变得更加恶化，市场的不确定性因素更加复杂。

二　降低市场竞争力

应该说掺假作伪带来的严重后果就是败坏了华茶声誉，造成各国消费者对华茶充满了不信任。早在 1869 年，所谓的“马驴杂茶”在英国已经非常恰当地被宣告为不宜人类服用和没有销路的东西。但当时中国仍然是最主要的茶叶供给者，华茶在国际上的竞争力尚没有完全凸显出来。伴随着印度茶和日本茶的崛起，因掺假作伪带来的品质下降，使华茶在国际市

① China. Maritime Custom：*Tea. 1888*，上海，1889 年刊印，第 108 页，上海徐家汇藏书楼：099/T22。

② 《低茶案略》，《申报》1879 年 8 月 20 日。

③ 姚贤镐：《中国近代对外贸易史资料》第 2 册，中华书局 1962 年版，第 974 页。

场上的竞争力劣势完全呈现出来，以致低劣华茶几乎无所销场，“过去的茶季（1881 年）有两件值得注意的事：高级茶叶的缺货和由此而引起英国对它的需求，以及普通茶叶消费量的继续下降，有时几乎达到完全没有人喝的情况。对高级茶叶的需求无疑是由于印度茶叶碰巧收成一般的事实”①。

掺假染色之茶，由于化学成本的普遍使用，一定程度上对人体具有损伤，故而引起各消费国家的抵制。其中，以美国最为典型。美国分别在 1883 年、1897 年和 1911 年三次通过反掺假货法令，更加严格禁止掺假作伪的华茶进入其国内市场。这些立法活动不能不说和华茶的掺假作伪有一定的关系，它严重阻碍了华茶对美国市场的出口。华茶在英国也遭遇到同样的阻碍，1860 年英国首次颁布取缔一般伪造食品的法律。1875 年又通过《英国食品及药物法》，该法通过后，政府设置茶叶检验员，任务是防止非正当茶叶混入，这个措施很有效果。输入英国的华茶需要接受严格的检查，如果发现有掺假或回笼的茶叶，即予以没收并被焚毁。这些法律及措施的实施，很大程度上阻碍了华茶在国际市场上的销售。正如光绪《闽县乡土志》所言“八闽物产以茶、木、纸为大宗。惜夫年来茶叶浸衰，计学不讲，制造乏术，遂令优劣迥判，难以竞争于商战之时代……因伪茶掺杂，以致滞销”②。又如，“本年度茶业失败之原因（投机），比诸乙卯、丙辰两年茶栈之掺假作伪，失信洋商者同一咎由自取”③。华茶在国际市场上销售下降情况，已在第二章予以说明，在此不多赘述。

关于掺假作伪导致华茶传统国际市场丧失的认识，有学者精辟地概括道：“总之，中国既不能永远独占茶之生产事业，则自不能希望固有之销售市场永不发生变迁。但当发现国际市场已有竞争者出现时，如能使自己的产品拥有竞销的资格，则在旧有市场中既不至于完全不能立足，且可与他国产品竞争新市场。但中国茶之生产事业，数年中始终墨守成规，欺瞒外国人，毫无改进。”④ 华茶对外贸易特有的市场制度，以及主导该制度构建的洋行、茶栈等中间商出于自身利益的考虑，必然凭借自身强有力的

① 李必樟编译：《上海近代贸易经济发展概况：1854—1898 年英国驻上海领事贸易报告汇编》，上海社会科学院出版社 1993 年版，第 609 页。

② 朱景星、李骏斌修，郑祖庚等纂：《闽县乡土志》，光绪刊，《商务杂述》四，输出货。

③ 《本年度茶业失败之原因》，《银行周报》1918 年第 2 卷第 5 期。

④ 陈慈玉：《近代中国茶业之发展》，中国人民大学出版社 2013 年版，第 274 页。

市场地位和优势使华茶不可能拥有竞销的资格——改进茶叶质量以参与国际市场竞争，这最终使华茶销售的旧有市场很快为外国茶所侵占，导致中国茶业及其生产者的不幸命运。

本章总结

本章首先对近代华茶出口流程进行了考察，发现由于信息不对称的普遍存在和高昂的内生交易费用使中外商人无法进行直接交易。外国商人不得不借助买办、行栈等中国的中间商进行土货的收购和洋货的推销。由于信息不对称严重，买办和行栈在土货出口中占据着关键地位。在华茶对外贸易中，尽管洋行拥有市场定价权，但居于买者和卖者中间地位的茶栈通过贷款手段对内地茶号的业务进行了控制，茶栈垄断货源、独占代售权的市场地位使他们有能力去决定华茶的品质。出于自身利益最大化的考量，他们设计了近代华茶出口的交易机制。在此机制下，无论对洋行、茶栈，还是内地茶商而言，单独改进茶叶品质都不是最优的，相反，以次充好、掺假作伪却成为他们的最优选择。这导致华茶对外贸易中，掺假作伪长期普遍存在。

由于近代中国政府被排除出制定规范各方交易规则的权威之外，它很难对构建华茶对外贸易制度的构建者——洋行、买办和茶栈——进行有效管制。同时，由于受财政、能力以及现代意识不足等因素的影响，近代中国政府对内地茶商、茶农掺假作伪的监管也很难做到有效。为此，在近代华茶对外贸易市场中，整个行业掺假作伪盛行，这给近代中国茶业发展带来了一系列深刻影响。掺假作伪的盛行恶化了近代华茶对外贸易市场秩序，使整个行业到处充斥着逆向选择行为，同时败坏了华茶声誉，使华茶很快失败于英美等传统市场，最深刻的影响则是加大了华茶对外贸易制度变迁和技术革新的成本，使近代华茶对华贸易制度得不到变迁，产制茶叶的技术得不到更新。

综观近代华茶的掺假作伪以及中国政府对茶叶质量的管制过程，不难发现政府对掺假作伪的监管总的来说是无力的，根本缘由在于洋行、茶栈主导构建的茶叶贸易制度没有改变，原有的茶业利益分配失衡状态亦由此没有改变。在此制度结构下的逆向选择就不可能从根本上得到解决，掺假作伪现象必然长期普遍存在。例如，在南京国民政府推行茶叶检验的两年后（1933 年），浙江省建设厅接到上海商品检验局来函，声称有来自浙江温州、平阳等处的两千余箱茶掺假，涉及白恒春、白新春等 12 家茶号，请求给予配合查禁。[①] 由此可见，仅靠政府设立检验机构，并不能十分有效地杜绝掺假作伪。业茶者继续普遍掺假作伪，更多在于制度漏洞和对现有制度的市场理性选择。不打破洋行与茶栈构建的茶叶贸易制度，提高华茶质量、恢复华茶声誉只能沦为一种奢望。这一直是近代中国社会和政府应该做而没有实现的目标。

通过对近代中国华茶质量问题的研究，我们有怎样的历史反思呢？首先，当政府监管缺位制度被出于私利的构建者引向坏的方向时，制度非常有可能被锁定在一个无效、不良的均衡状态上；其次，要破解这种制度困境，必须从外部予以强有力地“破壳”，才有可能打破固有的旧制度，构建一个有效、良性的新制度；再次，在市场制度的构建和完善中，政府和市场的边界要界定清楚，避免政府的过度监管或不当介入对市场有效构建的负面影响。本书研究，可为当下中国食品安全等问题的解决提供一些值得借鉴的经验，比如要完善市场结构，促进有序竞争，防止市场强势者操纵市场；要完善质量检测和监控体系，加强生产、销售环节中的监管；加强对金融信贷的监管，防止过强的金融约束扭曲市场等。

① 《严禁华茶掺假作伪》，《浙江省建设月刊》1933 年第 7 卷第 6 期。

第六章

政府和中间商制度及华茶对外贸易

茶业，作为近代中国社会的传统行业之一，其发展和升级需要良性的贸易制度、不断完善的基础设施和富有效率的金融政策。然而，在晚清和北洋政府时期，政府无法打破洋行、买办和茶栈等中间商主导构建的贸易制度，也不能为茶业发展提供必要的基础设施和引导金融机构向茶业注入更多的资金。这三种能力的不足，是晚清和北洋政府不能挽救华茶衰落的主因。

南京国民政府成立后，政府结合“发达民生资本”和“限制私人资本”的民生主义理论，政府很快统制了能源、交通和重要实业等经济命脉，并对银行实行行政性垄断，其中包括对茶叶贸易的统制。近代中国社会结构松散、社会紊乱、经济制度很不健全，在几乎不受任何约束的情况下，南京国民政府强制性推行茶叶贸易统制政策，导致政府主体替代市场主体、政府的政策替代市场基本规律，结果不仅没有起到挽救华茶衰落的目的，相反，一定程度上进一步加剧了近代中国茶业的困境与危局。

第一节　经济发展中的政府理论

一　现代经济发展中政府的作用

政府在经济中的作用，无论是积极的，还是消极的，更抑或是积极与消极参半，政府理论在经济理论中总是不可或缺的。因为在很多情况下，政府的意愿和能力，以及制定的制度与政策深刻影响经济的发展。即使最极端的自由主义经济学家也不得不承认政府在经济中所起到的基础性作用，弗里德曼将其简洁地表达为“政府的主要作用必须是保护我们的自由，以抵御来自大门外的敌人以及来自我们同胞们的侵犯，维护法律，维持秩序，保证私人合约的履行，扶植竞争市场”[①]。至于政府在现在经济运行中所起的作用，刘易斯总结道：“政府可能会由于做的太少或做得太多而遭受到失败。”[②] 诺思也认为：“国家的存在是经济增长的关键，然而国家又是人为经济衰退的根源。”[③] 国家在现代经济中所起的具有悖论性的作用，使国家在经济发展中的地位和角色，成为经济学、经济史和其他社会科学研究的核心问题之一。

国家在现代经济中究竟扮演怎样的角色，或者说它在经济发展中应起到怎样的作用？学界争论颇多。随着经济实践的进行及理论认识的深化，越来越多的学者，倾向于这种认识：政府干预经济应该做到权力和干预范围有限。诺斯也认为“运作良好的市场需要政府，但并不是什么政府都能胜任。必须建立限制政府行为的制度，使市场免受其害。因此，解决发展问题需要建立政治制度，这些政治制度能为运作良好的经济所必须的公共品的供给奠定基础，同时，还能限制政府及其官员的自由裁量权和权威。”[④] 平乔维奇认为，有限政府在经济发展中的作用主要体现在“监督游戏的进行和贯彻执行游戏的规则，而不是在游戏过程中制定规则”[⑤]。

然而，历史证明，在落后国家，政府干预经济并不能仅限于监督与贯彻执行游戏规则，还有更重要的工作需要政府去做。研究发现，要实现经济增长，需要大量的投资，而直接用于生产的投资不到40%，其他60%投资用于住房和公共工程——外部性很强的公共产品和基础设施，而这些公共产品和基础设施的承担主体应该是政府。[⑥] 从总体上看，经济的发展需要政府来促进，一个有所作为的政府在经济发展中的作用，主要体现在以下方面：一是创造经济增长所需的制度的、基础设施的初始条件；二是

---

① 转引自［美］阿维纳什·迪克西特《法律缺失与经济学：可供选择的经济治理方式》，郑江淮等译，中国人民大学出版社2007年版，第3页。

② ［美］阿瑟·刘易斯：《经济增长理论》，周师铭、沈丙杰、沈伯根译，商务印书馆1999年版，第463页。

③ ［美］道格拉斯·诺思：《经济史中的结构与变迁》，陈郁、罗华平译，上海三联书店1994年版，第20页。

④ ［美］道格拉斯·诺思：《理解经济变迁过程》，钟正生等译，中国人民大学出版社2008年版，第77页。

⑤ ［南斯拉夫］斯韦托扎尔·平乔维奇：《产权经济学——一种关于体制比较的理论》，蒋琳琦译，经济科学出版社1999年版，第34页。

⑥ 杜恂诚主编：《中国近代经济史概论》，上海财经大学出版社2011年版，第346页。

推动经济发展所需的资本积累，确定经济增长极；三是制定经济发展计划，维持政治和社会的稳定，解决社会冲突。

二　近代中国政府的对外贸易态度

对外贸易在现代国民经济中有着重要作用。政府在对外贸易中的作用，除上面分析的一般作用外，还扮演着另一个角色及发挥独特的作用。在国内市场交易过程中，政府就某一行业做出的正式制度安排及政策（比如税收政策）将会影响该行业的发展及其贸易状况，具体的会影响到该行业存在的市场结构和商品价格的形成机制。就国内市场而言，政府的作用可视为外生变量。如果我们将国家的作用放置于国际市场中去分析，就会发现与国内市场不一样的情况，即国家制度安排及政策不一定是外生变量。在国际市场上，一国的制度安排及政策不再具有普遍适用性。一国在国际市场结构中，根据自己的国家利益而行动，成为国际市场制度变迁的内在因素，不过国家的行为又受到国际力量的约束。由于国家特殊的角色，其在贸易领域究竟起到何种作用，不能一概而论，需要到具体的境况去分析。

中国和西方世界国家，在国家政治制度上有很大的不同，如何合理评价近代中国政府在对外贸易及其制度变迁中的作用，是笔者一直思考的问题之一。虽然中国近代对外贸易是在西方势力强行推进下展开的，在西方国家所谓自由通商的要求下，中国对外贸易制度安排大都依赖于西方国家为主导的世界市场，中国政府、企业及个人是在国际贸易规则约束下参与的，但是，在影响近代中国经济增长的诸多因素中，“中国的内部因素是十分重要而决不可以被忽略的”①。近代中国政府出于利益分配以及自身利益最大化之考虑，所提供的制度安排及政策必然深刻影响着经济和对外贸易发展。

晚清政府究竟采取了怎样的商业和贸易政策，一直是学界讨论的主要话题之一。从已有的学术观点来看，大致可分为四种倾向，即抑制、忽视、勾结和鼓励。前三种说法不能说完全没有道理，因为清政府在商业中的作用有时是复杂的，有时是矛盾的。但是，出于增加国家和地方财政收

---

① 杜恂诚、严国海、孙林：《中国近代国有经济思想、制度与演变》，上海人民出版社 2007 年版，第 397 页。

入，也基于高水平的贸易是经济繁荣与良好运行的家长式观念的认识，总体而言，晚清政府是鼓励商业和贸易发展的。① 分析政府对国内行业与贸易产生影响的大小，需要依据政府意愿、能力和意识形态的不同而论。中国近代对外贸易经历了两种不同的制度形态，在晚清和北洋政府时期，政府对社会掌控及对市场干预的能力较弱，对外贸易呈现自由市场市场形态，而到了南京国民政府时期，政府逐渐加强了对社会和经济的控制。经过几年的过渡，南京国民政府逐渐对贸易、商业实行经济统制。晚清、北洋政府和南京国民政府干预经济能力的不同，决定了政府采取不同的经济和贸易政策，而这又进一步导致了经济和贸易发展的不同结果。笔者结合华茶对外贸易，来考察干预经济能力较弱的晚清、北洋政府与认为自己是全能的南京国民政府在茶叶贸易中的不同作用。

第二节 晚清、北洋政府与华茶对外贸易

研究近代中国茶业的学者多将华茶对外贸易失败之主因，归咎于政府的不作为或者反作为政策，并以中国政府征收较为沉重的茶叶税收和厘金作为批评的主要依据。这种观点一方面肯定茶叶税厘在近代中国政府财政中的重要性，另一方面则声称政府对于茶业的发展采取漠视不为之商业政策。这种认知，显然存在逻辑的悖论，亦不为历史事实所支撑。考察近代中国政府在茶业发展方面所采取的措施，不难发现，近代中国政府总体上是鼓励茶业发展的。

一 政府扶持茶业的意愿

近代中国政府在经济发展中的缺位与失灵，虽被学者广为诟病，但并不表明政府主观上不想有所作为。相反，在国家财政短绌情况下，政府对经济发展表现出鼓励之态度，这点在商业政策上表现较为明显。鸦片战争前，清政府财政收入的主要项目为田赋（地丁和内耗），其次为盐课、关税及各种杂课，另有捐输收入。以乾隆三十一年（1766）为例，田赋3291万两、盐课574万两、关税540万两、各项杂税149万两、常输捐

① ［美］罗威廉：《汉口：一个中国城市的商业和社会（1796—1889）》，江溶、鲁西奇译，中国人民大学出版社2005年版，第222页。

300万两，共计4854万两，关税只占11.15%，[①] 政府对关税、商业税的依赖十分有限。至19世纪八九十年代，商业税收在国家财政收入中的重要性开始凸显出来。以光绪十八年（1892）为例，代表商业收入的关税（常关税、厘金、海关税）在当年的岁入中占42.5%。[②] 在商业税收中，以茶叶出口关税为例，足见商业税在近代国家财政中的重要性。

表6-1　1885—1891年茶叶出口关税在清政府财政收入中的比例

（单位：海关两）

年份	国家财政收入	茶叶关税	所占比例
1885	77086466	4789665	6.21%
1886	81269799	4856402	5.97%
1887	84217394	4753158	5.64%
1888	88391005	4634860	5.24%
1889	80761953	4096106	5.07%
1890	86807562	3588598	4.13%
1891	89684854	3743008	4.17%

资料来源：①国家财政收入，根据李希圣《光绪会计录》，安东不二男《中国财政》（第23—35页）整理，引自［日］滨下武志《中国近代经济史研究：清末海关财政与通商口岸市场圈》，凤凰出版传媒集团、江苏人民出版社2006年版，第88页。

②茶叶关税，《海关十年报告1882—1891》（上海）。

茶叶贸易对财政的贡献不限于中央政府，在地方财政中亦扮演着非常重要的作用。伴随着近代经济结构的转变，国家复杂的财政网络越来越依靠商业，而且政府也认识到贸易对社会各阶层的生活均有着十分重要的意义。1886年总理衙门指出："商计之盈绌于国课、民生实相维系，自中外通商以来，银漏出洋者甚巨，尚赖茶叶、湖丝等数大宗借以抵补。茶户只图目前之小利，而渐失日后之生计，实于民生大有关系。"[③] 同时，时人也认识到茶叶对外贸易衰落给财政带来的危害，"国家一年所收税禄，凡

① 陈锋：《清代财政政策与货币政策研究》，武汉大学出版社2008年版，第366页。

② 李希圣：《光绪会计录》，1896年序，引自［日］滨下武志《中国近代经济史研究：清末海关财政与通商口岸市场圈》，凤凰出版传媒集团、江苏人民出版社2006年版，第52页。

③ 《整顿茶务》，《申报》1886年2月25日。

若干金，一旦无从收取，失此一大宗进款”①。张之洞也上奏清廷：“汉口茶务为商务大宗，关系厘税巨款，亟应设法维持。”② 随着国家财政收入由依靠农业逐步转向商业筹集，政府及其官员对待商业的态度也就随之改变，并对商业政策做了一些重大调整。政策调整的精神主要体现在“体恤”与“扶持”。这一点，在华茶对外贸易中表现得更加突出，形成了“体恤”茶商、支持华茶贸易发展的政策，且在一些地区，政府也积极推进茶业的改革，并付出过一些努力。

二 政府的设想与努力

19 世纪七八十年代之后，华茶对外贸易的衰败引起了严重的贸易、财政和民生问题，迫使中国社会和政府认识到挽救华茶贸易的重要性。鉴于茶叶税厘在国家财政收入中的重要性，以及与民生之重要关系，清朝中央政府及地方政府围绕“去其病减其税”之目的，③ 展开了一系列挽救华茶贸易的设想与努力。严格地说，中国社会及政府推进茶业改良是从 19 世纪 80 年代中期开始的。不过，第一次掀起的挽救华茶的高潮发生在 19 世纪 90 年代。基于史料分析，不难发现，19 世纪 90 年代中国社会和政府发起的挽救华茶行动是以市场为导向的，各项措施和建议主要是在茶叶的生产、制造、运输和销售等环节中被推行和讨论，以提高华茶质量和降低运销成本为着眼点，试图全面整顿华茶对外贸易中的各种缺陷。其中，既有对茶叶产制技术的追求，也有对茶叶运销制度的建构。有学者将这一时期中国社会和政府挽救华茶行动的策略概括为“面向市场进行产制→在运销方面进行制度建构→以达到提升华茶质量和降低经营成本”和“面向市场进行产制→追求技术进步→加强运销制度的建构→提升茶叶质量和降低经营成本”两种模式。在制度建构的设想方面，有多种社会力量参与其中，而在制度建构的实践方面，居于国家和社会之间的地方实力派发挥了重要作用。④ 在随后的时期，清政府与北洋政府对茶业的挽救及改良基本停滞在 19 世纪 90 年代的努力内容上（例如改进茶叶的生产、制造、运

① 《书本报茶市消息后》，《申报》1887 年 6 月 16 日。

② 《大清德宗景皇帝实录》卷 347，第 29 页。引自李允俊《晚清经济史事编年》，上海古籍出版社 2000 年版，第 626 页。

③ China. Maritime Custom：*Tea. 1888*，上海，1889 年刊，上海徐家汇藏书楼：009/T22。

④ 朱从兵：《设想与努力：1890 年代挽救华茶之制度建构》，《中国农史》2009 年第 1 期。

输和销售等)，鲜有有力措施推出。结合史料，笔者将晚清、北洋政府在茶业发展上做出的努力及实践概括为以下几点。

(一) 提高华茶的品质

1. 打击“掺假作伪”。指责华茶质量低下的抱怨，更多集中于“掺假作伪”。对于为什么会产生“掺假作伪”，时人各有说辞，“局卡林立，寸寸抽捐，茶商资本因此盖巨，则不得不搀和伪茶，装点色泽”①。政府官员认为“有不肖商人贪小利，而忘远图。茶业之坏，坏于茶商之作伪”②。茶商则认为“掺杂劣茶，其弊实出于洋商，并非出于华商也。从前印度、锡兰之茶，外洋无人顾问，贩运者利其价廉，始用华茶三七相搀，继用对搀，暗将饮茶之口味转移，遂公然以印锡之产，自著商标，并欲驾乎华茶之上”③。由此可见，茶叶贸易中的业茶者从事掺假作伪的动机，概括起来即茶商资本短绌、税厘沉重、短视侥幸心理几种，更实质的原因则是笔者在第五章中分析的售卖制度使然。

针对内地茶商掺假，地方政府多要求代售茶栈对发现的假茶给予查处，“此种买卖，非商人自行稽查，而欲官为之资，以补偏而救弊。惟有责成丝茶行栈，凡遇撒水之丝、染色之茶，则概不与配洋庄”④。中央政府也要求各地方政府进行监督，“总税务司函称各节是茶户只图目前之小利，而渐失日后之生计，实于民生大有关系。希台端行知产茶省份，各该地方官转饬茶户、茶商务使家喻户晓利害，权以保利源，是为至要”⑤。随着外商对茶叶品质的要求渐严，加强必要的监督、检验成为政府的职责之一。1911 年，美国政府先后两次提高了进口绿茶的检验标准，上海茶商协会通过浙江地方政府，呼吁平水等产茶区的茶商停止对出口绿茶进行着色。同样作为绿茶重要产地的绍兴和宁波两地政府也严禁着色绿茶的制造，对违反禁令者进行惩罚：一是茶商如果贩卖回笼的假茶，一旦查获，

---

① 《论整顿茶业之法》，《申报》1881 年 12 月 4 日。

② 《上海关道邵观察谕饬茶商后》，《申报》1886 年 2 月 28 日。

③ 《安徽茶商单致中改良华茶说略》，《东方杂志》1909 年 9 月 25 日，1909 年第 6 卷第 10 期。

④ 《论整顿丝茶两市》，《申报》1881 年 2 月 6 日。

⑤ 《整顿茶务》，《申报》1886 年 2 月 25 日。

没收并烧毁；二是对查出的着色绿茶进行没收，给予处罚。[1] 1914年，北洋政府农商部主张在一些茶叶重要输出港口，建立茶叶检验机构，并做出了一个较为详细的规划，且付诸行动。农商部选拔富有茶叶学术和经营经验的人员会同中外茶叶技师，前往上海、汉口、福州等地组建茶叶检验机构，同时，对出口的华茶进行等级评定，以求出口茶叶与所定等级标准名副其实。[2] 经过两年的准备，茶叶质量检验机构终于得以成立，温州地区也成立了永嘉茶叶检验所，并对该地区出口茶叶进行检验。

综观晚清和北洋政府对"掺假作伪"的查处，不难发现，中国政府和社会在打击"掺假作伪"过程中，呈现出缺乏中央政府统一协调、地方政府各自为政、零星监督的特点。茶叶质量的保障，涉及产、制、销各个环节，仅靠具有上述特点的政府监管是不能从根本上杜绝的。

2. 注重茶叶生产。茶叶栽培是保证茶叶品质的第一步。而茶叶栽培所需条件各异，种植及改造方法亦各异。这需要现代科学技术的投入，如"印度、锡兰、爪哇、日本及台湾地区的各茶叶试验场，都聘请具有丰富经验的技术人员，从事茶叶栽培与制作的研究，各种土壤需要何种肥料，也是他们研究的课题之一"[3]。华茶在国际市场上受到印度、日本等茶的强烈挑战之时，中国茶叶的栽培仍完全囿于旧法，因此茶丛矮小、产量低下。而原先向中国学习栽培制作方法的印度则改用新法，选择适当园地，用苗圃育苗，再选择优良幼苗移植；茶丛实行剪枝，增加产量，采叶时也多注意如何保持茶树的繁茂，已经与中国旧法不同了。

印度、锡兰、日本等产茶国对选取树种、研发化肥等新农业要素给予了足够的重视。印度茶的发展，就是从茶种试行开始。驻印度的英国军人、政治家与科学家不仅寻求更能适应当地气候和环境的印度茶种以取代中国茶种，更投入资源寻求对茶种的改进。英国在印度发展茶种显著的特点之一在于参与者普遍受过良好的教育，从印度茶业委员会成立的科学调查团（该团成员有植物学家沃里奇博士、威廉姆·格里菲斯博士及地质学家约翰·迈克兰德等人）到印度茶业协会专门设立人才齐备、设备精良完

---

① ［日］外务省通商局编：《通商汇纂》第30号附录，第5页；引自王力《近代驻华日本领事贸易报告研究（1881—1943）》，中国社会科学出版社2013年版，第240页。

② 陈祖槼等：《中国茶叶历史资料选辑》，中国农业出版社1981年版，第630—635页。

③ ［美］威廉·乌克斯：《茶叶全书》，侬佳、刘涛、姜海蒂译，东方出版社2011年版，第272页。

善的科学部用以研究茶叶生产过程中有关的各种问题，即可看出现代人力资本对产业发展的重要性。①

业茶者对“茶叶品类何以优良，各茶所具特点之何以剖别，彼即茫然若迷，无从说明其理由，或不免管理疏略，虽良好茶叶亦难保不渐趋于恶劣”②。中国茶农于茶树培育方法，不事改进，一仍旧惯，施行“掠夺种采法”，不知随时代演进，以求科学化。要改变“掠夺种采法”，就要向西人学习，“种茶一事，西人研究最深，如何灭野草而必使其繁茂，如何加肥料而不令其枯萎，历年考究，不遗余力。吾国民亟宜仿效以尽地利，谓当于产茶各省，由都督转饬所属，以种茶一事，列入养民要政，遍行晓谕，仿效西法，认真推广”③。1915 年北洋政府农商部建立了以安徽祁门模范种茶场为代表的一批茶业专业试验机构，“本场以自种自制为着手改良之预备，自播采以至节分皆由场直接为之。目前甫种新茶，其原有老茶不敷采制，兼收买青叶制之器具既不完全，工人又不谙熟，临时教练，缺点滋多”④。然而，晚清及北洋政府的零散投入远达不到改造传统茶叶生产之目的。

3. 呼吁茶叶精制：华茶制造，向用手工，自采摘至装箱，皆用人工。茶叶的干度、香味，各产茶地各行其是，导致茶叶品质不一，不为国际市场欢迎。“故华茶之输出外洋者，其叶片之形式，及其香味干度，无一箱相同者，外国人之不喜华茶，实以此为主因。”⑤ 为此，时人认为要提升华茶在国际市场上的竞争力，必须要制茶“得法”。而“得法”的途径就是使用制茶机器制茶，如“欲求尽善尽美，则非烘茶机器不可”⑥。从目前所能找到的资料来看，最先引进制茶机器的应该是晚清政府，“国内二三重要的制茶地方，在政府的保护下创设制造所，引进近年发明的制茶机器，制茶业兴起可待。但新机器的引进并推广，丧失工作的劳动者引起喧闹势在难免，必须依靠强大的政府保护。此事已有前例，前些年从锡兰进

---

① ［美］威廉·乌克斯：《茶叶全书》，侬佳、刘涛、姜海蒂译，东方出版社 2011 年版，第161、194 页。

② 《湖北省长公署咨各省长征集茶种文》，《湖北省会农报》1920 年第 1 卷第 8 期。

③ 方燮、洪越：《茶业政策之规划》，《实业杂志》1912 年第 6 期。

④ 陆荣：《安徽模范种茶场制茶报告》，《江西省农会报》1916 年第 12 期。

⑤ 罗罗：《中国茶业之改良》，《东方杂志》第 15 卷第 5 期。

⑥ 《论茶务》，《申报》1897 年 8 月 3 日。

口的茶叶旋转机一台，引起贱民骚动至无法使用，便是一例”[①]。《北华捷报》在 1888 年 6 月 16 日，对此次引进机器也作了报道：“卷叶机器两年前从锡兰被引入。”[②] 由此可以认为，中国政府至少在 1886 年就曾经在引进制茶机器以图改良茶叶制作方面做过尝试。这应该是中国人引进制茶机器的最早记录。

甲午中日战争后，华茶在国际市场上的严重败退，更加引起采用机器制茶的呼吁，并从官、商两方，开始有所行动。一些地方官员曾对机器制茶所需条件、如何采用等问题进行探讨。张之洞还曾派汉口税务司承办机器制茶公司。然官方对此的关注，均系一寓试办，无裨全局，且流于纸上谈兵，践行较少。[③] 对于机器制茶的试办，多系以商人为主体的民间活动。创办制茶公司者多为替洋行收购茶叶的买办或是与外商有密切关系的商人。如创设两湖茶叶公司的唐翘卿即为汇丰银行的买办和上海茶业会馆的董事，中国茶业公司人员多为创于 1868 年的上海谦顺安茶栈的旧伙。

采用机器制茶影响最显要者当属福州茶商，早在 19 世纪 90 年代之初，福州就有茶商购置机器进行尝试，“有中国富商欲向外洋购取制茶机器分授建宁府各山内种茶家，如法炮制”[④]。1896 年福州有茶商置办一具烘茶机进行试用，并将所出的三种茶样寄送给上海总商务会检验。总商会的洋商肯贝尔·哈丁等人对这三种茶样进行了检验，检验结果可谓色香均胜于工夫茶，而与印度锡兰之茶相仿佛，其味亦厚而佳。他们认为如果中国人能对机器制茶进行潜心研究，精益求精，将来必定可与印度、锡兰茶并驾齐驱。[⑤] 福州茶商的做法引起了其他省份的仿效。使用机器制茶，必然带来了茶业组织的变化，组建公司的倡议也被各业茶者提及和推崇，并且有人在较早使用机器制造茶叶的福州与汉口等地进行了实践。关于组建公司，时人认为这是挽救华茶最重要的措施之一。“惟是栽种必明化学，

---

① ［日］外务省通商局编：《通商汇纂》第 52 号，第 7 页；引自王力《近代驻华日本领事贸易报告研究（1881—1943）》，中国社会科学出版社 2013 年版，第 234 页。

② 《北华捷报》1888 年 6 月 16 日，第 17 页。

③ 汪敬虞：《中国近代茶叶的对外贸易和茶业的现代化问题》，《近代史研究》1987 年第 6 期。

④ 《机器制茶》，《申报》1891 年 1 月 6 日。

⑤ 《论中国茶业衰败应如何设法补救》，《时务报》1897 年第 42 册。

焙制又须机器，非合各富商之力纠股设厂。”① 甚至连西方人士也认为中国要想对华茶进行整顿的话，也应该效法外国制茶公司，并建议种茶农户合资组建制茶公司，置办机器进行茶叶制造。② 从事茶叶贸易的部分中国茶商更认为，“夫有公司方可言改良”③。自19世纪90年代初，中国各地逐渐出现了引进制茶机器、设立制茶工厂进行茶叶加工的实践。据杜恂诚教授统计，在1891—1927年间，先后共计有13家制茶公司成立，如表6-2所示。

表6-2 1891—1927年制茶业公司成立情况

年份	名称	所在地	资本（千元）	经营性质	创办人
1891	福州机器焙茶厂	福州	不详	商办	
1893	温州焙茶公司	温州	不详	商办	
1894	温州焙茶公司	温州	不详	商办	
1896	福州制茶公司	福州	180	商办	
1897	福建制茶公司	福州	不详	商办	
1898	两湖茶叶公司	汉口	84	商办	唐翘卿
1906	兴商茶砖厂	汉口	500	商办	买办
1909	振利茶砖总公司	羊楼洞	699	商办	万国梁
1910	致和砖茶厂	福州	150	商办	
1913	川藏茶叶公司	四川雅安	170	商办	
1917	宁茶振植公司	江西修水	100	商办	柯锦廷
1924	恒丰永茶栈	上海	10	商办	
1924*	振华制茶公司	余杭	不详	商办	吴觉农

说明：在杜恂诚教授的统计中，振华制茶公司成立时间不详；依据《机器制茶之新事业》报道，该公司应成立于1924年，现在给补上。

资料来源：杜恂诚所著《民族资本主义与旧中国政府1840—1937》，上海社会科学院出版社1991年版，第396页；郑龄年：《机器制茶之新事业》，《商旅友报》1924年第11期。

然而，机器制茶在中国的推广非常有限，手工制茶仍处于主导地位。史料表明，种种不利因素窒碍机器制茶在中国的普遍推广，但主要原因

① 《试办两湖制茶公司章程》，《湘报》1898年第133期。

② 《译西报论中国茶业亟宜整顿》，《申报》1890年10月22日。

③ 《安徽茶商单致中改良华茶说略》，《东方杂志》1909年9月25日，1909年第6卷第10期。

有二。

其一，传统因素的约束与窒碍。推广机器制茶，意味着制茶效率的提高，然而会导致依赖传统制茶生存的茶工失业。例如，“凡机器须购办引擎，制造应先建厂房，极小规模非万金不办，官厅试办之初成效未著，尤以慎重。据祁门、浮梁、建德三县茶商禀称，该处穷山僻壤，地瘠民贫，用机器制茶与一二万贫民生计有碍”①。又如，“我们知道这样一个事实，卷叶机器两年前从锡兰被引入，但直到现在仍未被采用，没有人有足够的信心去面对可能遇到的苦力反抗”②。这些客观存在的历史约束极大阻碍了机器制茶在中国的推广。人们对投资机器制茶不得不抱着慎重态度，“机器能否制造，茫然无把握，招商购置，力多不及，承办无人”③。

其二，在华洋行、茶栈及其同业公会共同主导构建的华茶对外贸易制度，极大地压缩了中国茶商的获利空间，这从根本上制约了华商进行资本积累。获利微薄，甚至亏本，无法激励中国茶商设立工厂，引进机器进行现代化茶叶产制。应该说这是阻碍机器制茶在中国推广最主要的原因。同样受到传统约束和资金短缺的缫丝业，尽管在现代化之路上，步子迈得非常沉重、非常坎坷，但是在一段时期因有可观的利润空间（手工缫丝和机制缫丝较大的市场差价）可以赚取，还是进行了工业化生产，截至 1936 年，厂丝已占到总产丝的 60.75%。④

（二）减免税厘、加强茶务管理

指责华茶成本昂贵之词，可谓不绝于耳。在茶叶外销流通领域，茶叶关税、厘金及其他各项捐税不能不说是影响茶叶运销成本的重要因素之一。对华茶出口厘税之重，抱怨一直不断。华茶衰落“穷委竞源，半由于国家之关税。欲整顿茶务，不特求之于商人，必更求之于国家”⑤。关心中国茶业发展的各方皆呼吁政府减轻税额，普遍认为“整顿茶务，非借国家之力不可，所以借国家之力者，亦不过酌改税厘，俾仍值百抽五之旧”⑥。鉴于减轻茶叶成本，尤其税厘之呼吁，晚清和北洋政府也做出了

① 《郑观察世璜拟改良内地茶业办法上江督禀》，《南洋官报》1906 年第 34 期。

② 《北华捷报》1888 年 6 月 16 日，第 17 页。

③ 何润生：《安徽何润生大令徽属茶务条陈》，《实务报》1897 年第 55 册。

④ 徐新吾：《中国近代缫丝工业史》，上海人民出版社 1990 年版，第 661 页。

⑤ 《再论整顿中国茶务》，《申报》1886 年 3 月 8 日。

⑥ 《书本报茶市消息后》，《申报》1887 年 6 月 16 日。

一定的回应和行动。

1. 减免税厘。受制于财政困难约束，中央政府对减少茶税事宜表现得反应迟钝。政府之所以对减轻茶叶税收表现得迟钝，主要基于对短期与长期受益的权衡。财政的困难，迫使清政府不得不延迟减税。直至19世纪八九十年代至20世纪之初，随着华茶出口的进一步衰落，清政府才开始考虑减税之可能。1902年，“据办理商约大臣海寰等奏，茶税过重，销路日少，请将出口茶税改为值百抽五，以予商困而维大局”①。晚清政府于该年将茶叶出口关税每担征收2.5海关两改为1.25海关两。每担1.25海关两的税额，一直维持到1914年，该年北洋政府应各方请求，将茶叶出口关税改为每担1海关两。1918—1921年，茶叶出现严重的出口困境，北洋政府被迫取消了茶叶出口关税的征收。

厘金在晚清和北洋政府时期，无论是对中央政府还是地方政府都有着重要的意义。周育民在罗玉东研究基础之上，根据其掌握的新材料、新数据，对晚清厘金历年全国总收入进行了重新估计，他认为清代厘金岁入常年在2000万库平两以上，光绪二十九年之后突破3000万库平两，② 足见其对中央和地方财政的重要性。也正是这种重要，造成了中央政府和地方政府围绕财权和财源的激烈争夺。总而言之，厘金在中央政府和地方政府财政收入中占据重要地位。茶厘收入，在厘金总额中占有重要比例，仅江苏、浙江、安徽、江西、湖南、福建、河南、察哈尔八个省区，在咸丰九年至光绪三十四年中的大部分年份里，每年征收的茶厘多在六七十万库平两。③

由于厘金成功地增加了地方政府的财政收入，同时事实也表明，地方官员都不难在厘金征收这一“致富之源”找到致富的机会。这样的“致富之源”导致减轻厘金之困难，“即使要减低关税，也应当减少内地税，而不是减少海关税。我可以想象，当这样的建议向地方当局提出时，他的回答是，说的倒好！凡是会到你腰包的钱，你一点也不许少；对我应收的那份，你却要慷慨送人！”④ 虽然对晚清中央政府而言，解决厘金问题刻

① 李允俊：《晚清经济史事编年》，上海古籍出版社2000年版，第844页。

② 周育民：《晚清厘金历年全国总收入的再估计》，《清史研究》2011年第3期。

③ 同上。

④ 《海关贸易十年报告1882—1891年》，上海，《旧中国海关史料》第152本，京华出版社2002年版。

不容缓，然而厘金制度的实行，在一定程度上早已促发了地方政府财政的兴起。这种局面造成中央和地方财政的冲突，总体而言，晚清中央政府的财政状况逐渐衰弱，而地方财政却逐渐强大，并且形成了一个庞大的既得利益集团，中央政府要想裁撤厘金，剥夺地方征收厘金的权力，结果只能导致地方政府与中央政府分庭抗礼。[①] 鉴于废除厘金制度的困难，虽早有各种提议，但是直至1920年，为刺激华茶出口，北洋政府才同意减免全部出口关税，并减免一半厘金。

2. 加强茶务管理。在销售方面，更多地方官员主张加强市场管理。清政府官员认为在茶叶运销过程中，内地与通商大埠之间并无牙贴行户监督，“而奸商之巧于取利，私开行栈，居中交易”，索取巨额佣金及各项收费；同时由于中国茶商漫无统率，“故洋人得以操纵自如，或打板，或退盘，而且多立名目任意开销结单”[②]。而中国茶商散漫是华茶失败原因之一，“由于茶户受茶商之压制，茶商受洋商之挟制，洋商所以能挟制我者，因茶商无团体，贩茶五机关，卖买之权不得不听命于外人”。[③] 要解决“中国皆散商，洋商之抑勒太甚”[④] 的局面，必须加强政府管理职能，捋顺市场交易秩序。

政府官员多主张建立茶政局以规范华茶外销和管理。内阁中书刘绎主张颁发茶照、设立茶政局和茶业公所等机构来振兴华茶贸易。1896年，户部奏准东南各省产茶之区，按刘绎、陈炽奏陈振兴茶业办法，“悉心核议，切实复奏，分别举行。俟试办一二年，如确有把握，即将各省所收茶厘数目奏请核减，以成兴复茶务之盛举。各省茶捐，外销款目，查照户部前咨立予全裁”[⑤]。在两湖地区，湖南浏阳王扬湰主张在“各产茶省份择于红茶总汇之区，设立茶政总局，委员督销”[⑥]。茶政局之责在于派员检验茶质、督导过磅及付银等事，以革除洋商的“抑勒悉索事件”。在加强督导交易之时，王扬湰还主张实行“捐票”与“定额”制度，以限制壅滞之虞。安徽的何润生也极力推崇以政府名义设立茶政局的主张，“设立

① 郑备军：《中国近代厘金制度研究》，博士学位论文，浙江大学，2003年。

② 《拟整顿茶务章程十四则》，《湘报》1898年第109期，第487页。

③ 《呈度支部农工商部整顿出洋茶条议》，《申报》1910年11月3日。

④ 《户部江南司员外郎陈正郎炽振兴茶务议》，《申报》1896年3月17日

⑤ 李允俊：《晚清经济史事编年》，上海古籍出版社2000年版，第672页。

⑥ 《拟整顿茶务章程十四则》，《湘报》1898年第109期，第487页。

茶政局，事权归一，明定章程，用得其人，众商自愿，商务振兴可拭目以待”①。同时，何润生主张在上海设立分局以后，裁撤上海茶业公会，茶商运茶到沪之后，责令其赴茶政局挂号，由茶政局派司事代茶商销售。后来，虽在汉口成立了茶政局，但并没有起到理想中的效果。

（三）其他方面的努力

晚清、北洋政府除了在减少厘税、加强市场管理方面做出努力外，在其他方面也做了努力。首先，加强舆论宣传及知识普及。商部主编《商务官报》，地方政府主办报纸、杂志等对中国茶叶生产、销售以及国外市场行情给予了报道与宣传。其次，兴办茶叶产制教育。在挽救中国茶业过程中，社会开明士绅逐渐意识到自强之策应以人才教育为先，而教育之方则以设立学堂为根本。张之洞不仅提议加强茶叶人才教育，更是在人才教育的理念中积极践行，他主张在两湖书院之外，设立方言和商务两个学堂，专门学习外国语言和文字，并学习整顿茶务、种植和制造等各种办法。②其他地方也逐渐开办一些农务学堂或茶业讲习所，如1907年四川省开办了四川通省茶务讲习所；1909年，湖北省在羊楼洞茶茶区创办了茶业示范场，而且设立了茶业讲习所；1910年，四川省设立了省立高等茶叶学校；1918年，安徽省在屯溪一地设立了茶务讲习所。③ 再次，不断派员出国考察茶业情况，1905年两江总督派郑世璜去印、锡等地考察茶业、烟土情况；北洋政府也不断派员赴日、美等国考察茶叶产、制、销等情况。

另外，政府还在推广茶叶生产、运销工具及线路、设立公栈、组织直销等方面做了一些努力及尝试。例如，早在20世纪初，清政府就曾倡导华茶直接外销。1906年，驻德国商务随员莫镇疆就曾建议清政府组织华茶直销，“德国近改定税收（进口茶税降低四分之三）于华茶大有裨益；间接之利小，诚不如直接之利大；若能厚集资本，再加补助，于上海创设茶业总公司，复于各国设立分局”，越洋远销，“似此自运自销，既免退盘割价之累，而印度、锡兰、日本各茶冒充华茶行销者，真伪不辩自明，则保全华茶之名誉，挽回华茶之利权者，当更有进”④。同年奥地利减轻

① 何润生：《安徽何润生大令徽属茶务条陈》，《实务报》1897年第55册。

② 苑书义等编：《张之洞全集》，河北人民出版社1998年版，第791页。

③ 中国茶叶股份有限公司：《中华茶叶五千年》，人民出版社2001年版，第173、178页。

④ 《畅销华茶之条陈》，《商务官报》1906年第18期。

进口茶税，清政府商部鼓励上海商会"惟奥国减轻茶税之时，华茶乘此开通销路，是绝好机会。倘能劝导众商筹成巨款，汇寄外洋，亦足以资联络，与茶业不无裨益。至于运茶出洋，设庄自售，各商既知其有利，尤当集成巨款，合力兴办，速赴事机。所谓从缓者于事有待之，谓可宕延搁置，重蹈积习自昧。远图仍仰该总理等善为提倡，招合大商创立运茶出洋公司，妥定章程，振兴商业，随时禀报本部核夺可也"[①]。从该批文中可见清政府急于挽救华茶的急迫心情，然而，这一愿望终未能实现。

由上所述可见，晚清、北洋政府在华茶出口衰落过程中，并不是一无是处，至少在意愿上，在已有社会、政治和经济条件约束下，还是试图通过努力去挽救华茶的衰落。然而，晚清和北洋政府作出的挽救华茶行动，更多是被动而为之的。从采取的各项措施来看，基本是无计划性的，随意性较大。从各项措施实施的效果来看，几乎没有什么效果而言。历史表明晚清和北洋政府没能挽救华茶不断衰落的趋势，究其原因，主要是缺乏一个富有效率的组织进行主导华茶革新。毫无疑问，富有效率的经济组织和良序运作的市场是经济增长的关键所在，更是推动产业革新的根本保障。一个组织要成为有效率的经济组织和一个市场成为良序的市场，要求它们能提供一种激励机制，这种激励机制将个人的经济努力所要追求的私人受益率接近于社会收益率。然而，"良序运作的市场，并不是任何政府都能做到的"[②]。在晚清和北洋军阀政府时期，作为最应该有能力整合社会资源的组织——政府——无力肩负其责，这导致它不能制定和推行有利于促外贸易发展的制度和政策，也就决定了它不可能挽救华茶的衰败。

三　政府无力的原因分析

研究发现，要实现经济增长，需要大量投资，尤其是对外部性很强的公共产品和基础设施。根据经济学中关于市场失灵的研究，这种公共产品和基础设施的承担主体应该是政府。然而，在近代中国，尤其是在晚清及北洋政府时期，政府干预经济的能力相当羸弱。[③] 这种羸弱并非中央政府

① 《批上海商会曾铸等禀》，《商务官报》1906 年第 24 期。

② ［美］道格拉斯·诺思：《制度、制度变迁与经济绩效》，杭行译，格致出版社、上海三联书店、上海人民出版社 2008 年版，序，第 24 页。

③ 杜恂诚：《近代上海钱业习惯法初探》，《历史研究》2006 年第 1 期。

的意愿，而是受制于诸多约束条件。本节结合近代中国茶业发展，对政府干预能力羸弱的原因给予考察。

（一）国家被排除在制定规范贸易各方之制度的权威之外

政府在经济增长中的作用如此重要，但是，综观近代中国历史，毫无疑问，一条主线就是政府的缺位和失灵。刘易斯认为一个政府如果存在不能维持社会经济的秩序，掠夺公民财富、对外设置经济发展障碍、忽视公用事业的建设、过分放任市场自由、过分控制经济、各项支出过多、应付战争的费用过于高昂等行为，那么，它必将引起经济的停滞或者衰落。[①]近代中国政府除了在没有过分放任自由方面犯错误之外，其他错误几乎都囊括其中。除了高度集中的君主专制体制带来的腐败之外，政府在其他方面的表现也非常不尽如人意。首先，政府失职在于，它不能抵御西方列强的侵略，而只能签订不平等条约、出卖主权。在中外贸易领域中，近代中国政府，尤其晚清和北洋军阀政府被排除出制定规范交易各方的权威之外。其次，政府没有能力稳定社会，造成国内秩序混乱，最明显表现在战争的破坏上。战争造成市场被分割、生产活动被干扰、正常贸易活动被打断等一系列负面影响。

中国茶叶尚能主导世界市场之时，清政府曾企图将对外贸易置于他们的管制之下，尤其是财税系统。早在 19 世纪 50 年代初，两广总督就批示成立官办茶栈，并设立章程，企图将中外茶叶贸易纳入官府掌管之中。“自公行奉令撤消后，茶叶贸易已陷于分散与不安，因而公开交易尚无一定据点，为此设立茶栈并征收经费，以便保持对茶叶贸易之监督及清偿彼等对国库的欠款等情。”[②] 罗威廉在阐述汉口茶业时指出，在汉口港开户不久，湖北盐茶牙厘局就要求中国商人把运入汉口的茶叶按顺序送到指定的“行”里储存起来再出售，其主要目的就是强化茶叶输出厘金的征收。与此同时，盐茶牙厘局召集当地官员、中外茶商以及外国在汉口洋行的买办，共同起草了一系列正规化的管理章程。但是章程的内容是中外利益冲突的根源，因为：（1）英国领事与其中国同行汉口道台都没有出席这次会议；（2）没有一个买办告诉其外国雇主以他们的名义签订了一份什么

① ［美］阿瑟·刘易斯：《经济增长理论》，梁小民译，上海三联书店 1990 年版，第 516 页。

② 姚贤镐：《中国近代对外贸易史料》，中华书局 1961 年版，第 538 页。

样的协议。[1] 尽管英国领事及外国商人抗议所谓的“公行”制度的复活，他们与总督、汉口道台频繁协商，但是在华茶主导世界茶叶市场时，至少至19世纪70年代之初，中国政府及茶商尚能居于地方贸易的领导地位。

19世纪70年代之后，世界茶叶市场结构转变，中国不再成为世界茶叶市场的唯一来源地。洋商在华购茶，越来越有定价权，这种局面使洋商越来越利用中外条约来约束中国政府掌控贸易之权。当中国茶叶市场变得对洋商越来越有利时，他们开始利用有利于自己的市场条件及优势而谋求“好处”。可信的史料表明，这种局面开始于19世纪70年代最初的几年，“汉口茶业从前各商在山办茶历系大宗，合堆后随意先提数箱来汉出样成交，大宗一到即行起茶过磅，原无不符割价诸弊。洋商借端挑剔，上下其手，迨至辩论不伸，含忍受亏居多”[2]。中国茶商辩论不伸，除了因为洋行把持贸易出口垄断之权外，还因洋商常常以“贸易自由”为借口，将中国政府排斥出制定商业交易规则之外。“佛兰西人以后在五口任便置办货物入口和出口，听其与中国任何人随意交易，不得居中把持。将来不可另有别人，联情结行，包揽交易。倘有违例，领事官知会中国官设法驱除。中国官员应先行禁止，以免败坏任便往来交易之谊。”[3]“不得居中把持”除了约束华商不得垄断贸易外，更是约束中国政府不得制定有违“自由贸易”的制度，“按以和约大义则不准合众据谋致令中西贸易之途有所滞碍”[4]，这从根本上将中国政府排除出制定交易规则权利之外。而中国政府在对外贸易领域的作用“越来越局限于阐释一般性政策（通常与对口的行会协商之后）、任命监督人、起诉臭名昭著的犯罪分子等方面”[5]。这样，贸易规则制定之权落入洋商及与其有亲密关系的行栈、买办之手。中国政府被排出制定交易规则之外，使其不能为华商提供必要的保护以及对市场提供必要的监督、管理之责。

---

① ［美］罗威廉：《汉口：一个中国城市的商业和社会（1796—1889）》，江溶、鲁西奇译，中国人民大学出版社2005年版，第158页。

② 《汉口来信茶商会议善后章程由茶栈抄粘禀复》，《申报》1872年6月27日。

③ 姚贤镐：《中国近代对外贸易史料》，中华书局1961年版，536页。

④ 《译上海西商公所上各领事论丝茶规条书》，《申报》1873年6月10日。

⑤ ［美］罗威廉：《汉口：一个中国城市的商业和社会（1796—1889）》，江溶、鲁西奇译，中国人民大学出版社2005年版，第219页。

（二）财政的困绌制约了政府对华茶挽救的能力

19世纪80年代，几乎所有从事华茶贸易的人们普遍认为华茶衰落主因之一在于税厘的沉重，并呼吁清政府减税厘。茶商虽利用公会的集体力量及声望向政府施加一定压力要求减税，并取得几次小规模胜利。1886年，汉口茶业公所就成功地获准减少5%茶商需要承担的特别防卫税，并在以后的几年，又获得减免该项税项的15%。[①] 然而，实行全面的减税，面临很大的财政困难。在此约束下，政府在短期利益与长期利益之间做出艰难选择。“关于关税，不论是海关税还是常关税，对中国茶叶的课税无疑是高的。但是，现在中国通过减少茶叶税能否获得一些利益却是另一回事。让我们以1891年的数字为基础来计算一下。假设中国全面减少茶叶税50%，这是有些人认为至少必须做到的，这将意味着中国在1891年照减税的比率只能收取税款1871504海关两，也就是它实际上得到的一半。另一方面，我们假定同英国的贸易已经完全消失，中国对除去英国部分的贸易余额按目前的税率，那么它在1891年将收到2714798海关两的茶叶税，而这保持着它的收支平衡。面对这一计算数字，难道人们会怀疑，中国如没有把握认为减税将导致对英贸易的增加，它会对减税犹豫不决吗？”[②]

财政的极度困难，迫使清政府不得不舍长远之利，而取短期之益。同时，政府不能寻求新的替代税源，茶叶税厘得不到减少的可能。厘金征收最初只是为了应付紧急的军事供应（军饷），但作为军事供应制度被确立下来，在湖北，厘金仍然首先作为本省军饷的来源而征收的，“箱厘与行业两税，同系拨充军饷要需”。在台湾，1891年茶叶厘金共收银68000两，供海防经费之用。[③] 清政府虽筹议减少茶叶税厘，但有一定前提，即“光绪十六年准部咨，必先筹有抵用之款，而后可议减茶厘”[④]。鉴于厘金在政府财政中的重要作用，同时地方政府极力反对，裁减茶叶税厘不能立即推行。

---

① China. Maritime Custom：*Tea. 1888*，上海，1889年刊，第49页，上海徐家汇藏书楼：009/T22。

② 《海关十年报告，1882—1891》，上海；《中国旧海关史料》，京华出版社2002年版，第152本322页。

③ 李允俊：《晚清经济史编年》，上海古籍出版社2000年版，第559页。

④ 《湖广总督陈夔龙奏厘定鄂省茶叶税厘章程折》，《政治官报》1908年8月29日。

一方面，清政府财政的困绌局面，使减少茶叶税厘以缓解茶商困境的设想并不能很快得到落实。另一方面，财政的困难，并不能给茶业发展提供必要的资金支持。政府官员对茶商资金短缺是有清晰认识的，并认识到资金短缺在当时贸易环境下产生的各种弊端，“顾华商之赢亏，其权实为西人所操纵。西人同心协力，每界新茶抵汉口看样后，即会议行情，价若干则购之，否则不购。华商帮口不一，并不聚议，各怀私意，不顾大局之如何在。富而有余者，虽亏本亦售，资本不足大半从钱庄、茶栈挪来。一闻茶市开盘，索偿者纷纷猬集，继知亏本则直呼愈急，即不够本亦不得不贬价以沽”。为使华商不被洋商挟制，吴大澂筹集巨款，对茶商进行资金支持，“此后西商所偿茶价不够华商资本，一概不准售出，委员分投设局，凡值千两者，由局暂给银四百两，持去开销一切，将茶囤积代售，售毕如数偿银”①。

张之洞也认识到茶商由于受制于资本薄弱而带来的各项弊端，甚至认为茶商资本不足是华茶对外贸易衰落的主要原因之一。他认为华茶出口衰落“半由茶色不佳，或遇阴雨潮湿，或有搀和粗杂，以致不能得价；半由商务压磅，退盘割价，多方刁难”所致。② 为使资本薄弱的茶商不为洋商操纵，需要政府予以资本支持。湖南巡抚吴大澂曾上奏总理衙门请设局销运茶叶，并打算向汇丰银行借款白银五六十万两，同时希望总理衙门能拨借白银30万两。但是，中央政府并无财力予以支撑。总理衙门在给湖南巡抚的批复中道：“即使运销稍有利益，恐亦不敌借款之折耗，出使经费所存无几，碍难借拨。吴大澂所奏设局销茶，既据该衙门筹商，实无把握，其所请借拨出使经费及息借洋款各节，均著毋庸置议。”③ 得不到中央财政拨款，张之洞从湖南、湖北两省的茶厘项下借款垫用。从张之洞与吴大澂提供资金给茶商支持，以及设督销局直接外销的行动上看，至少可以说明中央政府及地方政府无力从根本上挽救衰落的华茶。表现有二：一是无力从根本上解决华茶质量低劣的困境，“茶叶出口的减少在很大程度上是因为中国的出口商面临着日本和印度日益激烈的竞争，而又不能在产

① 《论保全茶业》，《申报》1894年5月29日。

② 国家清史编纂委员会：《张之洞全集·奏议》（三），武汉出版社2008年版，第191页。

③ 《清实录》，第56册338卷，中华书局1987年版，第337页。

茶者和中间商内部贯彻质量标准”①。二是中央政府资金短缺。张之洞设局试销茶叶所用经费为临时性筹措，而且仅是地方性资金扶持，对挽救整个华茶所起的作用有限。

中国旧式金融机构不能发挥现代产业资金融通功能，这也是中国产业不振的原因之一。近代中国茶业资金融通也面临同样的困境。茶叶贸易具有季节性，需要设立适合现代茶叶贸易的金融机构。中国官员虽然早有筹设银行的提议，但由于晚清和北洋政府财政短绌，它们未能建立起真正的足以扶持工业发展需要的近代银行体系。这与政府统筹、调拨全国财政收入的能力不足有关，美国学者费正清对此有精辟的总结：清政府的无能主要体现在对财政的管理与政策的制定上。清政府的财政制度陈旧而过时，这种制度仍然以农业税收作为整个财政收入的基础，各个省份在完成中央政府规定的赋税之后，余下的税厘部分为各省份自己留存，用以维持各省的用度。这种财政收支既无预算和审计，更没有中央的计划与调控可言。② 由上所论，可见晚清和北洋政府财政上的困顿，以及对财政管理与政策制定上的无能，通过减少税厘来减少茶叶出口中存在的外生交易费用成为不可能，同时，也使中央政府无力在财政上给予茶业发展提供必要的资金支持。总之，正如一些学者所概括的那样，“十九世纪后期的中国政府肯定是没有能力提供积极的支援的。意识形态、传统的财政措施以及收支的格局，都是对采取顺应形势的行动的障碍”③。

第三节 南京国民政府茶业改革的方向与错位

与晚清和北洋军阀政府相比，南京国民政府干预经济的能力要强大得多。南京政府成立于 1927 年，在成立之后不久，其便实施了一些旨在统制经济的铺垫性的政策措施。对晚清和北洋政府未曾或未能独占或干预的一般商业、贸易和金融业，国民政府开始实行统制。具体到茶叶对外贸易，无论出于怎样的考量，南京国民政府成立之后，开始对衰落的茶业和

---

① ［美］费正清、刘广京：《剑桥中国晚清史 1800—1911 年》（下），中国社会科学院历史研究所编译室译，中国社会科学出版社 1985 年版，第 64 页。

② ［美］费正清：《中国：传统与变迁》，张沛译，世界知识出版社 2002 年版，第 379 页。

③ ［美］费正清、刘广京：《剑桥中国晚清史 1800—1911 年》（下），中国社会科学院历史研究所编译室译，中国社会科学出版社 1985 年版，第 74 页。

茶叶对外贸易进行了变革。学界对此也多有研究，然而就研究的现状而言，尚存几点不足：一，分段考察较多，整个变革过程考察不足；[①] 二，对政府变革意图的专题考察较多，政策效果考察不足；[②] 三，具体改革措施及机构考察较多，政策、制度推进考察不足。[③] 这几点不足，使我们不能明确近代中国茶业发展的任务，不能明晰南京国民政府在不同阶段推行茶业政策的意图，同时，也有碍于我们对政府茶业政策实施效果的整体评价。基于史料及已有研究，笔者对南京国民政府的茶业政策进行整体论述，重点分析不同政策的实施效果，给出客观的评述。在考察南京国民政府的茶业政策之前，结合史料，笔者对大家关心的问题作一些探讨。

一 两大任务：重构茶叶贸易制度和促进茶业发展

在近代中国茶叶对外贸易过程中，洋行、茶栈等中间商主导了贸易制度的构建。历史证明这种制度只对他们利益分配有利而对茶业发展不利。要挽救华茶贸易的衰落，必须要打破这种制度结构。这种认识，在20世纪30年代越来越成为社会共识，“外国人团结一致，用政治经济之力量，施垄断独登之手段，我国茶商资本绵薄，不能与之抗衡。外人始而操纵，继而压迫，以致华茶生机不绝如缕”[④]。除洋行操纵贸易外，我国茶业中间人繁多，其间形成种种积弊，“中间人经手一次，即加重剥削一重。故经营茶业者，为确保其利益起见，多含有投机性。在此不良组织中受牺牲最大者厥推茶农”[⑤]。此时期，社会普遍认为，要谋求中国茶业复兴，必须打破中间商者制度。要打破中间商制度，首先要实现贸易直营。如不能

---

① 樊艳美：《20世纪二三十年代挽救华茶的制度变迁》，硕士学位论文，苏州大学，2011年；陈涛：《双重困境：抗战时期制约华茶外销因素略考》，《安徽农业科技》2012年第26期。

② 郑发龙：《1936年祁红统制运销纷争探微》，《安徽史学》2000年第4期；陈涛：《华茶销售衰败与祁红统制运销中的官商权势纷争》，《徽学研究》2011年第2期；梁仁志：《从“为民谋利”到“与民争利”：1936年的祁红统制》，《中国农史》2008年第2期；刘淼：《民国时期祁门红茶的产销统制》，《中国社会经济史研究》1999年第4期；陶德臣：《民国茶业统制述评》，《安徽史学》2000年第3期。

③ 李丽英、孙淑松：《近代我国茶叶检验史略》，《中国茶业》2008年第4期；刘淼：《民国时期祁门红茶贷款案与银企关系的建立》，《徽学研究》2005年第2期；郑会欣：《从官商合办到国家垄断：中国茶叶公司的成立及经营活动》，《历史研究》2007年第6期。

④ 《据呈转为华茶被外人压迫请鉴核救济一案》，《湖北省政府公报》1934年第11期。

⑤ 张剑萍：《中国茶业衰落之原因及其对策》，《农行月刊》1936年第3卷第12期。

实现直接组织出口，不合理交易就会持续下去。提高华茶质量，恢复华茶声誉，只能沦为一种奢望。为什么这样说？正如时人指出的："华茶对外贸易之实权，均操纵于外人之手。外商得以居奇操纵，以图利润。一般外商施之于华茶出口的最大障碍，便是常把劣茶杂叶掺于品质良好的茶叶中，且染以黄绿蓝黑诸色，以搏巨利。洋商的存在对于华茶的发展，定是一最大的致命伤，殆无可否定。"① 茶叶出口，要经过很多中间环节。要保障质量，必须构建每一个环节都没有去掺假作伪的激励制度。如果仅从生产、加工环节去提高质量，在贸易中间环节却出了问题，同样不能确保质量。

中间商存在市场的根本原因，在于他们能为交易各方提供相对有效的信息，寻求交易匹配的对象，促成交易。但是，当社会和政府对中间商缺乏必要的管制时，市场中间层或中间商会凭借其自身市场的优势，构建起仅对自己有利而不一定对行业发展有利的市场制度。在中国近代的一段时期，当国家被排除在制定规范各方之制度的权威之外时，洋行与茶栈凭借其市场优势构建的茶叶贸易制度，就体现出这种市场特征。这种制度保障了洋行、茶栈等中间商的既得利益，却是以牺牲茶农、茶商利益为代价的。这种制度结构无法激励人们从事茶叶质量的改进，也无法促进华茶声誉的挽回。因此，如何打破洋行、茶栈等中间商主导的贸易制度，如何构建适合近代中国茶业发展的制度结构，便成为当时中国社会和政府的一个重大历史课题。

另一个问题是如何促进茶业发展。茶业发展，尤其是技术进步是一个持续的过程。第一步就是要进行科学种田，然后才可能在农作物品种、土壤、机械等各方面进行创新。近代中国茶叶生产质量不佳，主要是生产粗放，加之制法陈旧，装潢不良。为此，茶叶销售价格经常暴跌。如要提高茶叶质量，首要的条件是保障必要的人工和肥料。而茶农往往没有多余资金雇佣工人，购买肥料。茶商也绝大多数是资本短绌的，"而吾国旧式金融机关之不备，不能发挥业产资金之融通上现代的机能。金融机关之不备，与信用之不足，则不能得自由有利的资金之供给。不得已依赖居间商向中央市场之茶栈要求垫生产资金。利息乃为二分至三分之高利"②。茶

① 王哲：《我国茶业危机及其救济方策（下）》，《商业月报》1934 年第 14 卷第 9 期。

② 赵竞南：《我国茶业衰退之原因及其政策》，《浙江建设》1929 年第 2 期。

叶的加工也面临同样的问题。由此可见，要振兴华茶贸易、发展茶业，必须提供必备的金融服务及信用保障。

近代中国金融业分布是极不平衡的。以上海为代表的少数特大城市，游资之多，达到“无法消纳”的程度，而农村的金融几近枯竭。如何引导城市资金流入农村，以及如何推进农业的技术进步，成为近代中国社会的两大历史命题，[①] 茶业发展也不可能成为例外。近代中国茶叶对外贸易资金关系，资金基本经过外国银行、洋行→钱庄→茶栈→茶号→茶农等环节。外国银行、洋行居于资金决定者位置，钱庄位于资金中转者地位，茶栈成为茶业放贷的主体。他们运用资金关系，对茶叶贸易进行控制。主要体现在三个方面：一利用市场资金的松紧关系，对茶叶贸易进行价格操纵；二利用贷款关系，实现对贸易的垄断，洋行为茶叶最主要的收买者，茶栈通过贷款给茶号成为货源垄断者；三通过层层贷款关系，洋行、茶栈获取了丰厚的利息，并操纵茶叶买卖，内地茶商多受制于此。

二 南京国民政府改造茶业的三个阶段

对茶业改造的作用是重要的。梳理南京国民政府推动茶业发展的政策及措施，大致可将其分为三个阶段。

（一）分散、孤立的政策和措施被推进

南京国民政府在其成立最初的几年，对茶业的改革仅限于具体的措施层面，主要表现在以下几个方面：第一，减免茶税。国民政府在其成立后的最初几年，对茶叶贸易衰落原因的认识，处于表面认知的阶段。这种认知首先表现在被广泛诟病的茶叶税厘上，“整理茶业，其中最关重要者为出口税及其他茶税之整顿”[②]。鉴于此，国民政府财政部于1929年特别规定出口华茶减征半税。[③] 第二，设立茶叶检验机构。为增进国际贸易信用，廓清茶叶积弊，1931年6月20日实业部公布了茶叶检验规程十七条，随后又公布了茶叶检验标准，责成上海、汉口商品检验局严格执行，并对执行过程中存在的各种问题不断修正。第三，力求运销等费用降低。鉴于茶叶运输费用昂贵，行政院责成交通部门：“茶叶运费，无论火车轮

---

① 杜恂诚：《20世纪20—30年代的中国农村新式金融》，《社会科学》2010年第6期。

② 《华茶整理意见书》，《上海特别市政公报》1928年第16期。

③ 《出口华茶减征半税》，《农声》1929年第123期。

船亟应一律减轻。”[①] 第四，督促茶叶产制。政府也认识到仅靠加强茶叶检验等事项，终究属治标之计，非久远之策。要解决华茶衰落的困局，政府部门加强了对茶叶生产的管理，督促茶商筹集资本开设新法制茶厂。同时，政府在祁门开设茶业试验场，在茶叶栽培、改良品种等方面进行了尝试。

在此阶段，南京国民政府还做出其他的一些努力，但总的说来效果并不显著，也存在一些局限性。主要表现在两个方面：其一是南京国民政府推进的政策及措施，在整体上是一场没有触及茶业衰落根本症结的改革。近代中国茶业衰落的主因之一在于洋行、茶栈主导构建的贸易制度，这种制度维护了洋行、茶栈等中间商的既有利益，却对茶业整个链条造成了反向激励机制，即只有利于利益的分配，而不利于中国茶业走上健康、稳定的道路。例如，减免茶税在实际效果上，并没有起到促进华茶贸易发展的作用。时人对此已有如此认知：“茶商于免税之后，一切如常，腐败犹肯，作伪舞弊，层见叠出，刷新之举，毫无所闻。”[②] 由此可见，对近代中国茶业改革，首要的条件就是打破洋行、茶栈等中间商构建的贸易制度，不打破既有利益结构及制度结构，无论推行怎样的改革措施，都不会得到理想的效果，也不可能成功的。

其二是缺乏必要的金融改革。资金是洋行、茶栈等市场中间商得以垄断贸易最为有利的把手，“一般茶商资力薄弱，所需资本大多由上海茶栈借贷而来，而茶栈资本依赖洋行买办接济，表面上予以充分便利，其实辗转盘剥，损耗无穷”[③]。要革除茶叶交易中的各项陋规，必须要解除茶商对中间商资金的依赖。为此，设立服务于茶业发展的金融机构，或者引导社会资金注入茶业中，是极为重要的。对茶农而言，资金更为重要。茶农多将茶业视为副业，由于茶价高低不定，茶农不敢投资茶地，因为万一茶叶跌价，资本无从补偿，生活即有冻馁之虑。而若要提高茶叶质量，首要的条件是肥料，而茶农往往没有多余资金购买肥料，更谈不上其他工序和包装的改进。另外，茶叶质量的保证，还在于精心、适时地采摘。茶农没有多余资金，只能粗糙地采摘，这些进一步地恶化了茶叶质量。1932 年

① 《救济华茶已有办法》，《工商半月刊》1929 年第 1 卷第 17—20 期。

② 《论救济丝厂与续免茶税》，《银行周报》1928 年第 12 卷第 5 期。

③ 《赣当局力谋改进衰退之赣省茶业》，《农村复兴委员会会报》1934 年第 10 期。

祁门茶业改良所调查祁红一亩茶地，若按科学栽种，每年开支费用中，摘工工资和肥料花费分别为17元和12元，两项分别约占总开支38.77元的43.85%和30.95%。[①] 然而，由于茶农缺乏资金，对保证茶叶质量的人工费用及肥料投入极其有限。笔者依据史料，整理了1934年部分地区茶农生产投入情况，见表6-3。

表6-3　　1934年中国部分茶区每亩生产投入费用　　（单位：元）

投入品	地名								
	皖西	歙县	休宁	婺源	黟县	绩溪	绍兴	嵊县	新昌
劳动	13.80	15.50	20.40	18.00	10.20	14.20	5.99	7.72	5.21
%	67.20	63.30	67.50	57.50	59.30	64.50	48.00	43.60	33.90
地租	1.00	2.20	3.00	2.00	1.50	3.00	1.73	4.67	4.17
%	4.87	8.20	9.90	6.40	8.70	13.60	13.80	27.20	27.10
种子	0.75	1.00	0.60	0.80	1.00	0.80	1.68	1.83	2.47
%	3.60	4.10	2.00	2.60	5.80	3.60	13.50	10.30	16.10
肥料	4.00	4.80	5.20	10.00	4.00	3.50	1.35	1.83	1.20
%	19.50	19.60	17.20	31.90	23.30	15.90	10.80	10.30	7.80
杂费	1.00	1.00	1.00	0.50	0.50	0.50	1.73	1.67	2.33
%	4.88	4.10	3.30	1.60	2.90	2.30	13.80	9.70	15.10

资料来源：1. 皖西的资料来源于张国本《皖西各县之茶业上》，《国际贸易导报》1934年第6卷第6期；2. 歙县、休宁、婺源、黟县、绩溪五县的数据来自傅宏镇所著的《皖浙新安江流域之茶业》一文，《国际贸易导报》1934年第6卷第7期；3. 绍兴、嵊县、新昌三县来自吕元福《浙江平水茶业》，《国际贸易导报》1934年第6卷第6期。

由上可见，劳动力和肥料所费在茶叶生产成本中占据最大的份额。按照边际产出理论，多增加一单位的劳动，所能带来的收益率必然是低的，即说明劳动力成本是高昂的。茶叶质量要想得到保障，仔细摘茶是必需的。然而，“茶农生活程度日高，加之工资高昂，而茶叶价值不敷工本，随意茶叶粗长”[②]。由此可见，茶业改革，配套的资金是必备的。在此期间，国民政府对茶业改革，这些配套改革却是没有推进，或者是推行不力。

（二）统销：从“商业垄断”到“政府垄断”

20世纪30年代最初几年，由于受到世界经济危机的冲击，西方主要资

① 张宗成、严赓雪：《祁门红茶区茶业近况》，《实业部月刊》1936年第1卷第8期。

② 《财政部拟定茶叶减税办法三种》，《工商半月刊》1930年第2卷第1期。

本主义国家在经济政策上，普遍采取了国家干预主义。在中国，学界兴起了“统制经济”的各种学说。作为继承了封建社会流传已久的国家专制思想的国民政府，在实现政治上统一以后，必然要重新恢复对全国经济的控制。各种“统制经济”学说，为国民政府全面控制国民经济提供了理论基础。茶叶贸易的重要，成为政府尝试统制的对象之一。鉴于“茶业运销繁琐，流弊层出，茶户毫无利益，均经中间人中饱”[①] 之情，1934 年实业部提出了具体措施，即设立共同贩卖机关，举办直接外销，集中茶业放款以利推销三项办法。在 1936 年皖赣两省推行“祁红统制”之前，江西省已规划出统制的步骤，“第一步，应该从消极方面，如打破操纵，剔除剥削，改革买卖习惯；第二步，乃向积极方面进行，如统制试验研究，增进生产，提高品质”[②]。这些措施和规划的提出，预示政府开启了茶业统制。

在“统一祁红运销以利国际贸易”的说辞下，1936 年 4 月 1 日皖赣红茶运销委员会在安庆成立。围绕如何运销，运销会做出了三项重要决定，即：①统一公路铁路进行茶叶运输，以降低运输成本；②在上海设立总销处，在安庆、九江、屯溪成立分销处，统一销售，收 2%佣金；③茶号以前向茶栈贷款，利率常在一分五厘，现在改为向政府贷款，利率为八厘。这三项措施的推出，对茶栈收益而言，无异于釜底抽薪。上海茶业公会极力反对，组织会员发起对“申票”停兑，并不停地与皖赣政府相关部门进行交涉。无奈，在政府强力推动下，祁红运销终以推行。祁红统制的成效如何？从当年交易情况来看，祁红统制是收到一定成效的。表现在以下两点：①该年皖赣茶号三百余家共售出七万八千余箱，为往年所罕见；②运输、销售、结账周期缩短。[③] 除了取得良好的短期效果外，政府在推进茶业统制时，对原有交易中普遍存在的陋规进行了革除，这对以往处于茶叶贸易弱势地位的茶农、茶商而言，至少在短期内是有利的。为了说明问题，有必要考察茶农、茶商的收益情况。

1. 茶农收益。抗日战争前正常年份，祁红每担新鲜茶叶生产成本为 4.5—5 元，每担毛茶的初制成本 3 元左右。干毛茶以四担鲜叶制成一担，

① 《实业部草拟救济华茶办法》，《中行月刊》1934 年第 8 卷第 3 期。

② 《复兴宁茶计划》，《农村复兴委员会会报》1934 年第 2 卷第 3 期。

③ 《本年皖赣红茶运销成绩》，《银行周报》1936 年第 20 卷第 37 期。

每担毛茶生产成本约为 21—23 元。[①] 综合当时各种调查统计，20 世纪 30 年代，历年祁红毛茶比较可靠的价格如表 6-4 所示。

表 6-4　　1931—1937 年祁红价格涨落情况

年份	1931	1932	1933	1934	1935	1936	1937
均价	35. 22	36. 27	22. 30	25. 43	23. 14	26. 00	27. 14

资料来源：张堂恒：《祁红毛茶山价之研究》，《中农月刊》1942 年第 3 卷第 11 期，第 9 页。

在短期内，农民对茶业的投入结构不会有太大变动。如果我们将毛茶制作成本统一视为较高水平，即 23 元每担的话，那么，20 世纪 30 年代祁门茶农获利情况如表 6-5 所示。

表 6-5　　1931—1937 年祁门茶农每担红茶获利情况

年份	1931	1932	1933	1934	1935	1936	1937
盈亏	13. 22	13. 27	-0. 70	2. 43	0. 14	3. 00	4. 14

由表 6-5 可见 1931 年、1932 年为祁红茶农的黄金年份，1933 年、1935 年两年则受损或仅敷成本，1934 年、1936 年、1937 年祁红茶农生产一担毛茶每年有三四元的盈余。除了 1931 年、1932 年祁红茶农的黄金年份外，祁红统制对茶农而言是较为有利的。然而，由于此次统制过程中存在很多缺陷，茶农并没有获得较好的收益。

2. 茶号收益。有学者认为，茶号在祁红统制中没获多少好处[②]，此结论并不为材料所支撑。基于史料，笔者为茶号算了一笔账，结论是茶号在当年是收获颇丰的。鉴于祁红在祁红统制中的重要地位，以祁门茶号为例来考察。表 6-6 是《中行月刊》整理的 20 世纪 30 年代祁红每担均价。

表 6-6　　1931—1937 年每担祁茶均价（元）

年份	1931	1932	1933	1934	1935	1936	1937
均价	71. 99	81. 34	68. 43	83. 84	55. 37	76. 10	99. 29

资料来源：①《近五年来祁红趸售市价表》《申报》1936 年 12 月 31 日；②其余年份，根据《最近上海华茶高低价趋势图》（《中行月刊》1938 年第 16 卷第 3 期）整理。

---

① 张堂恒：《祁红毛茶山价之研究》，《中农月刊》1942 年第 3 卷第 11 期，第 13 页。

② 梁仁志：《从“为民争利”到“与民争利”：1936 年的祁红统制》，《中国农史》2008 年第 2 期，第 68 页。

从表6-6可见，祁红统制的当年，祁红售卖价格是相当不错的。该年，每担精制祁红平均价格为60元（成本包括毛茶原料、制造、销售几项），[1] 每担祁红大致获利16.1元。此次统制，皖赣两省经运销会销售，共售出78956箱茶，按每箱等于60斤折算，78956箱等于47374担，茶号大致可获利762715元。接近政府宣称的“各茶号共获利100余万元”[2]。

衡量一项经济制度改革是否富有成效，社会福利增加与否，无疑是重要的标准之一。茶号在华茶对外贸易中占有重要地位，茶业统制在该年增加了他们的收益。从这个角度讲，至少在短期内，祁红统制的积极一面无疑占据主导地位。之所以能够取得较好的短期效果，是因为祁红统制与国民政府之前对茶业的改革相比，不论在改革的深度还是相关的配套措施等方面，都达到了前所未有的高度，这些制度与措施的实行有利于茶农与茶商降低成本获取收益。主要体现两点：首先，改革触及了致使中国茶业衰落的根基——中间商制度。运销会采取的统一运输、统一销售，集合贷款三项措施，从根本上动摇了居于茶叶贸易重要地位的茶栈所存在的市场基础；在客观上，剥夺了茶栈制定交易规则、垄断货源的市场权限，向社会表明了影响近代中国茶叶贸易的固有制度的不合理。祁红统制顺应了茶业改造的社会诉求，“茶号、茶栈层层剥削，复厄洋商。价格由其操纵，以致茶农获利极薄。统制之途，无论何人，不应反对”[3]。其次，提供了部分相关的配套措施。改革是一个系统工程，任何一项政策的推出都不能“单骑突进”。相较以往政府对茶业改进相比，此次统制最典型的是提供了部分配套措施，其中，最典型的是组织银行向茶商提供贷款。此次统制之初，运销会即组织安徽建设厅、交通银行与皖赣地方银行筹集贷款，分别贷给茶叶合作社与茶号。提供贷款是运销会控制茶叶货源的保障，对茶农、茶商而言，政府与银行提供的低利贷款有利于成本节约。

祁红统制是政府主导的一次茶业改革，也是国民政府进行茶业统制的一次尝试。至少在短期内，虽说积极的一面占据主导地位，但此次政府主导的祁红统制，存在很大的缺陷。主要表现在两个方面。

---

① 《祁红之产制销》，《申报》1937年1月12日。

② 张研、孙燕京编：《民国史料丛刊第554册》，大象出版社2009年版，第200页。

③ 《皖省统制红茶及洋庄茶业停兑之经过》，《商业月报》1936年第16卷第5号。

首先，无力重构茶叶贸易制度。中国社会各界对洋行、茶栈等中间商构建的贸易制度给近代中国茶业发展带来的根本性障碍，有了越来越多的共识。这种共识也为茶叶贸易的衰落所证实。欲谋求近代中国茶业发展，首要的必须是打破洋行、茶栈构建的贸易制度。政府部门对此也是深有认识，“茶叶交易手续，甚为繁复，凡经过中间商人一次，余利必被剥夺数分，故利益均为中间商人所中饱。欲谋茶叶不衰，应联合设立大规模之贩卖机关，直接运销”①。安徽和江西政府当局在开启祁红统制之初，就宣称茶叶统制的最大目的，就是要“打破中间商者之剥削制度，而谋茶农之真正利益，以达到整个复兴茶业之计划”②。然而，祁红统制实践表明，至少在短期，政府尚无法打破中间商剥削制度。

国民政府在对外关系中，虽然是从明显的附庸关系转向形式上的自主，但实质上仍然受制于外人。③ 外交上，“提高关税，会招致强国反对”④。政府在祁红统制中就面临这些约束。从实业部改良茶业夙愿，以及祁红统制宣称的宗旨来看，政府当初的构想是直接组织运输机关，绕开洋行，直接出口国外的。长期以来，洋行通过茶栈收购茶叶，是其获取稳定货源、获得稳定利益的最有效保障，这是当时市场选择的结果。如果政府组织机构直接运销茶叶于国外，无疑会损害洋行既有利益。为此，当运销处公布统一运销茶叶时，立即招致洋行的强烈反对。洋行向皖赣祁红运销处提出如下三项要求：一是运销处必须将红茶售卖给他们，不得绕开他们将茶叶直接运出国外进行销售；二是交易中一切费用，须与从前相同；三是运销处必须保证所交货品与茶样相同。⑤ 运销处鉴于洋行在华势力，几乎没有做出任何交涉，即回函全部应允。然而，洋行并不满足运销处向他们作出的保证，继而它们又向运销处提出以下两点要求：一是运销处必须觅定一些银行，担保运销处提供给他们的样茶与大帮货物相一致；二是，运销处须规定与其交易的中间人。⑥ 运销处迫于新茶到沪急需售卖的

---

① 《实业部计划改良茶业》，《中行月刊》1934 年第 8 卷第 4 期。

② 施克刚：《皖赣茶业统制的检讨》，《中国农村》1936 年第 2 卷第 6 期。

③ 杜恂诚：《民族资本主义与旧中国政府 1840—1937》，上海社会科学院出版社 1991 年版，第 265 页。

④ 程瑞霖：《中国国际贸易问题之透视及其解决》，《时事月报》1936 年第 14 卷第 24 期。

⑤ 《皖赣红茶总运销处工作报告》，《经济旬刊》1936 年第 7 卷 13—14 期。

⑥ 《洋商又提条件红茶昨未开盘》，《申报》1936 年 5 月 27 日。

压力，不得不做出妥协，并做出承诺保留洋行的种种杂费。由此可见，国民政府在对外关系上受制于外国势力，它无力打破外商在茶叶贸易中的固有利益结构，从而也无力重构茶叶贸易制度结构，结局自然是无法实现“打破中间商之剥削制度”的期望。改变的，只是原先贸易环节的一环，即运销处替代了茶栈。而整个贸易的实质内容基本没有改变，“统制是丝毫没有排除洋商的操纵，反而更切实地向洋商担保履行从前茶栈的义务。所谓排除中间商人的剥削，却首先放过这个大敌，漂亮的言辞一开始就被事实打碎了大半”①。

其次，改革缺乏可操作性。在祁红统制过程中，政府推进的各项政策与措施存在很大的局限性。其中，表现较为突出的是改革措施缺乏可操作性。政府强力推行制度变革时，所推行的制度往往具有覆盖面广、功能强大的特点。正是因为如此，如果推行的制度不善，其给社会经济造成的损害也同样是巨大的。例如，发放贷款就呈现出很多缺陷。茶叶具有很强的季节性。政府组织的银行贷款却没有考虑到茶叶的季节性。在贷款时间上，原先上海茶栈向内地茶号贷款，基本在年前就已完成。而银行贷款给茶号手续繁杂，茶号需要先向产区管理会（运销会的机构）申请，并找保人担保。管理会审查合格后，才能得到贷款。自申请至款项到手，总要一个多月，甚至两个月。常常贷款到位时，已经错过了采茶最佳时期，茶号不能如期收茶，茶农也不能按时采摘。造成大量茶叶品质低劣，卖价低廉。在贷款额度上，银行提供的每箱额度仅为 30 元，远远达不到一箱茶运至上海所费 60 元的成本。造成茶号开工严重不足，正如茶号抱怨的那样，“我们对于资本，拿米来煮饭，同是一升米，两个人吃可以勉强过一餐，三人吃即未免要半饥半饱了”。又如在衡制方面，祁门当地向来使用松花红箩秤，该秤常以 23 两折合为 1 市斤，折合英秤约为 1.8 磅。当年实业部通令一律改为市斤或公斤，然而茶农并不明市斤、公斤如何与松花红箩秤折算。茶号在收买毛茶时，利用这个漏洞，致使茶农每斤毛茶受损 0.403 磅。祁门一地，按平常年份每年产额 8 万担毛茶算，茶农要损失 32240 磅。②

之所以会呈现出上述的各种缺陷，主要是政府在推进各项制度时，没

① 池尹天：《祁红统制的现阶段》，《中国农村》1937 年第 3 卷第 8 期。

② 同上。

有顾及制度推行可能遇到的各种约束条件。南京国民政府在推行各项制度及措施时，首先是出于政治需要，其次是对利益、风险规避等问题的考量。例如，祁门茶农“年前接不上年后粮”是常态，为了生活，茶农在年前就把来年毛茶预卖给茶号。虽然预卖对茶农不利，但还是可以借钱生活的。祁红统制后，银行放款利息虽低，但是银行出于放款安全的考虑，导致放款周期太长，解决不了茶农的燃眉之急。茶农只有向茶号借“米票”，而其付出的成本则比所购的米价更高。政府推行的政策及措施给茶农、茶号带来种种不利、不便，招致茶农、茶号的反对。由此可见，在政府作为制度的构建者时，制度的推进需要顾及社会经济约束条件，当不顾及这些约束因素时，对亟须改变现状的行业从业者而言，政府的政策与措施并没有实质意义。

（三）从“官商合办”到“国家独营”

国民政府继承了传统中国流行已久的国家专制思想，其实现政治统一后，必然要对全国经济实行控制。“作为一个带有封建专制主义传统印记的政权，它自然首先会选择直接控制的方式。”[①] 20世纪30年代，“统制”思想颇为流行。虽然有关“统制经济”的含义，争论颇多，但各派学者宣扬的“统制”经济的立意在于“由国家实行宏观指导，令有限的资源合理配置，避免自由放任政策导致的无序性和盲目性，从而使中国能尽快赶上发达国家”[②]。不论各方对“统制”经济作出怎样的理解和设想，毕竟为国民政府控制全国经济提供了理论基础。政府推进祁红统制时，向社会不断声明：“绝非借统一运销之名，以谋财政上之收入，更非与民争利。”[③] 实业部代表冯克强中国茶业年会上谈道：“一般商人误认为政府为操纵及垄断其自身营业，其实政府乃以整个利益为前提，绝非代表一个阶级或一部分之利益。”[④] 政府在茶业统制过程中，真如其宣称的是以整个行业利益为前提吗？答案当然是“不！”政府对茶业进行统制，应该说最主要的目的是控制茶业，发展国家垄断资本主义。

---

① 杜恂诚：《民族资本主义与旧中国政府 1840—1937》，上海社会科学院出版社1991年版，第266页。

② 杜恂诚：《上海金融的制度、功能与变迁 1897—1997》，上海人民出版社2002年版，第315页。

③ 《皖赣红茶运销会副经理谈统一红茶运销之目的》，《申报》1936年5月3日。

④ 《中国茶业协会年会纪记要》，《国际贸易导报》1936年第1卷第34期。

据杜恂诚教授研究，抗战前的中国经济模式已由市场主导让位于国家资本主义主导，政府投资渐居主导地位。[①] 政府投资不限于工矿企业、铁路、公路及其他交通运输业、水利、通信、金融等行业或部门，对贸易、农业也有专项投资。政府投资增多，无疑需要资金，尤其是外汇资金。近代中国，长期处于贸易逆差，政府外汇储备缺乏。为偿还债务、购买投资设备以及采购武器等，国民政府采取用土货与外国进行易货贸易。1934年，国民政府实业部就曾谋求用宁茶换取波兰的铁路材料、机器、钢铁、化工材料及军械等。[②] 1935 年，实业部拟定用茶叶换取苏俄的汽油。[③] 为了保证农矿产品顺利出口，国民政府首先要对重要农矿产品实行贸易统制。

祁红统制可谓国民政府推行经济统制的尝试与预演。欲实现茶业统制，最关键的步骤就是将茶栈垄断货源、独占售卖的市场地位给予剥夺。从祁红统制官商博弈过程来看，双方博弈之焦点为控制货源，争控专卖之权。在此过程中，上海茶栈可谓誓死抗争，然在政府强势推行之下，皖赣两省最终将生产的红茶绕过茶栈，直接卖给外国洋行。对失去控制货源和专售之权的茶栈而言，可谓失去稳定收入的根基，不得不有所变革。上海茶业公会“为锐意改进业务，除逐步整顿内部，对于各方案均有相当计划外，并求组织之完备及管理之合理化，运输及装置之改进，特派员赴日考察……考察之所得，将其适合于国情者，斟酌采用”[④]。除谋求发展对外贸易外，上海茶业公会“并努力筹设洋庄茶业市场”[⑤]。然而，时局和国民政府之政策再也没有给它以图发展的机会。

初步实现了统销由“商业垄断”向“政府垄断”的转变，这仅是国民政府实现垄断的开始。在祁红统制的第二年即 1937 年，实业部鉴于“以华茶对外贸易，关系国际借贷至巨”[⑥] 之情，决定采用官商合办之法，在沪组建中国茶叶公司（The National Tea Company of China Ltd），下文简

① 杜恂诚：《1928—1937 年中国的新设企业与政府投资》，《中国社会科学》2015 年第 3 期。

② 《宁茶与波兰出品交换之展望》，《经济旬刊》1934 年第 2 卷第 12 期。

③ 《实业部救济茶业衰落》，《合作月刊》1935 年第 7 卷第 4—5 期。

④ 《上海洋庄茶业公会组织赴日茶业考察团》，《国际贸易导报》1937 年第 2 卷第 1 期。

⑤ 《上海洋庄茶业公会筹设洋庄茶业市场》，《国际贸易导报》1937 年第 2 卷第 8 期。

⑥ 《实部筹组中国茶叶公司》，《国际贸易情报》1937 年第 2 卷第 7 期。

称中茶公司。公司额定资本200万元，官商各认股一半。中茶公司的成立是政府进一步落实统制经济的重要实践。公司成立之后即以健全组织机构、集中茶叶人才、节约开支和增进运销效率为四大目标，实行科学化管理。官商合办的公司形式，得到了当时舆论界的一些期许，有人认为“此诚以后经济建设上官商合作企业所应遵循之正当之途径也”[①]；“中茶公司之主旨，在集中全国力量，推进整个计划，健全茶叶贸易机构，刷新对外推销组织，似此中国茶业复兴问题，当得一解决之关键”[②]。

的确，从官商合办时期（1937.5—1940.5）中茶公司的经营业绩看，所取得效果是相当不错的。1938年和1939年两年，中国茶叶公司与安徽祁门茶业改良场共同筹建了“祁门联合制茶厂”，茶叶产制所需的技术由祁门茶业改良场负责，而联合制茶厂运行所需之资本则由双方担任。[③] 由于此时上海、杭州失陷，运输线路受阻，运销会驻屯溪办理茶叶统运事宜，改变运输线路，由新安江顺流运经浙江兰绍，经丽水而达永嘉，由永嘉装船运抵香港出售。[④] 这一时期，中茶公司尚能够根据茶叶品质公平评级，给出公平价格。这对茶农、茶商而言，提供优质茶叶从而获取利润至关重要。这一时段，茶业统制促进了华茶对外贸易和茶业发展，主要体现在以下几个方面：①产量得到提高。产量由1936年的745686担增至1939年的806796担；②取消陋规。贸易委员会接管茶叶收购后，对各种陋规加以革除，极大减轻了茶农、茶商的负担。③新茶区得到开发。中茶公司在西南各省实行大规模开发。[⑤]

茶农收益在茶业统制之后最初的几年尚可。以祁红毛茶为例，1937—1940年这几年虽说因战争因素，价格表现得很不稳定，但总体上茶农收益尚可（见表6-7）。

表6-7　　1937—1940年祁门茶农成本—收益情况　　（单位：元）

年份	1937	1938	1939	1940
毛茶山价	27.14	20	36.50	38

① 权时：《中国茶叶公司开业感言》，《银行周报》1937年第21卷第22期。

② 《中国茶叶公司定期营业》，《工商通讯》1937年第1卷第19期。

③ 丁汉臣：《祁门茶业改良场访问记》，《茶声半月刊》1939年第2期。

④ 铭之：《二十七年屯溪茶业》，《茶声半月刊》1939年第2期。

⑤ 汤成：《茶业统制之效果》，《闽茶季刊》1940年第1期；

续表

年份	1937	1938	1939	1940
毛茶成本	22	22	28.12	39.64
物价指数	100	131	220	513
实际毛茶山价	27.14	15.27	16.59	7.41
实际毛茶成本	22	16.79	12.78	7.73
盈（+）亏（-）	+5.14	-1.52	+3.81	-0.32

资料来源：1. 毛茶山价和成本引自张堂恒：《祁红毛茶山价之研究》，《中农月刊》1942年第3卷第11期，第13、14页。2. 物价指数引张公权：《中国通货膨胀史（1937—1949）》，杨志信译，文史资料出版社1986年版，第242页。

由表6-7可见，祁门茶农在这四年中有两年盈余、两年亏本，总体盈余比亏损多一些。1939年，甚至还出现了茶农每生产毛茶一担可获名义利润8元的情况，在战争期间尚属难得，故该年有“茶农年”之称。① 这一时期，中茶公司抢运了大批茶叶，为保障茶叶出口做出了不少贡献。仅屯溪绿茶“去年经政府之奋力调整，其产量达10余万箱，于此抗战时期中，独创历年未有之记录”②。从抗战大局讲，这一时期政府推行的茶业统销政策，对争取物资、保障抗战、发展茶业而言，成效应该是占主导地位的。

尽管这一时期，官商合办取得了不错的效果，但从政府角度讲，仅做到统销是完全不够的。因为要实现财政、外汇收入最大化，还要从统购方面扩大财源。同时，政府要增加外汇储备，还需其将外汇管理与统制对外贸易结合起来，“管理外汇而不统制对外贸易，管理属于徒劳无功”③。基于以上目的，1940年1月，财政部以茶叶为主要出口产品，且与易货偿债有关为由，将全国茶叶生产、制造、收购、运销和对外易货等一切业务，均划由中茶公司经营。同时，财政部对中茶公司注资1000万元，并强行退出商人股份和各省、中央信托局之官股。这样，中茶公司完全成为国家注册的国营企业，隶属贸易委员会。④ 改组之后的中茶公司性质，由

① 张堂恒：《祁红毛茶山价之研究》，《中农月刊》1942年第3卷第11期，第13、14页。

② 铭之：《二十七年屯溪茶业》，《茶声半月刊》1939年第2期。

③ 张柱：《国营对外贸易与消费品公卖合并经营论——一个发展经济充裕财政有效政策之建议》，《时代精神》1940年第2卷第2期。

④ 《茶叶国营》，《农业院讯》1940年第1卷第12期。

官商合办转变为完全的国家经营。企业性质的转变必然带来人事的调整，人事上的最大变动特征，即董事会、监察部门由原先地方政府、商人为主体转变为国家机关人员为主体。[①] 至此，政府完全把控了中茶公司，官僚阶层也因此基本有效地控制了中国茶业。1941 年 5 月 7 日，孔祥熙亲信李泰初被任命为中茶公司总经理，隶属孔掌控的贸易委员会的多名成员被安插在公司重要部门。这样，应负有督导之责的贸易委员会因孔家关系，督导作用基本形同虚设。这为中茶公司的官僚阶层腐败提供了极大方便。郑会欣教授依据财政部档案将其腐败概括为三方面：①机构臃肿，尸位素餐；②玩忽职守，贪污舞弊；③弄虚作假，账目混乱。中茶公司的腐败致使其最后被清算时留下这样的账目：

（1）存货八千七百余万元，仅有金额而无数量；

（2）财产物料等亦系仅有金额二千三百万元，而无数量；

（3）预付运费账面余额达三亿余元，该项运费系历年预付承运商八成运费迄未结转之累积数；

（4）战区物资达一亿余元，包括何项物资，无详细记录；

（5）应收款项共计三亿七余万元，然而这些款项的内容多不详明，并且凭证多不齐备。[②]

由上述账目，人们自然会提出这样的一个问题：这些仅有数额而无数量的存货、物料、未结清的运费、物资和应收账款哪里去了？由于中茶公司的资产负债表和其资本运作资料缺乏，故笔者无从考察这些款项的去向，但是有一点是可以明确的，即主管中茶公司的政府要员获取了巨大的个人和家族利益。抗日战争中后期，随着国民党在政治上一党专制的加强，经济上亦日益腐败，以权谋利的行为屡见不鲜。中茶公司在经营中的种种腐败现象不断被曝光，并为大众所抨击。1944 年 9 月第三届国民参政会在重庆召开第三次会议，黄炎培等 22 名参政员联名提案，列举了中茶公司种种诳报和渎职舞弊的行为，要求政府对其严肃查处“该公司自改国营，国库拨资金三千万元，至本年三十三年三月，该公司易货偿债项下

---

① 郑会欣：《从官商合办到国家垄断：中国茶叶公司的成立及经营活动》，《历史研究》2007 年第 6 期。

② 《复兴商业公司总经理席德柄呈报接收中国茶叶公司情形》，1945 年 6 月 19 日，贸易委员会档案：309（2）/16；引自郑会欣《从官商合办到国家垄断：中国茶叶公司的成立及经营活动》，《历史研究》2007 年第 6 期。

应偿未偿者，竟达四万万六千余万元；及报称三十二年盈余四千四百万元，其中虚计达四千三百万元之巨；所有沪、港损失八百万元，负债息金一千五百七十万元等，均未计在内”[①]。黄炎培等人的质询列举了大量的数据，显然是对中国茶叶公司经营中存在的贪污、腐败等情况有足够证据。

在近代中国这样一个落后的、缺乏对权贵进行有效监督和制度约束的社会中，国有经济或者政府控制的其他经济成分的产权是不清晰、不明确、不完善的。这样的社会条件常常给“国营经济”的发展带来巨大恶果。一方面，政府要员常常利用他们对信息的独占和对经济、政治等资源的控制，可以通过寻租、贪污等行为轻易地获取个人和家族利益的最大化却不受到惩罚；另一方面，至于“国有经济”的成败并不与掌握这些经济成分的政府要员的利害相关，他们并不关心所谓的“国有经济”能否得到发展。这种情形在中茶公司实行完全国营时，即已完全显露无遗。中茶公司的官僚阶层借助其主导构建的制度谋取私利的情况，上文已作简述，在此不作赘述。接下来，考察政府完全统制给茶业发展带来的影响。

中茶公司改组之后，1941 年度计划完成外销箱茶 60 万箱，但是，该年实际只收购 20 多万箱。1942 年仅收购 26130 箱，1943 年更少至 8544 箱。至于为什么没有完成计划之数目，财政部对此作了调查，调查结果认为有下面几个原因：一是中茶公司没有及时偿还前两年所欠各省之茶款，导致各省茶商资金困难；二是茶叶贷款发放过迟，茶商无力制茶；三是评定茶价未能按照上涨比例提高，造成因成本激增而茶农茶商无法接受，影响收购。[②] 中茶公司不能同比例提高茶叶收购价格，对本就贫困的茶农而言，影响无疑是深重的。以湖南安化茶农为例，1943 年一担黑茶只能售卖 180 元，而其成本仅工资、伙食、柴资三项就为 149. 4 元，扣去缴纳的行佣、捐税 18. 9 元，每担仅剩 11. 7 元，如再扣除地租、管理费、肥料等其他成本，茶农基本无利可图，甚至亏本。[③] 迫于生计，茶农只有让茶园

① 黄炎培等参政员提案：《彻查中国茶叶公司颟顸诳报并严办职员舞弊案审三第九号》，1944 年 9 月，贸易委员会档案：309（2）/693；引自郑会欣《从官商合办到国家垄断：中国茶叶公司的成立及经营活动》，《历史研究》2007 年第 6 期。

② 《邵慰祖、翟维祺等人调查报告》1944 年 6 月 19 日；引自郑会欣《从官商合办到国家垄断：中国茶叶公司的成立及经营活动》，《历史研究》2007 年第 6 期。

③ 郑兆崧：《安化茶农之经济概况》，《中农月刊》1943 年第 4 卷第 11 期。

荒芜，“东南茶区茶农将实施茶树返老还童之法，即采摘三分之一，又以三分之一茶树从事休眠、隙地开垦种植粮食，再以三分之一老树以彻底更新”①。作为中茶公司的官员吴觉农也指出：“公司经营不善，一切物价都在继续的增长，独有茶叶的物价指数，只有几倍乃至数十倍而已。因之在这两三年中，内地的茶树都荒芜了。内地的以及上海、汉口的茶商，除少数例外，都在颠连困苦的状态中。”② 政府的茶业统制带来的深刻影响，正如时人评价的那样：“茶业统制政策失败之主因，实在由于人事腐败，致博得祸国殃民、减缩生产之议评。”③

三 南京国民政府改造茶业政策评析

本书对南京国民政府在茶业改造中，在不同阶段所采取的政策、措施及其效果给予了考察。研究发现，南京国民政府自成立之后，即对影响中国经济至深的茶业进行了改革。政府限于自身能力和在不同阶段对经济目标追求的不同，对茶业改革的政策及措施是不同的，自然效果也是不同的。在政府完全对茶业统购统销之前，其采取的改革措施是符合茶业改革方向的，即打破洋行、茶栈主导构建的近代中国茶叶贸易制度、推动茶业发展。在一定程度上，也是顺应社会呼吁政府对茶业进行变革的诉求。总体而言，尽管政府在这一时期推进各项政策、措施时，表现出能力不足、制度缺乏可操作性等缺陷，但就其效果而言，应该说成效是占主导地位的。这一点，我们应该给予客观、公正的肯定。

抗日战争为南京国民政府发展国家资本主义提供了绝佳的时机。战争期间，统制经济应该说是合理的，也是当时中国唯一的选择。然而，政府统制经济，不是对国民经济进行宏观调控，不是令有限的资源得到合理配置，而是由于自身的腐败将国民经济纳入“官僚资本”掌控一切的路径。这些变化，在改组后的中茶公司身上体现得颇为显著。中茶公司改组后，政府实现了对茶业的完全垄断，“官僚资本”利益独占，私人经济受到完全抑制，整个茶业利益分配再次失衡。利益分配的再次失衡，给整个中国茶业发展带来了极大恶果。恶果首先表现在茶业从业者收入的初次分配呈

① 《东南区茶农从事茶树休眠》，《申报》1943 年 3 月 2 日。

② 吴觉农：《为茶农茶商作紧急呼吁》，《中国建设》1945 年第 1 卷第 5 期。

③ 庄晚芳：《当前中国茶业危机之成因及其对策》，《茶声半月刊》1946 年第 1 卷第 7 期。

现出非市场化的倾向，同时，二次分配由于缺乏“公平”的理念，以致茶业中的各利益主体的收入分配更不公，可以说不公趋于极端化。利益分配的极端不公，再次将中国茶业发展纳入一个只有利于制度构建者而不利于茶业发展的负向激励制度路径上。近代中国社会再次错过挽救衰落茶业的机会。

本章总结

通过上述分析，不难发现，在近代中国的社会历史条件下，近代中国政府，特别是在晚清和北洋军阀政府时期，在贸易和其他一些领域，政府在制定规范市场交易各方规范规则方面缺乏权威。同时，由于受制于财政和现代意识不足的约束，政府干预经济的能力相当微弱。在相当长一段时期内，清政府虽对纺织、航运、军工等产业实行行政性的独占政策，但对一般商业、贸易和金融业并没有也不可能实行独占，甚至也没有介入这些行业与领域中去。北洋军阀政府时期，中央政府无论在财政上还是在权威上，都比晚清政府更加衰微，以致政府更加无力调控、干预经济。晚清和北洋政府干预经济能力的微弱，客观上虽然为中国现代经济的萌发、发展带来了有利的土壤，但是也恰恰因为政府的无力，造成中国传统经济，尤其是传统行业，例如茶业的改造与升级无法实现，更无法承负重构失衡的茶叶贸易制度的历史责任。

通过对南京国民政府在茶业改革中推进的制度及其效果的考察，我们可以从中引发一些思考：其一，当社会公众期待政府对某一亟须改革的行业有一番作为时，政府的作用是否如期待的那样？会不会出现打破一个旧的恶制度的同时，而出现一个新的恶制度？其二，对影响社会民生的重要行业，是否一定要像南京政府那样把整个行业掌控在自己手中？其三，对掌握重要社会资源的国有机构、企业，如何构建约束这些机构高层的权力，消除利用权力寻租的土壤？这些思考或许可以给我们当前的再改革和制度建设提供一些借鉴意义。

第七章

全书总结

西方列强用武力打开中国大门最主要的原因之一，就是迫使中国开放通商口岸与其进行贸易往来，以推销其工业制品及采购中国土产品和原材料。然而，在中外贸易开展最初的二三十年，外国商人面对中国偌大的一个陌生市场，总是无法使用在西方市场上有效的市场信号和制度来推进贸易的扩张。他们不得不借助拥有广泛社会网络的买办、行栈等中国中间商，来解决交易信息的提取、处理和风险等问题。伴随贸易的进展，适应市场分工的需要，借助中间商进行交易成为近代中外贸易的主要形式。中间商的存在是时代问题，我们该如何客观评价中间商在中外贸易中的历史作用，成为经济史不得不正视的一个重要问题。本书结合茶叶对外贸易的历史进程，对近代中国对外贸易领域中广泛存在的市场中间商予以了考察。通过研究，笔者对中间商的历史地位有了较为全面的认识，除认同以往学者有关中间商在中外贸易中发挥积极性的观点之外，更关心中间商及其制度在中外贸易中的消极一面，得到了以下结论和启发。

第一节 本书几点结论

服务于近代中外贸易往来的中间商及其制度，是在 19 世纪五六十年代运输技术、金融水平等基础设施尚不发达基础之上的市场分工的产物。伴随着中外贸易的进展和运输技术、金融条件的改善，无论是在华洋行的经营方式，还是洋行买办和行栈制度，都有了改变、发展和完善。在以后的中外贸易过程中，洋行、买办和行栈等市场中间商广泛参与贸易的各个领域，并发挥着至关重要的，并且成为中外贸易的主导力量。洋行、买办和行栈等市场中间商在贸易中扮演怎样的历史角色，他们在贸易往来中是如何博弈的，博弈达成怎样的利益格局，这些利益格局对行业的发展有着怎样的影响，始终是本书最基本的关注点。在全书中，笔者结合近代中国茶叶对外出口的历史过程，以及对中日和中印茶业发展进行了比较分析，研究了长期被学界关注不足的中间商及其制度。通过研究，笔者有以下几点结论。

一 中间商主导贸易制度的构建

大致在19世纪70年代以前，服务于中外贸易的买办和行栈等市场中间商就早已开始广泛参与到中外贸易中，一些贸易规则开始在中外经济交往中逐渐发展起来。研究发现，早在华茶垄断国际茶叶市场供给时，在整个中国茶业行业中，已经形成了一个稳固的利益分配格局。在这个分配格局中，无论是作为中间商的外国洋行、买办、茶栈，还是作为茶叶的产制者茶农和茶号都有可观的收入。正基于此，中国茶业曾有过一个时间较短的粗放型的增长过程（19世纪六七十年代，中国社会曾掀起一个只重视茶叶种植规模扩大，而不重视茶叶生产和制造水平提高的历史过程）。但是，到了19世纪70年代后，伴随着中外交通、金融和通信等方式的转变，更由于世界茶叶市场供求关系的转变，经营华茶的利润空间变得狭窄。在清政府缺乏制定规范市场交易规则的权威和能力时，为维护既有的利益和实现新的利益，拥有市场强权和优势的外国洋行、买办和茶栈主导了近代华茶对外贸易制度的构建。当然，在这个过程中，贸易的参与者，尤其是能够左右贸易往来的中间商进行了激烈的博弈。

在近代中外茶叶贸易市场中，在华洋行拥有出口权、定价权和资金优势，然而他们在西方市场中采用的市场信号和制度的方法，在中国市场上却是失效的。为此，他们不得不借助于熟知中国市场并拥有广泛商业网络，但不能组织直接出口的买办和茶栈等中间商代买代售中外商品。在这样的市场条件下，不论洋行还是买办和茶栈，谁都脱离不了彼此的合作。围绕利益分配，他们进行了持续的博弈，博弈引致他们走向在“妥协”中“合作”、在“共识”中“共赢”的路径上，以实现他们利益的均衡和最大化。而利益实现的把手则是双方进行业务和资金绑定、垄断贸易等，这些构成了近代华茶对外贸易制度的内涵。当然，华茶对外贸易制度的构建过程及其内涵，无不是体现洋行、买办和茶栈对茶农和茶号利益的攫取和贪占。

近代华茶对外贸易制度是以一系列市场交易规则、模式和关系的确立为主要内容的。作为约束各交易主体行为的规则和安排被制度化和法令化。这些制度规则和安排，虽然无不体现了主导贸易制度构建者洋行、买办和茶栈的利益倾向，并在实际交易活动中的确保障了这些制度主导者稳定收益的实现。但是，在客观上也为华茶对外贸易提供了秩序保障，尤其在约束茶业公会会员之间的恶性竞争和洋行违背交易合同原则方面，起到了一定程度的约束和规范作用。这在法律缺失、政府干预经济能力微弱的近代中国，特别是晚清和北洋政府时期，其作用是十分必要的。通过洋行与茶栈、茶栈与茶号、茶栈和茶栈之间的纠纷处理来看，各地茶业公会充分利用了自己的社会、商业网络和构建的制度条款，对市场信用、合同执行、交易秩序的建立与维护起到了重要作用。

二　中间商主导贸易金融制度的构建

可以明确的是，近代中国社会无法为城乡贸易往来所需的资金流动提供一个安全的制度保障。同时，由于政府财政和金融服务能力不足等原因，导致贸易所需的资金在城市和农村之间安全流动相当困难。然而，贸易总要继续，支撑贸易往来所需资金总要被提供。本书以华茶对外贸易为例，研究了近代中外贸易中的金融关系。研究表明，近代中外贸易所需的资金流动以及信用制度，为外国银行、洋行、中国的银钱业和行栈共同提供和主导构建，并形成了一个与贸易环节相匹配的金融网络。他们之所以能够主导贸易金融，根本原因在于他们拥有强大的市场地位和广泛的贸易网路，尤其发挥了行栈公会的自我管理的制度功能，这一点在近代中外贸易所需的金融关系中起着决定性作用。

在本研究的华茶对外贸易领域，外国银行和洋行成为资金的最终决定者，中国的银行和钱庄只是扮演着资金的中转者角色，而茶栈则是茶业金融关系中的转贷主体和制度的主要构建者之一。茶栈之所以能扮演如此角色是基于以下两点优势：一是其作为业内人士对市场有信息优势，二是具有广泛的商业网络。他们通过转贷可以获取利息差额和借以控制货源，尤以后者最为重要。稳固地获取利差和控制货源，构成了他们积极规避放款风险的激励。为此，他们充分利用自己的优势，去筛选可靠的借贷者以及设计贷款合约来对付逆向选择和道德风险。为确保放款资金的安全，茶栈充分发挥了同业组织——茶业公会——自我管理的功能。围绕规避风险的问题，茶业公会构建了一套对内部会员茶栈和对内地茶号的约束机制。为约束会员茶栈各自为政的放款行为，茶业公会在其内部建立有效的信息披露机制，对会员茶栈进行督导、惩戒和协调。从茶业公会的这些功能来看，捋顺会员茶栈放款关系和确保贷款安全是其制度安排的基本精神。为防止机会主义行为，茶业公会就不断设计较为规范的贷款合同来约束借款茶栈逆向选择和道德风险行为的发生，同时建立检举违规的激励和惩罚机制。从实施效果来看，这些约束机制最大限度地保障了茶业资金流动的安全，确保了华茶对外贸易所需的必要资金的供给。

三 中间商制度扭曲茶叶质量

本书对近代中国茶叶对外贸易质量为何变得低劣予以考察。鸦片战争后，中外贸易进入了所谓的“自由贸易”时代，在新的历史环境下，原有的贸易制度被废除，新的贸易制度被构建起来，同时，中外贸易市场结构也随之转变。中国农产品对外输出环节由原来的农民→内地商人→行商→外商→外国购买商，转变为农民→内地商人→行栈、买办→洋行→外国购买商。对近代中国人而言，所谓的出口即将农副产品售卖给在华洋行。因此，可将洋行视为贸易的终端购买者，那么掺假作伪者存在于前三者。理论上讲，如果内地商贩收买农副产品时对质量能进行有效甄别、严格把关，则农民不会有掺假作伪之机会；行栈作为代售者，如果能够对内地商人提供的农副产品进行有效的质量把关，内地商人也不可能有太多机会进行掺假作伪。由此可见，行栈对保障农副产品质量负有最为重要之责，这也是洋行假手行栈的初衷之一。掺假作伪等不良行为的普遍存在，主要原因在于信息的严重不对称。

研究表明，在近代华茶对外贸易过程中，洋行和行栈分别拥有市场定价权和检验质量等优势。正是凭借这些优势，在近代中国政府（尤其晚清和北洋政府）缺乏制定贸易规则的权威和能力时，他们主导构建了对外贸易制度。为谋求最大利益，洋行和行栈对其主导制定的贸易规则，可谓枉用三尺，而处于交易上游的内地客商和农民，在既有的贸易制度和规则下，更多通过逆向选择的行为（低劣产制、掺假作伪等不良行为）尽可能使自己的收益最大化。但是，在相当程度上，内地客商和农民逆向选择的行为，直接决定了近代中国农副产品质量的低劣。中间商行栈利用贷款，控制货源、垄断销售权，并借用产品等级鉴定者的身份，攫取贸易中的各种“好处”。但是，他们大肆攫取“好处”的行为深刻影响着茶叶产制者的行为——产制低劣商品——尽可能降低被掠夺的程度。在此贸易制度下，任何一个市场参与者，单独改进商品质量都不是最优的，相反，低劣产制却成为他们的最优选择，这导致中国农副产品陷入“低质量陷阱”。

为全面考察近代中国农贸产品质量问题，笔者先后考察了清政府管制贸易和国民政府统制贸易这两种贸易制度与出口商品质量的关系。研究表明，在这两种贸易制度下，作为监管者的政府和中间商在维护农产品高质量上是激励相容的。在鸦片战争前的清政府管制贸易时代，在与俄国的茶叶贸易中，清政府派驻恰克图的章京与商人共同议价，并努力提高商业利润。为制定有利于中国商人的价格，对商人实行了严格的信息披露的惩罚与奖励机制，这在客观上保证了商品质量。因为在此环境中，商人很难有什么空间去采取机会主义行为谋取超额利润，包括在商品质量上做手脚，其代价也是极其沉重的。同样，在广州的行商和西商一样，无论出于政治要求考虑，还是基于市场获利需要，都极力去保证中国出口商品质量是优质的。在南京国民政府统制茶叶贸易时，政府采取了一系列配套措施，一定程度上保证了茶叶质量。通过比较分析发现，当政府缺乏制定贸易规则的权威和能力，同时无法规范和监管市场时，市场强势者出于私利常利用自定的规则，任意操纵市场，而诱发的后果则是逆向选择盛行。其中，低劣产制便是主要表现之一。

四 中间商制度引致利益分配失衡

研究表明，在外国洋行、洋行买办和口岸茶栈等中间商共同主导构建的华茶对外贸易制度中，洋行、买办和茶栈结成了稳固的利益共同体关系，他们通过把持华茶出口权、定价权，以及发放贷款、垄断货源等手段，控制了华茶对外贸易。他们凭借不可逾越的市场地位，强制收取了许多远远超过必要交易费用的“好处”，这大大压缩了茶叶生产者茶农和制造者茶号的获利空间。总体而言，洋行、洋行买办和口岸茶栈等中间商共同主导构建的华茶对外贸易制度对他们利益的分配和实现是富有效率的，却是对贸易上游的产制者茶农和茶商利益的掠夺，致使茶农、茶号在茶叶贸易中获利空间的狭窄，使茶农和茶商很难积累进行现代化制造茶叶所需的资本，也使他们没有动力去投资现代茶叶的生产和制造，更谈不上指望他们进行所谓的技术更新和提高茶叶品质。茶农和茶商利益被洋行、买办和行栈等中间商掠夺，从而获利空间大大被压缩是近代中国茶叶不能进行由传统生产和制造方式向现代化生产和制造方式转变的主要原因之一。

五 中间商制度窒碍政府变革

尽管晚清和北洋政府在意愿上想挽救衰落的华茶对外贸易，并采取一些行动，但是由于受制于财政、外交和现代意识等能力不足，无法为近代中国茶业发展提供金融、运输、市场信息等必要的基础设施和服务，这也就决定它不能重构华茶对外贸易制度，因此肩负不起挽救华茶的重任。南京国民政府对华茶贸易制度进行了以政府为主导的茶业革新，但是，在变革中它是通过国家力量剥夺了茶栈的市场中间商地位，这样的变革也仅仅只是打破了茶栈垄断货源和销售的这一中间环节。颇具讽刺意味的是南京国民政府自己替代了茶栈中间商的市场地位，即实现了从茶栈垄断货源和销售到政府垄断货源和销售的变化。这样的变革，并没有改变华茶对外贸易必须经过外国洋行的间接贸易模式，受制于外人的市场地位也没有改变。同时，南京国民政府在统制茶业运销过程中，是出于与民争利的考量而推进茶业变革的，这损害了业茶者的利益，造成他们同样没有动力去组织茶叶的生产、制造和运销，进一步造成华茶对外贸易中利益分配的失衡。这样，中国茶业利益分配的格局从洋行、买办和茶栈主导转变为政府主导，而这种转变没有改变中国茶业利益分配失衡的状态，仅是从原有的失衡状态转变为另一种失衡状态。在政府主导的茶业变革中，小农生产、茶号制造和间接贸易的基本格局依然存续于近代中国茶业之中，这也就说明了南京国民政府主导的茶业变革并没有从根本上改变华茶对外贸易衰落的局面。

虽然近代华茶对外贸易中的中间商及其制度有其存在于市场的合理性，也起着一定的市场功能和作用，尤其是在华茶垄断国际市场之时，买办和行栈等中国中间商人能够充分利用自己商业网络、商业习惯和信息优势使中外茶叶贸易能够顺利开展。但是，当外国茶叶开始出现在国际茶叶市场时，服务于华茶对外贸易的中间商没有动力去推进中国茶叶生产、制造和运销的变革。在华茶贸易环境变得越来越不利和利润空间变得越来越狭窄之时，洋行、买办和茶栈等市场中间商充分利用自身的市场优势，构建起了一个有利于自身利益实现，却给近代中国茶业带来一系列不利影响的贸易制度。这个制度为经营中国茶叶出口的从业者提供了一种反向激励，在这个贸易制度框架下，从业者面对的市场机会是混杂的，其中的大部分机会都对具有再分配性质的活动有利，而对生产性活动不利。这些机会，尤其是有关利益分配而具有的机会，引致中间商垄断贸易，抑制竞争；他们限制对茶叶贸易有利的一切变革机会，致使近代中国社会没有激励投资那些能提高华茶竞争力的活动。在近代中国相当长的一段时期，这个贸易制度一直延续，致使华茶的最终衰败。

第二节 中间商制度对茶业发展的抑制

本章第一节对本书研究的问题做了几点总结，应该说中间商制度对从业者才能和创新的挤压也是重要结论之一，本应放在同一节，但由于对此问题进行说明，篇幅相对较长，为章节协调，笔者将其单独成节。近代华茶对外贸易的过程有力地证明了这样一种认识，即在一些经济系统或行业中，致使生产或交易效率低下的制度依然可以长期存在，这是经济系统或行业外部缺乏强有力冲击，内部缺乏打破维护既有利益格局力量共同作用的结果。这一案例有力地支撑了诺思的如下观点，即强权的特殊利益集团在旧制度下获得利益与多重均衡和历史的随机扰动是制度变迁长期滞后的两个根本原因。[①] 近代华茶贸易正是在洋行、买办和茶栈等具有强权的中间商的阻碍下，被牢固地锁定在他们主导构建的华茶贸易制度中。

在近代中国一些重要经济领域，由于中国老百姓的坚韧、顽强和勤劳，商人的精明和进取心，他们能抓住政治动荡年代的每一次间歇期恢复元气、重建产业，利用每一个机会取得发展和前进。但是，在华茶对外贸易领域，在既有的贸易制度结构中，洋行、买办和茶栈等中间商制度化和规则化很多“超经济”的交易费用，进而攫取了茶叶贸易中的大部分利益，为维护这些利益，他们极力反对试图改变贸易规则的从业者茶商的主张。由于他们市场力量的强大，那些有利于近代中国茶业发展的主张总得不到推行，从这个意义上说，既有的华茶对外贸易制度，尤其是中间商制度，抑制了从业者试图改变华茶衰落局面的才能和创新。

① ［美］阿维纳什·迪克西特：《法律缺失与经济学：可供选择的经济治理方式》，郑江淮、李艳东、张杭辉、江静译，中国人民大学出版社 2007 年版，第 6 页。

一 抑制制度创新

在新制度经济学理论中，无论是制度变迁还是技术进步能否进行，主要取决于推动制度变迁和技术进步的主体对潜在收益与变迁费用的考量与权衡。在既有的制度结构中，当制度变迁主体（尤其是制度规则的制定者）预期到，做出任何一种改变所带来的未来预期收入的现值都不大于为此付出的成本时，他们都会尽力维持既有的制度和规则，而反对那些试图改变既有制度和规则的主张，尤其那些从固有原则中获取好处的人们。在这种境况下，当作为制度规则接受者力量较弱时，既有的制度因此常处于一种稳定状态。近代华茶对外贸易制度变迁和技术进步的困境就反映出这样的情况。

例如，近代华茶的衰落已经证明，繁多的中间环节和不能到国外市场进行直销是华茶衰落的两个重要原因，对此时人已有清晰认识。1926 年，茶商李镜明写信给江苏实业厅建议在安徽、浙江和江西等处筹建茶叶改良产销会，意在成立专门机构负责茶叶产销事宜，减少售卖环节。江苏实业厅训令上海茶业公会遵办，上海茶业公会回函道，“敝会为出口洋茶业之总机关，敝馆全体茶商共同会议，均不赞成另设机关之必要”①。此后，上海茶业公会再无响应，此提议也不了了之。1929 年茶商提议，组织产销机关对丝茶等大宗商品进行远洋直销，丝茶行栈以政府无保护、无航船、无海外银行流通海外汇划为由进行推脱，实质则是“茶之行栈，非不愿直接运洋，或于其本业有所抵触，自私自利，不顾商业大计，往往借词破坏。故茶业改良产销机关，卒无成立之希望”②。

又如，质量低劣是华茶在国际市场上缺乏竞争力的主要原因之一，这点在茶业界是有共识的。一些有进取心的茶商认为要提高茶叶品质，需要将茶农、茶号、茶栈三者联为一体，才能有效确保茶叶品质。至于何以联之的问题，有茶商建议“莫如设立总公司，兼出产、焙制、运销而包举之”，并认为“夫有公司方可言改良，既改良方可立公栈，而压磅贬价之风自息”③。迫于北洋政府农工商要求，茶栈对商人此提议回应道：“窃以

① 《上海茶业会馆议事录》，1926 年 8 月 13 日，上档：S198—1—12。

② 静如：《读丝茶请求政府救济茶业文书后》，《银行周报》1929 年第 13 卷第 41 期。

③ 《安徽茶商单致中改良华茶说略》，《东方杂志》1909 年第 6 卷第 10 期。

为谈何容易，窒碍必多。”[①] 除此之外，别无实质改良之意。之所以如此，主要是茶商的提议危及茶栈、洋行及买办在茶叶贸易中所获得的利益与好处，尤其是压磅与贬价。

再如，加强对出口茶叶质量监管制度建设，是世界茶叶贸易发展的必然趋势。然而，在近代华茶对外贸易中，从茶叶贸易获取稳固利益的洋行和茶栈，出于维护既有利益的目的，极力反对和漠视中国社会和政府加强茶叶质量检验的努力。1924 年上海总商会致函上海茶业公会，建议自组茶叶检验组织，“为今之计，似非从设所检查入手不可，而政府设立检查所之议，上年又为贵同业诸君所否认，似不如由茶商团体自行办理，易得同业信仰。总之，近年茶叶输出，在英既遭印锡之竞争，在俄又受封锁之影响，瞻顾四周，已陷绝境。若再固步自封，决无良果。此则敝会所欲为同业诸君垂涕而道也”[②]。当然，对于上海总商会这样的苦劝，茶业公会也是置若罔闻，毫不理会。1931 年国民政府欲设立茶叶检验局，就立即得到茶业公会的抵制，“本会对检验事认为有害无利，主张请求政府彻底撤销”[③]。对茶叶贸易利益的贪占，决定洋行、买办与茶栈成为茶业推进制度变革的巨大阻碍力量。

二 抑制技术进步

从市场角度而言，要激励人们提高技术水平，市场必须为提高技术进步的人们提供合理的回报，即收益大于为采用新技术而花费的成本。反之，当市场不能为提高技术进步的人们提供正向的激励时，技术进步很难发生或推行。在近代华茶贸易中，洋行、买办与茶栈得到的“好处”远比从茶叶技术改进中获得的大得多，为此，他们对技术的改进根本没有动力。例如，当有利于推进茶叶品质提高的措施危及他们利益时，立即招致他们的极力反对。机器制茶是茶叶加工的必然趋势，然他们对“行之有效的烘焙及拣茶的机器，就曾嗤之以鼻，他们宁可墨守陈规，只关心着尽快地把茶叶送往市场”[④]。

① 《上海谦顺安茶业改良议》，《东方杂志》1909 年第 6 卷第 10 期。

② 《总商会劝茶商自设检查所》，《银行周报》1924 年第 8 卷第 18 期。

③ 《洋庄茶业公会议事录一》，1931 年 8 月 1 日，上档：S198—1—16。

④ 《北华捷报》1887 年 10 月 27 日，第 446 页。

早在19世纪80年代时人就指出必须要让使用机器制茶者获利，方可有利于机器推广，“创始之法不在招股集资，开局设业，当教民间自用机器。教民自用，创始为难，苟有一人首倡而获利者，则通国之人，从而效之，仿而行之，不难矣”①。19世纪末20世纪初，在一些地方曾经历过使用机械制造的小高潮，但是很快又重新转向传统手工生产和制造，即说明中国茶业转型困难的根本原因：不是所有的产制者都缺乏资金，也不是从事茶叶的产制者现代化意识不足的问题，而是在既有的贸易制度下，不能从采用新技术中获取合理的收益。“中国的茶园主心里头很想利用机器，并不是所有人资本都不充足”②；中国茶商曾成立中国茶业公司，聘请富有经验的卓镜澄作为主事者，卓镜澄从国外购买两台制茶机器，并积极进行改良，且获得成功。③ 但其改进的机器，最终没有被推广开来，几乎所有的制茶厂和茶号仍采用手工制法，根本原因是采用新技术不能获取合理利润。

由于通过技术改进茶叶品质和提高生产效率并不能获得可观利益，茶农和茶商不愿在产制技术的改进上进行投资，“中国茶业之失败于商战，株守旧法之种茶者和制造者，实不能辞其咎。反对种种改进之方法，有以致之也”④。相反，出于短期利益之追求，他们普遍热衷于掺假作伪、投机取巧，“商人各自帮伍，而自利其利，但求洋商为其瞒过，以低货得重价。谁复计及于他，防洋商之窥其弊端也”⑤。为此，他们对茶叶品质“不求精进之实效，只图贱售之虚名，仍种此下等茶”⑥。在这种情况下，茶农、茶商年复一年重复原有的茶叶产制方式。

当外国茶开始对华茶形成强有力的竞争时，由于洋行主导了华茶出口的定价权，同时洋行和茶栈设计了交易机制，造成追求茶叶品质提高的茶商很难获利，低劣成为中国茶商市场理性的不二选择，他们“难免不设法节省工费，掺粗、加色以冀弥补”⑦。由此可见，低劣产制是茶商对洋行

① 《论制茶宜用机器》，《申报》1888年9月28日。

② 沈觐鼎：《中国茶叶改良私见》，《建设》1919年1卷1—6期。

③ 罗罗：《中国茶业之改良》，《东方杂志》1918年第15卷第5期。

④ 郑龄年：《机器制茶之新事业》，《商旅友报》1924年第11期。

⑤ 《论整顿丝茶两市》，《申报》1881年2月6日。

⑥ 彭泽益：《中国近代手工业史资料》卷二，中华书局1962年版，第183—184页。

⑦ China. Maritime Custom：*Tea. 1888*，上海，1889年刊，上海徐家汇藏书楼：009/T22。

和茶栈等中间商主导构建的贸易制度做出的逆向选择，而低劣产制的盛行反过来又制约着茶叶产制的技术进步。近代华茶的产制就在这样的恶性循环下往复不前，即陷入新制度经济学家所说的技术“锁入效应”（lock-in Effect）中。

三 抑制资本投资

毫无疑问，经济和行业要发展，保持一定投资是必要的。在市场主导的经济环境中，社会资本进入一个行业投资的根本前提是能获利，至少预期未来能获利，否则社会资本不会对一个没有获利前景的行业进行投资。近代中国的一些行业，诸如缫丝、面粉和棉纺等传统行业，与茶业面临同样的经济环境，也面临普遍的资本缺乏等困境，但是当市场出现强烈需求和较大获利空间时，尽管道路异常坎坷与艰难，这些行业在一定时期内还是在现代化道路上取得了相当成就。反观茶业，一个典型特征就是社会资本几乎不对茶叶产制进行投资，而是将从茶叶贸易中积累的资本转投其他行业，即使有一小部分资本停留于茶业中，也多限于流通而非生产领域。造成这一结果的根本原因就是在既有的贸易制度结构中，不能获取合理之利益。

近代华茶对外贸易是由洋行、买办和茶栈等商人共同主导的，其开始发展、鼎盛和衰落，都脱离不了他们对华茶贸易中利润攫掠的色彩。可以说在华茶贸易的整个过程中，中国茶商、茶农与这些中间商并非处于对等的地位。洋行借助对定价权和出口权的垄断，对华茶贸易进行操控，使价格处于极不稳定之状态，使中国茶商不能预测其盈亏。对中国茶商、茶农而言，他们无法确定盈利概率，因而不敢对茶业进行投资，相反只能采取消极态度，“免税亦大可苏商之困，然内中有根本问题存焉。制成之茶，一任茶商（洋行、买办和茶栈）之操纵，年来受此衰况，贩卖者则藉辞把持，左右市价，而所免之税，仅使茶商得益，于生产者未得丝毫之利。此不得不谓之消极的茶业政策”①。

如果说，茶农和茶商不愿投资茶业，是因为他们不能在既有的贸易制度下获取合理利润，借此进行资本积累，同时也没有激励去投资茶业。那么，那些从丝茶贸易中获得资本积累的买办、茶栈主等大部分新式商人为

① 葛敬应：《品质增进主义的华茶救济谈》，《中华农学会报》1923年第37期。

何不愿投资于茶业，而始终将其资本转投其他领域或局限于流通领域？例如，上海茶业领袖陈翊周为茶叶对外贸易打拼一生，积累了巨额财富，却仅将其少量财富投资于茶业改造，与他人合股创办宁茶振植公司，买山种茶，设厂制茶，以冀挽回华茶大利。[①] 但陈翊周却将更多资本和精力投入到更能获利的其他行业，早在20世纪初，他就入股招商局和中国邮船公司，成为这两家大公司的股东。[②] 除入股大公司外，陈翊周还和其他茶栈主朱葆元、陈菊坡等人共同投资经营化妆品的香亚公司和经营百货的新新公司。他还亲自出任香亚公司经理，在出任经理之前，将该公司股本从最初的20万元，一次性扩充至50万元。[③] 另一茶叶巨商朱葆元也将更多个人财富投资其他工矿和金融业，除经营震和茶栈之外，其他如振兴毛绒纺织厂、信通织布厂、信成织布厂、春元钱庄、志诚钱庄、华茶公司、香亚公司、杭州浙江储蓄银行及丝厂、橡皮等行业均与其有密切关系。其死后遗产多达270余万元。[④]

由上面的例子不难发现，从华茶贸易中获取较大利益的买办和茶栈主，之所以将其资本投资其他领域，而不投资茶叶生产和制造，根本原因在于一个投资引诱力的问题。杜恂诚教授对此曾有总结，“经营近代工矿、交通运输等企业对于丝茶出口商、经销进出口洋货的商人以及经营海关银号的商人来说，引诱力小；而投资于钱庄、典当、高利贷等，利率高得多，投资引诱力也就高得多。如轮船招商局和华盛纺织厂的官利为8%—10%，看起来不低，但无法同投资钱庄等20%—50%的高盈利率相比”[⑤]。改造华茶成本高昂也是制约资本投资的一个重要原因。中国茶业公司在江西购买茶园，于茶叶采摘、制造以至销售悉行改良，虽稍有成效，“然其耗财费时，已不知几许矣”[⑥]。由于投资引诱力和成本高昂之原因，在华茶对外贸易中，这些新式商人仅将少数资本存留于茶业，而且仅

---

① 《宁茶振植公司股东大会成立》，《申报》1918年4月2日。

② 《招商局股东陈翊周等致董事局函》，《申报》1913年3月9日；《中国邮船公司股东代表赴美》，《申报》1920年6月9日。

③ 《香亚公司之荣誉》，《申报》1925年7月29日。

④ 《茶叶巨商朱葆元逝世》，《申报》1933年5月20日。

⑤ 杜恂诚：《民族资本主义与旧中国政府1840—1937》，上海社会科学院出版社1991年版，第80页。

⑥ 罗罗：《中国茶业之改良》，《东方杂志》1918年第15卷第5期。

局限于流通领域，却将大量资本投资新式工矿和金融行业。

四 抑制企业家进取精神

企业家精神在经济发展中起着非常重要的作用，其内涵也丰富多样，其中创新和进取精神是最典型的两个特征。著名管理学家彼得·德鲁克认为企业唯有重视创新与企业家精神，才能再创企业生机，创新就等同于企业家精神。[①] 有关企业家及其精神的研究众多，但都有一个显性或隐性的假定前提，即企业家在一定的制度背景下活动。当企业家处于一个被势力强大的既得利益集团极力维护的制度环境中时，其创新与进取精神常被抑制。在近代华茶贸易中，势力强大的洋行、买办和茶栈主导构建的贸易制度严重抑制了企业家创新和进取精神，从下面这段珍贵史料中可窥一斑。

浙江平水茶商马思齐，因家族世代业茶，对茶业感情深厚。1926 年，马思齐在平水集资兴办承昌茶号，该年秋茶价大涨，以为有利可图，故多收多做，岂知洋行借口到货拥挤，故意抑价，不得不忍痛牺牲，将资本一万元亏折殆尽，“然此种失败，并不动摇余对茶业界进取之勇气，余仍继续努力”。积三年经验，他认识到“内栈（茶号）虽明知受外栈（茶栈）之侵夺而无法避免，痛苦不堪言状，外栈权威远超内栈之上，因羡慕而欲尝试”。1930 年，马思齐在上海与他人合开协泰茶栈，“余唯欲谋华茶之发展，必先解除内栈之痛苦，更从而扶植内栈，始克有成。但经理叶世昌等不欲有所更新，事与愿违，毫无建树”。1931 年，马思齐再次集资，兴办泰源茶栈，自任经理，“即本初衷，力谋华茶之发展，解除内栈痛苦，并扶植内栈之宗旨，与其他外栈作业务上之竞争，优待内栈，予以种种之便利”。然而，1932 年“合伙人宋某与他人另组协隆茶栈，置泰源之生死于不顾，实因外栈利益太过丰厚之所致。余虽自此灰心外栈”。1933 年，泰源收歇，改组泰源鼎记，茶价低落，内栈拖欠款项巨大，鼎记受累不浅。“考平水绿茶之营业，几近投机，获利与否，无一定预算，茶价高低完全操诸洋人之手，遇洋人存意抑价，除忍痛牺牲外，别无他法。至此，余对于茶业，灰心已极。遂于民二十四年春，将鼎记结束，实行与茶业脱离关系矣。”[②]

---

① ［德］彼得·德鲁克：《创新与企业家精神》，蔡文燕译，机械工业出版社 2009 年版。

② 马思齐：《经营茶业九年来之经历谈》，《浙江省建设月刊》1937 年第 10 卷第 8 期。

由上例不难发现，在华茶对外贸易环境中，单凭某一企业家之勇气和进取心，很难改变既有的贸易制度和规则。相反，企业家之进取精神却被既有的贸易制度所压抑和磨灭。在洋行、买办和茶栈主导构建的贸易制度中，他们凭借垄断定价、信贷和出口等市场强权，将贸易完全掌控在自己手中，“内栈固须向外栈借款或拼股，须仰外栈鼻息。外栈为售茶迅速，收款便利起见，固须仰洋人之鼻息，尤其对于洋行买办必须联络；通事若非具有奴性，决不肯为；外栈经理如存心善良，必事事吃亏。外栈对于招徕内栈，迎新送旧，无异娼妓。内栈对于外栈之信件，视如圣旨”①。为维护他们对茶业利益攫掠之权利，他们压抑任何有损他们利益的改变与创新，也由此抑制了有企业家进取与创新的精神。

由上面几点分析，不难看出，在近代华茶对外贸易中，洋行、买办和茶栈等中间商享有他们制定的贸易规则带来的好处。出于维护既有利益，他们极力反对有损他们利益的制度创新和技术变革的诉求，从而抑制了从业者对制度技术创新的才能，也压抑了对此行业的投资。由于政府和社会力量不足以挑战他们的权威，近代华茶对外贸易制度陷入长期锁定的状态中。这再次证明制度变迁和技术进步能否推进，主要取决于推动制度变迁和技术进步的主体（尤其是对制度变迁和技术进步具有决定力量者）对为此付出的成本与带来收益的权衡。如果制度变迁和技术变革的费用非常高，高过推进主体的承受能力时，它们就不可能得到变迁和变革，为此，原有的制度结构和技术水平就很可能陷入“锁定”的状态。由于近代华茶制度变迁所需成本巨大，而变迁带来的潜在收益却是不确定的，因此推动制度变迁的主体没有激励去为之努力。需要强调的一点是：近代华茶对外贸易中，中间商主导构建的贸易制度具有稳定性的特征，但它的稳定性特征并不意味着其对制度创新是有效率的，相反却是压抑的，如果非要说它富有效率，至多可以说对洋行、买办和茶栈等中间商的利益分配富有效率而已。

第三节 反思和启示

在现代经济生活中，普遍存在着中间商及其制度，他们在市场和经济

① 马思齐：《经营茶业九年来之经历谈》，《浙江省建设月刊》1937年第10卷第8期。

中扮演着重要角色。因此，他们在市场中的功过是非，一直是学界研究的重要内容之一。本书结合近代华茶贸易衰落的历史过程，对近代中外贸易中的中间商及其制度所起的作用予以了考察。通过本书研究发现，在近代中外贸易领域中，中间商制度的出现和构建过程与近代中国政治、经济、文化以及整个市场结构有着密切联系，而其市场功能与西方市场上的中间商有很多相同之处，但也有着显著的差异。同时，在研究近代中国对外经济和贸易往来时，不能忽视自身社会、经济、文化等历史禀赋的特殊性和复杂性。通过本书相对系统的研究，笔者认为对近代中外贸易中的中间商制度的考察，不仅可以丰富近代中国经济史的研究，以使我们在更深层次上理解近代中外交流的内涵，也可为我们提供以下历史反思和启示。

一　市场运行需要秩序

经济发展需要秩序，这一点为越来越多的经济学家所认同。诺思认为“秩序是长期经济增长的必要（但不充分）条件”[①]。布坎南认为“没有合适的法律和制度，市场就不会产生体现任何价值最大化意义上的效率，如果我们真的能谈到市场的话，因为法律和制度包括明确受尊重和/或强制执行的私有财产权和保证实行契约的程序。只有这些制度限制成功地运用，从市场形成的自发秩序才能使各种想象的个人价值最大化”[②]。弗莱堡学派代表之一瓦尔特·欧根认为只有国家才能有权建立经济秩序，并对其加以维护。[③] 然而，西方的大多数经济学家想象的良好的市场秩序只有在当代经济发达国家才能实现。在发达国家，政府根据社会福利的要求提供法律制度，并在相对较低成本下运行着。法律和市场秩序缺失在绝大多数发展中国家或转型经济中，表现得十分显著。但是，经济活动不会因为政府不能提供或疏于提供交易秩序基石而停顿下来。人们总会试图去发展替代性制度，尽管有时发展的替代性制度在不同程度上并不总是那么富有效率，但毕竟为市场交易提供了交易秩序。

近代中国政府，尤其是晚清和北洋政府时期，政府干预经济能力微

① ［美］道格拉斯·C. 诺思：《理解经济变迁过程》，钟正生、邢华等译，中国人民大学出版社 2008 年版，第 93 页。

② ［美］詹姆斯·M. 布坎南：《自由、市场和国家》，吴良健等译，北京经济学院出版社 1988 年版，第 89 页。

③ ［德］瓦尔特·欧根：《经济政策的原则》，李道斌译，上海人民出版社 2001 年版。

弱，不能为经济发展提供必要的交易秩序。同时，单个企业能力又太弱，不足以为市场提供普遍适用的交易规则与制度。在这样的历史条件下，为市场提供必要交易秩序的历史责任落在了拥有较强市场影响力的中间商及其同业公会的身上，它们充分利用自身的商业网络和权威肩负了这个责任。它们构建了一系列制度安排，以约束各方交易主体“不合规”之行为，为市场提供了必要的秩序。保障交易秩序的制度条款，虽然在很大程度上是为制度制定者利益实现服务的，也不一定有利于行业的长期发展，但至少为市场交易提供了必要的交易标准和参考依据。近代华茶对外贸易中的中间商及其公会主导构建的制度安排，为华茶对外贸易的进行提供了交易规则和标准，从这个意义上讲，也为华茶交易提供了一个市场秩序。

二　产业发展需要有效治理

历史表明，当政府不能提供经济发展所需的市场秩序时，拥有市场强权地位的行业参与者有可能会主导构建有利于自身利益而不一定有利于行业发展的市场制度。当这样的市场制度被构建出来以后，如果没有政府或非政府的保护机制阻止偷窃、掠夺和压榨行为的话，那么在别人创造财富或生产或出产产品之后，每个有机会的人都会伸出掠夺之手。更严重的后果是，这些“机会主义、偷窃或掠夺行为一旦形成预期，将阻碍潜在的有价值的投资行为，破坏互惠互利合约的协商订立，并对它们产生强大的负向激励”①。这里的负向激励包括既得利益者会努力阻止任何给它们福利带来负效应的变化，如果外界不能给予强有力的冲击，惯性的力量和信念会使对生产和贸易不利的制度不断自我强化，轻易走不出去，而被锁定在既有的制度里。通过对近代华茶贸易的考察，进一步证实了上述观点的正确性。

在近代华茶对外贸易中，洋行、买办和茶栈贪占和攫取了大部分利润，挤压了产制者茶农和茶号的获利空间，以致他们没有激励去投资茶业的改造与变革，使近代中国茶业长期处于低效率和落后的生产方式中。因此，要谋求经济或某种行业的成功发展，市场就应该具备某种体制基础，防止那些对私人有利、对社会有害行为的发生，并对投资、生产和交换活

---

① ［美］阿维纳什·迪克西特：《法律缺失与经济学：可供选择的经济治理方式》，郑江淮、李艳东、张杭辉、江静译，中国人民大学出版社 2007 年版，第 2 页。

动提供足够的激励。汲取这些历史经验，可为当前中国经济的改革提供一些借鉴，即要谋求行业的健康发展，需要打破既得利益者主导构建的市场制度，需要对其经济活动进行必要的制约与监管，应该构建有利于全部参与者利益的实现，而不仅仅是有利于少数参与者利益实现的正向激励制度。

三 需处理好政府、市场和社会的边界

笔者认为只有把市场、政府和社会这三者充分地考虑进来，才能更好地理解制度变迁在经济发展中的作用。这也暗合了当下中国社会和经济改革的关键，即合理界定和厘清政府、市场和社会（组织）之间的治理边界。政府、市场和社会正好对应一个经济体的治理、激励和社会规范三个基本安排。其中，政府的作用具有极大的正负外部性，即存在所谓的“诺思悖论”——国家的存在是经济增长的关键，然而国家又是经济衰退的根源，从而需要对国家在经济中的作用予以合理的定位。多数学者倾向于政府在经济中扮演的角色是基本秩序的提供者，而非市场的参与者。如果存在一个无限政府，“显而易见，政府处于两难境地，政府在经济中也是有自身利益的。政府有强烈的动机来做出机会主义行为，最大化那些能够参与政府决策过程的人的租金”①。因此，必须存在一些限制政府攫掠市场的制度。“因而，要解决这类发展问题，就需要设计一些政治制度，从而为良序运行的经济所必需的公共物品的供给奠定基础，同时亦能限制政府及政府官员的自由裁量权和权威。”②

如果政府在经济运行中的能力太弱，不能为经济运行提供基本的法律、产权等基本保障时，经济有可能限于无序状态，这导致“无序增加了不确定性，而且绝大多数参与人显然都是输家”③。在政府或国家能力微弱时，市场秩序是由社会组织主导构建的，则会出现本书分析的那种局面，即制度由拥有市场地位的强权者——洋行、买办和行栈等主导构建，

① ［美］道格拉斯·C. 诺思：《理解经济变迁过程》，钟正生、邢华等译，中国人民大学出版社 2008 年版，第 62 页。

② ［美］道格拉斯·C. 诺思：《制度、制度变迁与经济绩效》，杭行译，上海三联书店 2008 年版，代译序第 24 页。

③ ［美］道格拉斯·C. 诺思：《理解经济变迁过程》，钟正生、邢华等译，中国人民大学出版社 2008 年版，第 93 页。

他们并以此形成一个利益集团。由于没有外部性的强有力的制约，近代中国对外贸易制度被这个利益集团所绑架和操控。为维护既有的利益和实现新的利益，这个利益集团不仅导致制度内涵是一切以利益化为原则，而且使非生产性、再分配及制度的实施出现问题。在这些问题中，最大的后果是致使基本制度结构越来越不适应生产性活动，进而使中国传统优势行业得不到转型和变革，致使这些行业只能在传统的生产方式上停滞不前，最终被国际市场所淘汰。

当下中国经济处于经济和社会转型的关键时期，中国社会和政府的主要任务之一是构建适应经济发展的制度和规则。政府在积极推动简政放权的同时，也要积极加强对社会组织主导构建的市场规则的监管，防止市场的强势者对市场的制度绑架和攫掠，而导致出现利益分配的失衡。利益分配的失衡会严重影响经济的发展，尤其会抑制社会投资和企业家的创新热情。

第四节　尚待研究的领域

学术研究是一条无止境的道路。本书只是下一步研究的一个台阶，在取得一点进步的同时，也为未来的研究指明了方向。这里笔者强调三个待研究的问题。

一　中间商制度的内生性

本书对近代中国对外贸易中的中间商制度的研究表明了该制度的内涵、运行方式以及对茶业的影响，但是没有在更广泛的领域深入考察中间商制度构建背后的内在逻辑。中国被迫打开国门与西方列强进行贸易之初，外国商人把许多在西方市场运行有效的贸易制度移植到中外贸易中，但由于中外社会历史禀赋的巨大差异，这些贸易制度、规则和交易方式在中国市场不再有效。为适应贸易利益的实现，在中国市场上具有市场强权的中间商进行了持续博弈。这里的博弈是在既有的贸易条件约束下进行的，这里的条件是指市场的供求关系和旧的规则，是中间商及其制度内生的主因。已有研究表明，基于博弈均衡产生的制度规则仅对利益分配富有效率，而对生产性活动是缺乏效率的。博弈中的行动与支付，市场信息的产生和交流等因素，共同构成了贸易的基本条件。基于史料及已有认知，本书研究的中间商制度是市场内生的结果，但笔者对他们内生原因的分析，尤其是经济理论的分析，还不够丰富和深刻，而这恰恰成为后续研究的问题。本书的一些分析可以给后续工作提供研究基础。

二　中间商链条延展研究

在本书的研究过程中，笔者发现在近代中国对外贸易中，市场中间商不仅只有本书所论的洋行、买办和行栈等市场中间商，在沟通中国广大农村与城市贸易往来过程中，还广泛存在着小商贩、商行等市场中间商，虽然他们不是对外贸易环节中的市场主导者，但是他们在外国洋行收购和推销进出口商品过程中扮演着怎样的角色？发挥着怎样的市场功能？在特定的社会历史禀赋条件下，他们会做出怎样的最有利于自身利益实现的策略选择？对这些问题的探讨，对我们从微观层面上了解近代中国市场结构是非常有意义的。初步研究表明，由于近代中国市场具有很强的地区分割性和差异性，因此，各地贸易制度、规则存在相当程度的差异，为保证交易的顺利进行，各地中间商行会或公会出于维持异地贸易和对会员利益的维护，经常进行沟通协商和互相博弈，各地贸易制度规则也表现出一定程度的趋同性。从已接触的档案资料和史料来看，各地中间商行会或公会主导构建的制度规则的灵魂就是防范风险。同时，各地中间商行会或公会还组织跨行业的规则协调，以实现与外部行业制定的规则协调共存，这是各地贸易制度设计和制度演进的重要环节。

三　政府与传统行业转型的关系

茶叶和生丝等中国传统优势行业，在由传统产制向现代化产制转变的过程中充满了困难，尽管造成困难的因素很多，但是有利于生产和交易的激励制度的缺乏才是根本原因。因为传统行业转型所需的一切要素，技术、资本和人力资本等要素，都可以通过市场去获取，前提是未来收益的现值大于所需投资的成本。由于近代中国是一个由传统向近代社会转变的过程，在这个过程中，中国社会呈现出二元社会的鲜明特征，由于变化和震荡，社会的各方面都不易定型。中国近代社会转型所造成的特别严重的不确定性，对于长期经济发展会造成颠覆性的伤害。因此，在这样的社会历史禀赋条件下，近代中国社会无法通过社会组织或企业构建一套对传统行业转型有利的富有激励的制度结构，因为他们的回报率太低且存在大量风险，以致他们不愿投资。在这种情况下，对传统行业转型所做的投资就应该由政府以公共投资的方式来完成。本书对这些问题虽有涉及，但研究空间和分析方法尚存在拓展和改进的空间。

附　　录

附表 1　　1883—1936 年上海茶栈名称与家数

年份	茶栈名称	家数
1883	谦慎安、宝泰源、春华祥、隆泰昌、益记、义信祥、森盛恒、杏记、衡泰、江荣茂、陈人和、衡昇惪、久吉、和兴祥、协成	15
1884	谦慎安、春华祥、隆泰昌、益记、义信祥、森盛恒、杏记、衡泰、江荣茂、陈人和、衡昇惪、久吉、和兴祥、久成、永泰源、和兴祥、振源长、晋昌源	18
1885	谦慎安、春华祥、隆泰昌、同春荣、永泰源、震泰隆、益记、杏记、春华祥、久成、久吉、衡泰、江荣茂、人和昌、衡昇惪、晋昌源、和兴祥、万生利	18
1886	谦慎安、森盛恒、春华祥、隆泰昌、同春荣、永泰源、震泰隆、益记、杏记、久成、元吉、衡泰、江荣茂、人和昌、衡昇惪、恒升隆、和兴祥、瑞成	18
1887	谦慎安、森盛恒、春华祥、隆泰昌、宝源祥、永泰源、益记、人和祥、元吉、江荣茂、衡泰、春华祥、和兴昌、久成、杏记、衡昇惪、震泰隆、同春荣	18
1888	谦慎安、森盛恒、隆泰昌、永泰源、春华祥、衡泰隆、元吉、益记、杏记、震泰隆、江荣茂、同顺祥、衡昇惪、人和祥、和兴昌、久成	16
1889	谦慎安、隆泰昌、益生祥、森盛恒、永泰源、春华祥、萃丰、衡泰、同顺祥、元吉、震隆泰、杏记、江荣茂、和兴昌、衡昇惪、鸿遇顺、久成、人和祥、益记	19
1890	森盛恒、隆泰昌、益生祥、永泰源、谦慎安、萃丰、源兴隆、杏记、震泰隆、衡泰、春华祥、衡昇惪、和兴昌、久成、元吉	15
1891	森盛恒、隆泰昌、永泰源、谦慎安、永吉、萃丰、源兴隆、益生祥、震泰隆、衡泰、久成、衡昇惪、春华祥、和兴昌、久吉、春记	16
1892	森盛恒、隆泰昌、永泰源、谦慎安、永吉、萃丰、永吉、源兴隆、衡泰、益生祥、震泰隆、久成、衡昇惪、元吉、和兴昌	15
1893	森盛恒、隆泰昌、永泰源、谦慎安、萃丰、震泰隆、永吉、益生祥、衡泰、乾丰、久成、衡昇惪、宝善祥、和兴昌、元吉、春华祥	16
1894	森盛恒、隆泰昌、永泰源、震泰隆、谦慎安、永吉、萃丰、益生祥、衡泰、乾丰、久成、衡昇惪、宝善祥、大原、源兴隆、元吉、和兴昌、春华祥	18

续表

年份	茶栈名称	家数
1895	森盛恒、隆泰昌、永泰源、震泰隆、谦慎安、永吉、萃丰、乾丰、衡泰、源兴隆、久成、衡昇悳、宝善祥、大原、春华祥、益生祥、和兴昌、元吉	18
1896	森盛恒、隆泰昌、永春源、震泰隆、萃丰、谦慎安、永吉、源兴隆、大原、乾丰、衡泰、衡昇悳、久成、宝善祥、益生祥、和兴昌、春华祥	17
1897	森盛恒、隆泰昌、春华祥、谦深安、永泰祥、震泰隆、源兴隆、乾丰、永吉、萃丰、大原、衡泰、宝善祥、益生祥、衡昇悳、久成、和兴昌、和记	18
1898	森盛恒、隆泰昌、春华祥、震泰隆、源兴隆、谦顺安、永吉、永泰源、大原昌、衡泰、久成、萃丰、和兴昌、友兴、衡昇悳、益生祥	16
1899	森盛恒、祥泰昌、永吉、谦顺安、源兴隆、震泰隆、永泰源、洪记、久成、同泰祥、永泰、友兴、瑞春、和兴昌、益生祥	15
1900	森盛恒、谦顺安、祥泰昌、洪源永、永吉、永泰源、源兴隆、友兴、久成、永泰、瑞春、丰茂、萃丰、和兴昌、益生祥	15
1901	森盛恒、谦顺安、永泰源、洪源永、祥泰昌、永吉、源兴隆、丰茂、公慎祥、久成、永泰、益生祥、晋昌祥、和兴昌、友兴	15
1902	谦顺安、森盛恒、天保祥、公慎祥、洪源永、永吉、源兴隆、祥泰昌、久成、永泰源、丰茂、仰记、永泰、益生祥、友兴、和兴昌、晋昌祥	17
1903	谦顺安、森盛恒、天保祥、公慎祥、洪源永、永吉、源兴隆、祥泰昌、鸿茂、久成、仰记、永泰、衡丰祥、和兴昌、晋昌祥、益生祥	16
1904	洪源永、谦顺安、永吉、鸿茂、源兴隆、仰记、久成、永泰、衡丰祥、益生祥、和兴昌、谦顺安、森盛恒、祥泰昌、天宝祥	15
1905	洪源永、森盛恒、公慎祥、永吉、祥泰昌、源兴隆、永泰源、天保祥、谦顺安、和茂、谦慎昌、仰记、久成、和兴昌	14
1906	洪源永、森盛恒、公慎祥、新隆泰、谦顺安、永吉、谦慎昌、永泰源、源兴隆、和茂、天保祥、仰记、久成、和兴昌	14
1907	公慎祥、森盛恒、洪源永、谦慎昌、永吉、谦顺安、永泰源、新隆泰、和茂、天保祥、源新隆、仰记、久成、和兴昌	14
1908	源新隆、森盛恒、洪源永、永泰源、森慎昌、公慎祥、谦顺安、新隆泰、久成、天保祥、和茂、仰记、和兴昌	13
1909	洪源永、公慎祥、森盛恒、森慎昌、永泰源、谦顺安、新隆泰、震和、和茂、仰记、天保祥、久成、和兴昌、永吉	14
1910	仰记、和茂、震和、久成、源新隆、新隆泰、森盛恒、怡春、天宝祥、洪昌隆、天宝祥、谦顺安、公慎祥、洪源永	15
1911	和茂、震和、瑞昌、公慎祥、洪源永、瀋源、仰记、久成、洪昌隆、源盛隆、源盛祥、谦慎昌、万和隆、新隆泰、天宝祥、森盛恒	16
1912	新隆泰、久成、瑞昌、豫昌、震和、谦益、和茂、洪昌隆、恒记、森盛恒、公慎祥、万和隆、永慎昌、洪源永、谦顺安、源盛隆、瀋源	17
1913	洪源永、源盛隆、万和隆、森盛恒、震和、谦益、瀋源、公慎祥、和茂、慎泰、瑞昌、洪昌隆、新隆泰、恒记、永慎昌、谦顺安、谦泰昌、久成、瑞昌	19
1914	森盛恒、荣吉祥、洪昌隆、新隆泰、万和隆、永盛昌、洪源永、谦记、震和、久成、谦益、谦顺安、谦泰昌、恒记、瑞昌、公慎祥、和茂、源盛隆	18

续表

年份	茶栈名称	家数
1915	万和隆、谦记、洪昌隆、谦益、森盛恒、洪源永、怡春、久成、瑞昌、和茂、震和、公慎祥、荣吉祥、谦泰昌、新隆泰、谦顺安、源盛隆	17
1916	公慎祥、森盛恒、荣吉祥、恒记、谦顺安、谦顺发、万和隆、洪源永、公泰昌、恒昌永、谦泰昌、永盛昌、新隆泰、源盛隆、震和、谦益、久成、瑞昌	18
1917	谦泰昌、恒记、万和隆、同春、洪源永、源盛隆、永盛昌、森盛恒、荣吉祥、公泰昌、新隆泰、谦顺安、瑞昌、震和、谦益、久成	16
1918	谦泰昌、忠信昌、谦顺安、永盛昌、同春、洪源永、恒记、谦益、久成、震和、瑞昌、恒丰泰、荣吉祥	13
1919	谦泰昌、忠信昌、谦顺安、永盛昌、同春、洪源永、恒记、谦益、久成、震和、瑞昌、恒丰泰	12
1920	恒记、谦泰祥、谦顺安、忠信昌、洪源永、同春、永盛昌、久成、恒丰泰、谦益、瑞昌、震和、荣吉祥	13
1921	恒记、谦泰昌、谦慎安、永盛昌、洪源永、同春、忠信昌、久成、谦益、恒丰泰、震和、公福隆	12
1922	恒记、同益祥、谦益、谦泰昌、永盛昌、忠信昌、万和隆、谦记、洪源永、震和、谦顺安、乾记、公福隆	13
1923	忠信昌、洪源永、恒记、乾记、公福隆、永盛昌、谦顺安、同益祥、鼎和永、谦益、震和、久成、源丰润、昇和永	14
1924	忠信昌、洪源永、恒记、乾记、公福隆、永盛昌、谦顺安、同益祥、鼎和永、谦益、义泰、震和、源丰润、昇和永、协慎祥	15
1925	忠信昌、永盛昌、公福隆、恒记、乾记、永兴隆、源丰润、同裕泰、昇和永、谦益、震和、义泰、谦和、洪源永、协慎祥、新和兴、隆茂	17
1926	忠信昌、恒记、震和、谦益、公福隆、永盛昌、乾记、公升永、源丰润、永兴隆、协慎祥、新和兴、同裕泰、谦和、怡泰、益隆、永泰昌、恒益、洪源永	19
1927	忠信昌、震和、谦益、公福隆、永盛昌、乾记、公升永、源丰润、永兴隆、协慎祥、新和兴、同裕泰、谦和、怡泰、益隆、永泰昌、恒益、洪源永、慎源	19
1928	忠信昌、洪源永、乾记、谦益、谦和、永盛昌、同裕泰、新和兴、源丰润、公升永、永兴隆、协慎祥、怡泰、益隆、恒益、慎源、仁德永、震和	18
1929	忠信昌、洪源永、乾记、谦益、谦和、永盛昌、同裕泰、新和兴、源丰润、公升永、永兴隆、协慎祥、怡泰、益隆、恒益、慎源、仁德永、震和	18
1930	忠信昌、洪源永、乾记、谦益、谦和、永盛昌、同裕泰、新和兴、源丰润、公升永、永兴隆、协慎祥、怡泰、益隆、恒益、慎源、仁德永、震和	18
1931	忠信昌、洪源永、乾记、谦益、震和、永盛昌、润丰润、公升永、新和昌、同裕泰、怡泰、谦和、永兴隆、协慎祥、慎源、仁德永、益隆、恒益、元成永、昇昌盛、协泰	21
1932	忠信昌、洪源永、永兴隆、永盛昌、震和、元隆、怡泰、源丰润、公升永、慎源、乾记、仁德永、昇昌盛、益隆、泰源、协泰、同泰	17
1933	忠信昌、洪源永、永兴隆、永盛昌、震和、元隆、怡泰、源丰润、公升永、慎源、乾记、仁德永、昇昌盛、益隆、泰源、协泰、同泰、协隆	18

续表

年份	茶栈名称	家数
1934	忠信昌、洪源永、震和、乾记、益隆、公升永、源丰润、怡泰、永兴隆、慎源、仁德永、谦益、永盛昌、协泰、昇昌盛、元隆、泰源、谦和	18
1935	忠信昌、洪源永、震和、乾记、益隆、公升永、源丰润、怡泰、永兴隆、慎源、仁德永、谦益、永盛昌、协泰、昇昌盛、元隆、泰源、谦和	18
1936	忠信昌、洪源永、永兴隆、震和、怡泰、源丰润、公升永、慎源、仁德永、昇昌盛、益隆、协泰、同泰、协隆	14

资料来源：1. 1883—1909 年摘自《光绪九年至三四年、宣统元年茶叶会馆的清单》，上档：S—198—1—2；

2. 1910—1917 年和 1920—1922 年依据《申报》整理所得；

3. 1918 年和 1919 年摘自《上海丝茶两业之调查》，《银行周报》1919 年第 4 卷第 9 期；

4. 1923 年摘自《旧历壬戌年各业盈余之调查》，《申报》1923 年 2 月 26 日；

5. 1924 年摘自《甲子年茶业盈余之调查》，《申报》1924 年 2 月 5 日；

6. 1925 年和 1926 年摘自《上海茶业公会会议记录》上档：S198—1—12；

7. 1927 年摘自《上海茶业公会会议记录》，上档：S198—1—13；

8. 1928 年摘自《上海茶业公会会议记录》，上档：S198—1—14；

9. 1929 年和 1930 年摘自《上海茶业公会会议记录》，上档：S198—1—15；

0. 1931 年、1932 年和 1933 年摘自《上海茶业公会会议记录》，上档：S198—1—16；

11. 1934 年和 1935 年摘自《上海茶业公会会议记录》，上档：S198—1—17；

12. 1936 年摘自《洋庄茶业实行停兑》，《银行周报》1936 年第 20 卷第 16 期。

附表 2　　1869—1919 年上海口、茶叶出口量、价表

年份	红茶		红茶均价/担	绿茶		绿茶均价/担	总数、值		均价：担/海关两
	担	海关两		担	海关两		担	海关两	
1869	435400	10864503	24.95	217127	7816889	36.00	737152	19494636	26.45
1870	409245	9003816	22.00	217385	7825853	36.00	664420	17223329	25.92
1871	447804	11236736	25.09	221189	8847550	40.00	742437	20822409	28.05
1872	462850	12959320	28.00	243368	10005530	41.11	803836	23936291	29.78
1873	431926	12894456	29.85	230630	5691639	24.68	762482	19375356	25.41
1874	396662	9868874	24.88	209984	5185702	24.70	683319	15648846	22.90
1875	355855	7472952	21.00	209337	4950621	23.65	731692	13581671	18.56
1876	337907	7920618	23.44	187661	4617545	24.61	661676	13457081	20.34
1877	412674	7651643	18.54	194792	4285419	22.00	738260	12900114	17.47
1878	245831	4652211	18.92	171352	3386676	19.76	544709	8922123	16.38
1879	341351	6981740	20.45	177949	4208649	23.65	679197	12324318	18.15

续表

年份	红茶		红茶均价/担	绿茶		绿茶均价/担	总数、值		均价：担/海关两
	担	海关两		担	海关两		担	海关两	
1880	413698	7477903	18.08	181618	4081466	22.47	794202	12688389	15.98
1881	428424	7629386	17.81	234772	5052808	21.52	881059	13911056	15.79
1882	364831	6714387	18.40	276690	4058862	14.67	862726	12021667	13.93
1883	361887	6014244	16.62	190020	3893371	20.49	734959	10829516	14.73
1884	328598	4262069	12.97	203135	4426177	21.79	729677	9683801	13.27
1885	311965	5680114	18.21	215306	4190455	19.46	751109	10980010	14.62
1886	375254	6507964	17.34	192022	3543227	18.45	848065	11598989	13.68
1887	417104	6396004	15.33	184500	3042715	16.49	900106	11086172	12.32
1888	380899	4584535	12.04	208753	4095621	19.62	938389	10603607	11.30
1889	366757	5507178	15.02	189932	3793220	19.97	824046	10770919	13.07
1890	283821	5394071	19.01	196474	3648344	18.57	717243	10354430	14.44
1891	283178	6280317	22.18	205914	3529058	17.14	784418	11294929	14.40
1892	269730	5415540	20.08	187995	3481454	18.52	741860	11174162	15.06
1893	281339	4547428	16.16	234072	5651087	24.14	876399	12747411	14.55
1894	304270	4716153	15.50	230216	5755394	25.00	887531	13137825	14.80
1895	151850	3644402	24.00	217425	5653057	26.00	546882	10605531	19.39
1896	358631	6813988	19.00	240690	4813792	20.00	1029968	15297142	14.85
1897	261269	6531269	25.00	204358	6131128	30.00	983970	17871436	18.16
1898	320994	6076435	18.93	185880	4487216	24.14	984797	15375108	15.61
1899	133775	2602372	19.45	201840	4546549	22.53	494382	8720001	17.64
1900	210913	4621169	21.91	196541	4638504	23.60	672637	11806509	17.55
1901	178075	2962328	16.64	192277	4455544	23.17	558148	9160174	16.41
1902	185255	2941441	15.88	250560	6516489	26.01	557024	10555751	18.95
1903	231025	3796816	16.43	294861	8138889	27.60	755958	14372331	19.01
1904	182810	4295135	23.50	137532	1832575	13.32	604542	16358685	27.06
1905	104323	2311691	22.16	255596	8844596	34.60	486192	12837692	26.40
1906	175803	3099583	17.63	230565	8615769	37.37	726370	15685671	21.59
1907	197824	3891125	19.67	279031	9729882	34.87	855405	18587653	21.73
1908	168835	1021071	6.05	295862	10230438	34.58	726617	14803581	20.37
1909	140121	3742184	26.71	297860	10471594	35.16	684802	17942648	26.20
1910	173100	5139722	29.69	308538	10219424	33.12	813926	20213372	24.83

续表

年份	红茶		红茶均价/担	绿茶		绿茶均价/担	总数、值		均价：担/海关两
	担	海关两		担	海关两		担	海关两	
1911	177294	6142406	34. 65	307917	11258766	36. 56	766966	21730432	28. 33
1912	220190	4402740	20. 00	314396	11252436	35. 79	948037	22051489	23. 26
1913	141711	3842821	27. 12	290985	11646930	40. 03	1023179	18686491	18. 26
1914	196817	5414068	27. 51	277565	11335557	40. 84	972101	24771564	25. 48
1915	273076	11150709	40. 83	311605	15991878	51. 32	1148987	37841037	32. 93
1916	222384	7467701	33. 58	296214	14568778	49. 18	1038362	31237673	30. 08
1917	175232	5631229	32. 14	208292	9647832	46. 32	699958	20436481	29. 20
1918	73351	3081192	42. 01	164175	7779209	47. 38	395532	13207177	33. 39
1919	146232	5242354	35. 85	249658	11604121	46. 48	628038	20491416	32. 63

说明：1. 各茶出口量包括对外国、香港和其他口岸的直接出口以及通过上海对这些地方的转出口量；

2. 各茶均价为出口总值除以出口量所得；

资料来源：中国第二历史档案馆、中国海关总署办公厅汇编：《旧中国海关史料》，京华出版社 2002 年版。

附表 3　　1859—1918 年 5—8 月四个月英镑与海关两平均汇兑率

年份	1 英镑可兑换海关两数	年份	1 英镑可兑换海关两数	年份	1 英镑可兑换海关两数
1859	3. 08	1884	3. 94	1905	7. 56
1860	3. 04	1885	4. 15	1906	6. 87
1861	3. 24	1886	4. 54	1907	6. 71
1865	3. 22	1887	4. 62	1908	8. 30
1867	3. 32	1888	4. 83	1909	8. 52
1868	3. 34	1889	4. 78	1910	8. 35
1869	3. 41	1890	4. 17	1911	8. 35
1870	3. 32	1891	4. 56	1912	7. 35
1871	3. 34	1892	5. 15	1913	7. 40
1872	3. 28	1893	5. 63	1914	8. 02
1873	3. 39	1894	7. 02	1915	8. 78
1874	3. 40	1895	6. 64	1916	6. 75
1875	3. 53	1896	6. 62	1917	4. 26
1876	3. 72	1897	7. 70	1918	4. 29

续表

年份	1英镑可兑换海关两数	年份	1英镑可兑换海关两数	年份	1英镑可兑换海关两数
1877	3.69	1898	7.85		
1878	3.84	1899	7.34		
1879	3.98	1900	7.28		
1880	3.85	1901	7.49		
1881	3.94	1902	8.71		
1882	3.88	1903	8.42		
1883	4.03	1904	7.89		

资料来源：1. 1859—1861年和1867—1918年数据根据该时段《北华捷报》报道的每一周汇率而折算的平均数；2. 1865年数据摘自李必樟编《上海近代贸易经济发展概况：1854—1898年英国驻上海领事贸易报告汇编》，上海社会科学院出版社1993年版，第108页。

参考文献

一　学术论文

(一) 中文期刊论文

曹英:《子口税制度与近代中国沿海贸易的异态》,《湘潭大学学报》(哲学社会科学版) 2011 年第 4 期。

陈晋文:《政府行为与近代中国经济发展》《北京工商大学学报》(社会科学版) 2008 年第 5 期。

陈涛:《华茶销售衰败与祁红统制运销中的官商权势纷争》,《徽学研究》2011 年第 2 期。

程霖:《20 世纪的中国经济思想史研究——以学术著作为主的考察》,《中国经济史研究》2004 年第 4 期。

戴鞍钢:《近代中国植茶业的盛衰》,《史学月刊》1989 年第 1 期。

戴鞍钢:《口岸贸易与晚清上海金融业的互动》,《复旦学报》(社会科学版) 2003 年第 2 期。

杜恂诚:《20 世纪 20—30 年代的中国农村新式金融》,《社会科学》2010 年第 6 期。

杜恂诚:《二十世纪二三十年代中国信用制度的演进》,《中国社会科学》2002 年第 4 期。

杜恂诚:《近代上海钱业习惯法初探》,《历史研究》2006 年第 1 期。

杜恂诚:《近代中国的政府公债与金融市场》,《财经研究》2012 年第 9 期。

杜恂诚:《抗战前中国经济结构的转型》,待发稿。

龚强等:《激励、信息与食品安全规制》,《经济研究》2013 年第 3 期。

郭爱民:《民国前期长江三角洲农村高利贷与土地的流转》,《安徽史学》2009 年第 2 期。

郝雁:《近代中国出口贸易变动趋势及其影响因素的实证分析(1870—1936)》,《中国社会经济史研究》2007 年第 2 期。

贺琤:《关于 1886—1896 年中国红茶出口的考察——试论中国近代茶业出口衰落的原因》,《福建论坛》(人文社会科学版) 2003 年第 1 期。

黄敬斌:《全球化视野下的贸易、资本主义与经济史——以 19 世纪中西茶叶与鸦片贸易为例》,《文史哲》2011 年第 4 期。

黄鹏进:《农民的行动逻辑:社会理性抑或经济理性——关于“小农理性”争议的回顾与评析》,《社会科学论坛(学术评论卷)》2008 年第 8 期。

姜修宪:《制度变迁与中国近代茶叶对外贸易——基于福州港的个案考察》,《中国社会经济史研究》2008 年第 2 期。

李金铮:《民国时期现代农村金融的运作方式——兼与传统高利贷比较》,《江海学刊》2003 年第 3 期。

李金铮:《政府法令与民间惯行:以国民政府颁行“年利 20%”为例》,《河北大学学报》(哲学社会科学版) 2002 年第 4 期。

李丽英、孙淑松:《近代我国茶叶检验史略》,《中国茶业》2008 年第 4 期。

梁仁志:《从“为民谋利”到“与民争利”:1936 年的祁红统制》,《中国农史》2008 年第 2 期。

林齐模:《近代茶叶国际贸易的衰减——以英国出口为中心》,《历史研究》2003 年第 6 期。

林小梅:《浅析祁门红茶衰落的原因》,《华中师范大学研究生学报》2007 年第 1 期。

刘广京:《唐廷枢之买办时代》,《清华学报》1961 年第 6 期。

刘淼:《民国时期祁门红茶贷款案与银企关系的建立》,《徽学研究》2005 年第 2 期。

刘淼:《民国时期祁门红茶的产销统制》,《中国社会经济史研究》1999 年第 4 期。

聂宝璋:《1870 年—1895 年在华洋行势力的扩张》,《历史研究》1987 年第 1 期。

聂宝璋：《19 世纪 60 年代外国在华洋行势力的扩张》，《历史研究》1984 年第 6 期。

彭南生：《欺诈行为与近代乡村手工业经济的衰变》，《江汉论坛》2006 年第 10 期。

彭雨新：《抗日战争前汉口的洋行与买办》，《理论战线》1959 年第 2 期。

任放：《论印度茶的崛起对晚清汉口茶叶市场的冲击》，《武汉大学学报》（人文社会科学版）2001 年 7 月第 4 期。

眭纪刚：《市场的微观结构和交易机制：关于中间商理论的研究评述》，《财经科学》2008 年第 10 期。

谈敏：《中国经济学的过去与未来——从王亚南先生的“中国经济学”主张所想到的》，《经济研究》2000 年第 4 期。

陶德臣：《近代中国茶商的经营状况》，《近代中国》2000 年第 10 期。

陶德臣：《近代中国茶业中的高利贷金融资本》，《中国农史》2001 年第 3 期。

陶德臣：《民国茶业统制述评》，《安徽史学》2000 年第 3 期。

陶德臣：《伪劣茶与近代中国茶业的历史命运》，《中国农史》1997 年第 3 期。

汪敬虞：《19 世纪世界银价的下跌和汇丰银行在中国的优势》，《中国经济史研究》2000 年第 1 期。

汪敬虞：《十九世纪外国在华金融活动中的银行与洋行》，《历史研究》1994 年第 1 期。

汪敬虞：《中国近代茶叶的对外贸易和茶业的现代化问题》，《近代史研究》1987 年第 6 期。

王家范：《中国传统社会农业产权辨析》，《史林》1999 年第 4 期。

王曼：《近三十年来民国时期借贷研究综述》，《唐山师范学院学报》2012 年第 1 期。

王玉茹：《中国近代政府行为的特征及其对国家工业化的影响》，《南开经济研究》2000 年第 1 期。

吴承明：《中国经济史研究的方法论问题》，《中国经济史研究》1992 年第 1 期。

吴敬琏：《中国：政府在市场经济转型中的作用》，《河北学刊》2007

年第 4 期。

徐方平：《近代中英茶叶贸易衰败的原因和启示》，《江汉论坛》1998 年第 10 期。

许正：《安徽茶业史略》，《安徽史学》1960 年第 3 期。

袁欣：《1868——1936 年中国茶叶贸易衰落的数量分析》，《中国社会经济史研究》2005 年第 1 期。

曾兆祥：《近代武汉的贸易行栈》，《中南财经大学学报》1986 年第 1 期。

张忠民：《前近代中国社会的高利贷与社会再生产》，《中国经济史研究》1992 年第 3 期。

郑发龙：《1936 年祁红统制运销纷争探微》，《安徽史学》2000 年第 4 期。

郑会欣：《从官商合办到国家垄断：中国茶叶公司的成立及经营活动》，《历史研究》2007 年第 6 期。

仲伟民：《近代中国茶叶国际贸易由盛转衰解疑》，《学术月刊》2007 年第 4 期。

朱从兵：《设想与努力：1890 年代挽救华茶之制度建构》，《中国农史》2009 年第 1 期。

［日］川原胜彦：《辛亥前上海行栈对三井洋行的影响》，《史林》2002 年增刊。

（二）学位论文

康健：《茶业经济与社会变迁：以晚清民国时期的祁门县为中心》，硕士学位论文，安徽师范大学，2011 年。

李道和：《中国茶叶产业发展的经济学分析》，博士学位论文，北京林业大学，2008 年。

林小梅：《民国时期祁门红茶改良研究（1932—1941 年）》，硕士学位论文，华中师范大学，2008 年。

刘芳正：《民国时期上海徽州茶商与社会变迁》，硕士学位论文，上海师范大学，2009 年。

苏俊化：《民国时期安化黑茶业初探》，硕士学位论文，湘潭大学，2010 年。

张珊珊：《近代汉口港与其腹地经济关系变迁——以主要出口商品为

中心》，博士学位论文，复旦大学，2007 年。

郑备军：《中国近代厘金制度研究》，博士学位论文，浙江大学，2003 年。

周洁：《近代华茶贸易衰败研究——基于定价权视角的分析》，硕士学位论文，上海外国语大学，2012 年。

邹怡：《明清以来徽州茶业及相关问题研究》，博士学位论文，复旦大学，2006 年。

二 研究著作

（一）中文著作

蔡维屏：《茶叶》，财政部贸易委员会外销物资增产推广委员会编印，1943 年。

陈慈玉：《近代中国茶业之发展》，中国人民大学出版社 2013 年版。

陈锋：《清代财政政策与货币政策研究》，武汉大学出版社 2008 年版。

陈明光：《钱庄史》，上海文艺出版社 1997 年版。

陈祖椝、朱自振：《中国茶叶历史资料选辑》，农业出版社 1981 年版。

杜恂诚：《金融制度变迁史的中外比较》，上海社会科学院出版社 2004 年版。

杜恂诚：《近代中国钱业习惯法——以上海钱业为视角》，上海财经大学出版社 2006 年版。

杜恂诚：《民族资本主义与旧中国政府 1840—1937》，上海社会科学院出版社 1991 年版。

杜恂诚：《上海金融功能的制度、功能与变迁》，上海人民出版社 2002 年版。

杜恂诚、严国海、孙林：《中国近代国有经济思想、制度与演变》，上海人民出版社 2007 年版。

杜恂诚主编：《中国近代经济史概论》，上海财经大学出版社 2011 年版。

樊卫国：《激活与生长：上海现代经济兴起之若干分析（1870—1941）》，上海人民出版社 2002 年版。

国家清史编纂委员会：《张之洞全集·奏议》（三），武汉出版社 2008 年版。

黄逸锋：《中国的买办阶级》，上海人民出版社 1982 年版。

金陵大学农学院农业经济系编纂：《江西宁州红茶之生产制造及运销》，金陵大学农业经济系印行，1936 年。

李必樟编：《上海近代贸易经济发展概况：1854—1898 年英国驻上海领事贸易报告汇编》，上海社会科学院出版社 1993 年版。

李会明：《非市场失灵理论与中国市场经济实践》，立信会计出版社 1996 年版。

李金铮：《近代中国乡村社会经济探微》，人民出版社 2004 年版。

李金铮：《民国乡村借贷关系研究》，人民出版社 2003 年版。

李允俊：《晚清经济史编年》，上海古籍出版社 2000 年版。

刘佛丁主编：《中国近代经济发展史》，高等教育出版社 1999 年版。

刘秋根：《明清高利贷资本》，社会科学文献出版社 2000 年版。

聂宝璋：《中国买办资产阶级的发生》，中国社会科学出版社 1979 年版。

彭泽益：《中国工商行会史料集》，中华书局 1995 年版。

上海进出口检验检疫局：《上海商品检验检疫发展史》，古籍出版社 2012 年版。

上海社会科学院经济研究所：《上海对外贸易》，上海社会科学院出版社 1989 年版。

上海市商会商务科：《茶业》，上海市商会，1935 年。

实业部国际贸易局：《最近三十四年来中国通商口岸对外贸易》，商务印书馆 1935 年版。

实业部商业司通商科：《国外商情调查报告汇编第 1 期·茶叶》，实业部总务司编辑科，1931 年。

汪敬虞：《十九世纪西方资本主义对中国的经济侵略》，人民出版社 1983 年版。

汪敬虞：《唐廷枢研究》，中国社会科学出版社 1983 年版。

吴觉农、范和钧：《中国茶业问题》，商务印书馆 1937 年版。

吴觉农、胡浩川：《中国茶业复兴计划》，商务印书馆 1935 年版。

熊正文：《中国历代利息问题考》，北京大学出版社 2012 年版。

徐润：《徐愚斋自叙年谱》，江西人民出版社 2012 年版。

许涤新：《官僚资本论》，上海人民出版社 1958 年版。

严中平：《中国近代经济史 1840—1894》（上），人民出版社 1989 年版。

杨端六、侯厚培：《六十五年来中国国际贸易统计》，中央研究院科学研究所 1931 年版。

姚贤镐：《中国近代对外贸易事资料 1840—1895》，中华书局 1962 年版。

苑书义等编：《张之洞全集》，河北人民出版社 1998 年版。

曾凡：《人力资本与上海近代化（1843—1949）》，上海人民出版社 2012 年版。

张克难：《作为制度的市场和市场背后的制度——公有产权制度与市场经济的亲和》，立信会计出版社 1996 年版。

张忠礼、陈曾年、姚欣荣：《太古洋行在旧中国》，上海人民出版社 1991 年版。

赵烈：《中国茶业问题》，上海大东书局 1931 年版。

郑起东：《转型期的华北农村社会》，上海书店出版社 2004 年版。

中国茶叶股份有限公司：《中华茶叶五千年》，人民出版社 2001 年版。

中国人民银行上海分行编：《上海钱庄史料》，上海人民出版社 1960 年版。

中国史学会编：《中国近代史料丛刊·鸦片战争》（2），新知识出版社 1955 年版。

仲伟民：《茶叶与鸦片：十九世纪经济全球化中的中国》，生活·读书·新知三联书店 2010 年版。

朱英：《近代中国商会、行会及商团新论》，中国人民大学出版社 2008 年版。

庄维民：《中间商与中国近代交易制度的变迁：近代行栈与行栈制度研究》，中华书局 2012 年版。

邹怡：《明清以来的徽州茶业与地方社会》，复旦大学出版社 2012 年版。

［美］郑友揆：《中国贸易和工业发展（1840—1948）》，上海社会科

学院出版社 1984 年版。

（二）外文译著

［美］阿瑟·刘易斯：《经济增长理论》，梁小民译，上海三联书店 1990 年版。

［法］布罗代尔：《15 至 18 世纪的物质文明、经济和资本主义》，顾良、施康强译，生活·读书·新知三联书店 1993 年版。

［美］查尔斯·金德尔伯格：《西欧金融史》，徐子健、何健雄、朱忠译，中国金融出版社 2010 年版。

［美］丹尼尔·F. 斯普尔伯：《市场的微观结构：中间层组织与厂商理论》，张军译，中国人民大学出版社 2002 年版。

［美］道格拉斯·诺思：《经济史中的结构与变迁》，陈郁、罗华平译，上海三联书店 1991 年版。

［美］道格拉斯·诺思：《理解经济变迁过程》，钟正生、刑华等译，中国人民大学出版社 2008 年版。

［美］道格拉斯·诺思：《制度、制度变迁与经济绩效》，杭行译，上海人民出版社 2008 年版。

［美］道格拉斯·诺思、托马斯：《西方世界的兴起》，厉以平、蔡磊译，华夏出版社 1999 年版。

［美］费正清：《中国：传统与变迁》，张沛译，世界知识出版社 2002 年版。

［美］费正清、刘广京：《剑桥中国晚清史 1800—1911 年》（下），中国社会科学出版社 1985 年版。

［美］弗里德曼、施瓦茨：《美国货币史（1867—1960）》，巴曙松，王劲松等译，北京大学出版社 2009 年版。

［美］盖瑞·J. 米勒：《管理困境：科层的政治经济学》，王勇等译，上海三联书店、上海人民出版社 2002 年版。

［德］贡德·弗兰克：《白银资本——重视经济全球化中的东方》，刘北成译，中央编译出版社 2008 年版。

［美］郝延平：《十九世纪的中国买办：东西间桥梁》，李荣昌译，上海社会科学院出版社 1988 年版。

［美］康乐柏：《中国通商口岸：贸易与最早的条约港》，李筱译，东方出版中心版 2010 年版。

[美] 勒费窝:《怡和洋行——1842 至 1895 年在华活动概述》, 陈曾年译, 上海社科出版社 1986 年版。

[美] 罗威廉《汉口:一个中国城市的商业和社会(1796—1889)》, 江溶、鲁西奇译, 中国人民大学出版 2005 年版。

[美] 罗兹·墨菲:《上海——现代中国的钥匙》, 上海社会科学院译, 上海人民出版社 1986 年版。

[英] H. J. 哈巴库克、M. M. 波斯坦主编:《剑桥欧洲经济史》(第六卷), 王春法、张伟、赵海波译, 经济科学出版社 2002 年版。

[德] 马克斯·韦伯:《经济行动与社会团体》, 顾忠华等译, 广西师范大学出版社 2004 年版。

[德] 马克斯·韦伯:《社会经济史》, 郑太朴译, 中国法制出版社 2011 年版。

[美] 马士:《中华帝国对外关系史》, 张汇文等合译, 商务印书馆 1963 年版。

[美] 曼瑟尔·奥尔森:《集体行动的逻辑》, 陈郁、郭宇峰、李崇新译, 上海三联书店 1995 年版。

[澳大利亚] 尼克·豪:《茶》, 王恩冕等译, 中国海关出版社 2003 年版。

[日] 青木昌彦:《比较制度分析》, 周黎安译, 上海远东出版社 2001 年版。

[南斯拉夫] 斯韦托扎尔·平乔维奇:《产权经济学》, 蒋琳琦译, 经济科学出版社 1999 年版。

[美] 托马斯·莱昂斯:《中国海关与贸易统计(1859—1948)》, 毛立坤等译, 浙江大学出版社 2009 年版。

[美] 威廉·乌克斯:《茶叶全书》, 依佳、刘涛、姜海蒂译, 东方出版社 2011 年版。

[美] 西·甫·里默:《中国对外贸易》, 卿汝楫译, 三联书店 1958 年版。

[美] 悉尼·霍默、理查德·西勒:《利率史》, 肖新明、曹建海译, 中信出版社 2010 年版。

[美] 亚历山大·格申克龙:《经济落后的历史透视》, 张凤林译, 商务印书馆 2009 年版。

[美] 约翰·N. 德勒巴克、约翰·V. C. 奈编，张宇燕等译：《新制度经济学前沿》，经济科学出版社 2003 年版。

[美] 约瑟夫·熊彼特：《经济分析史》，朱泱、李宏等译，商务印书馆 1991 年版。

Boria P. Thrgasheff. China as a tea producer, The commercial press Limited, China, 1926.

Fortune Robert. A Journey to the Tea Countries of China: Including Sung—Lo and the Bohea Hills. John, Murray, London, 1852.

Fortune Robert. Two visits of the tea countries of China, and the British plantation in the Himalaya. John, Murray, London, 1853.

Gardella, Robert Paul. Harvesting mountains: Fujian and the China tea trade, 1757—1937. *University of California Press*, 1994.

Goodwin, Jason. The gunpowder garden: Travel through India and China in search of Tea. Penguin, London, 2003.

Harler, Campbell Ronald. Tea manufactrue. Oxford university Press, London, 1963.

Harler, Campbell Ronald. The cultrue and marketing of Tea. Oxford university Press, 1964.

Rose, Sarah. For all the tea in China: How England stole the world's favorite drink and changed history. Viking, NewYork, 2010.

T. H. Chu. *Tea Trade In Central China*. China Institute of Pacific Relation, By Kelly and Walsh Limited, 1936.

Ukers, William H. *All about Tea. The Tea and Coffee trade Journal Company. New York*, 1935.

Wallis, Tayler; Alexander, James. The machinery and tea factories: A descriptive treatise on the mechanical appliances required in the cultivation of the tea plant and the preparation of tea for market. Tech press, Lodon, 1900.

三 报刊

《北华捷报》

《茶声半月刊》

《东方杂志》

《法令周刊》
《工商半月刊》
《工商通讯》
《工商学志》
《国际贸易导报》
《合作月刊》
《湖北省农会农报》
《江西省政府公报》
《经济旬刊》
《闽茶季刊》
《南洋官报》
《农村复兴委员会会报》
《农声》
《农行月刊》
《农学报》
《农业院讯》
《钱业月报》
《商业月报》
《上海特别市政公报》
《社会经济月刊》
《社会月刊》
《申报》
《时代精神》
《时事月报》
《时务报》
《实务报》
《实业部月刊》
《实业统计》
《实业杂志》
《湘报》
《新亚细亚》
《学术月刊》

《银行周报》

《浙江建设》

《浙江省建设月刊》

《政治官报》

《中国建设》

《中国农村》

《中国农村动态》

《中华实业界》

《中农月刊》

《中行月刊》

四　档案

《上海市商业储蓄银行之茶叶调查报告 1934—1940》，上档：Q275-1-1996-1；

《上海茶业公会议事录》，上档：S-1-198；

China. Maritime Custom：*Tea. 1888*，1889 刊发，上海徐家汇藏书楼：009/T22。

五　英文文献

Abreu，Dilip，Milgrom，Paul R and Pearce，David G. Information and timing in repeated Parterships. Econometrica，November，1991，59，pp. 1713-1733.

Alessandro，Lizzeri. Information revelation and certification intermediaries. The RAND Journal of Economics，Vol. 30，No. 2（Summer，1999），pp. 214-231.

Avner Greif. Contract Enforceability and Economic Institutions in Early Trade：The Maghribi Trader's Coalition. The American Economic Review，June 1993，pp. 525-548.

Claudia Goldin. Cliometrics and the Nobel. Journal of Economic perspectives，Volume 9，Number2—Spring 1995，pp. 191-208.

Coase，Ronald. The Problem of Social Cost. Journal of Law and Economics，October1960，pp. 1-44.

David. Paul A. Clio and the Economics of qwerty. American Economic Review, May 1985, pp. 322-337.

Donald N. McCloskey. Does the past Have Useful Economics, Journal of Economic Literature, Vol. 14, No. 2 (Jun, 1976), pp. 434-461.

Douglass C. North. Economic Performance Through Time. The American Economic Review, Vol. 84, No. 3 (June, 1994), pp. 359-368.

Edward Miguel, Shanker Satyanath and Ernest Sergenti. Economic Shocks and Civil Conflict: An instrumental Variables Approch. Journal of Political Economy. pp. 725-753

Joshua D. Angrist, Alan B. Krueger. Does compulsory school attendance affect schooling and earnings. Nber working papers series, December, 1990.

Luis Rayo, Ilya Segal. Optimal Information Disclosure. working papers, July 2009.

Milgrom, P. What the Seller Won't Tell You: Persuasion and Disclosure In markets. Journal of Economic Perspectives, 2008, pp. 115-131.

Nancy Qian. Missing Women and the Price of Tea in China: The Effect of Sex—Specific Earning on Sex Imbalance. working papers May 2006.

Peter Koudijs. Those who kown most's: insider trading in 18th c. Amsterdam. working papers, November, 2012.

Tetsuji Okazaki. The Role of the Merchant Coalition in Premodern Japanese Economic Development: An Historical Institutional Analysis, Discussion papers, May 2001.

Timo Vesala. Middlemen intermediate ' lemons ', Disscussion Paper No. 88, November 2005.

Trejos, A. Wright, R. Search, bargaining, Money, and price. Journal of Political Economy103, 1995, pp. 118-141.

Winkler. M. Intermediation under trade restrictions. Quarterly Journal of Economics, 1989, pp. 299-324.

Yavas. A middlemen in bilateral search market. Journal of Labor Economics 12, 1994, pp. 406-429.

Yiting Li. Middlemen and private information. journal of Monetary Econonmics 42, 1998, pp. 131-159.

后　记

对外贸易在近代中国社会经济中的重要性是毋庸置疑的。从深层次上讲，对外贸易将中国传统经济纳入世界经济范围内，开启了向现代经济转型之路。在近代中国出口商品结构中，茶叶是最主要的商品之一，其衰落对近代中国社会经济影响深远。本书的选题是个老话题，之所以选择它，是因为我在杜恂诚教授的史料学课程上，仔细阅读了上海茶业会馆会议记录，对代表茶栈利益的茶业会馆制定的制度安排产生了浓厚兴趣，同时基于华茶对外贸易在近代中国对外贸易中的重要性，决定将其作为一个课题进行研究。

然而，选择这样一个老话题，面临一个最直接的问题，即如何在众多研究之上，写出一点能站得住脚的新意？在学习和学位论文写作过程中，由于不知出路的迷茫和困惑，以及由此产生的恐慌，使我多次试图放弃。幸而我有杜恂诚教授这样一位恩师。恩师不仅学识渊博、思想睿智，而且极富耐心和关爱之心。在恩师悉心指导和鼓励之下，思路开始变得顺畅，才最终有此研究成果。在此谨向恩师深鞠三躬，以表说不尽之感谢！对本课题的研究，历时五年时光，终有拙作呈现于读者面前，欣喜之余，也深感不安。这种不安来自于笔者对本课题中的一些重要问题，尚没有介绍清楚和研究透彻。不过，这也是激发笔者继续深入研究的动力。水平有限，望读者多批评、指正。

在拙作写作过程中，我也非常有幸得到了谈敏、程霖、王昉、曹均伟、马德斌、李楠、唐子芸、严国海、孙林、燕红忠、周亚虹、朱东明、杨有智、刘丹等老师的指导，在此谨向各位老师致以真诚的感谢！在此，也感谢杨乐、孙传通、阎欢等老师给予学习和生活上的帮助！

我还要感谢朱荫贵、张忠民、周育民、戴鞍钢、彭凯祥、高超群、肖文等诸位专家、教授。正是由于各位老师的指教，才使我有了更大的视野，也拓宽了知识面，并克服了诸多对我而言充满困难和困惑的问题。在此，还要真诚感谢上海财经大学经济学院的田国强院长，感谢您给上财经院带来的改革，使我接受了较为严格的经济学学习过程，学生谨记您在课上还有大会上的教诲：“我们经济学院的同学要有一个很强的自我知识更新的能力，同时兼有一颗感恩之心。”

在拙著写作和修改过程中，离不开同事、同学和同门的关心和支持。在此，特地感谢浙江大学宁波理工学院商学院肖文老师的悉心指导。同时，感谢李耀华、徐琳、曾凡、杨小燕、魏忠、柯华、畅童娜、高峰、林矗等同门师兄弟，感谢熊金武、郭延伟、王大中、董烈刚、陈红兵、余泉生等同学。还要感谢上海档案馆、上海图书馆、徐家汇藏书楼和上海财经大学图书馆李文涛老师和其他工作人员，谢谢给予我查找资料提供的便利。

最后，我要感谢一直支持我的父母和家人，感谢你们无私的关爱和对我生活的帮助。在此，特别感谢我媳妇宋咪咪，感谢你对我们这个小家庭的支撑和对我的信赖，使我能够完全静下心处理自己的学业。也感谢我儿子张牧之给我带来无限快乐！祝你快乐、平安成长！

谨以此致谢，献给所有关心和支持我的人们！祝您们一切安好！

张跃恭谢！

张　跃

2017年春夏之交于宁波